基金项目

本书为福建省高校哲学社会科学研究项目成果。

本书获厦门理工学院学术专著出版基金资助。

主要参与人员

林明月　陈逸涵　赖文鹏　阮斯凯

施金平

期权
开启奇迹之门

厦门大学出版社
XIAMEN UNIVERSITY PRESS

国家一级出版社
全国百佳图书出版单位

图书在版编目（CIP）数据

期权：开启奇迹之门 / 施金平著. -- 厦门：厦门
大学出版社，2025.1
　　ISBN 978-7-5615-8955-7

　　Ⅰ．①期… Ⅱ．①施… Ⅲ．①期货交易-基本知识
Ⅳ．①F830.9

中国国家版本馆CIP数据核字(2023)第051511号

责任编辑　施建岚
美术编辑　李嘉彬
技术编辑　朱　楷

出版发行　厦门大学出版社
社　　址　厦门市软件园二期望海路39号
邮政编码　361008
总　　机　0592-2181111　0592-2181406(传真)
营销中心　0592-2184458　0592-2181365
网　　址　http://www.xmupress.com
邮　　箱　xmup@xmupress.com
印　　刷　厦门市竞成印刷有限公司

开本　　787 mm×1 092 mm　1/16
印张　　14.75
插页　　2
字数　　330 千字
版次　　2025 年 1 月第 1 版
印次　　2025 年 1 月第 1 次印刷
定价　　66.00 元

本书如有印装质量问题请直接寄承印厂调换

厦门大学出版社
微信二维码

厦门大学出版社
微博二维码

前　言

作为金融衍生品"皇冠上的夜明珠",期权正受到越来越多投资者的关注,其非线性的损益特征可以帮助各类市场参与者实现特定的风险收益结构。金融机构可以利用期权丰富产品投资策略,产业客户可以利用期权对冲现货价格风险,高净值客户可以利用期权获取超额风险收益,期权的出现与发展对金融业的推进具有积极作用。

上海证券交易所自 2006 年开始对个股期权进行研究,并于 2015 年成功推出上证50ETF 期权,标志着中国期权市场的正式起步。此后,中国期权市场经历了快速的发展和多元化的扩展,这些期权品种覆盖了金融、农产品、能源、化工、黑色金属、有色金属、贵金属等多个板块,不仅为机构投资者也为个人投资者提供了丰富的投资选择和风险管理工具。

期权的推出和发展显著提高了市场的灵活性并拓展了深度,改变了传统的交易模式,使得市场参与者能够更有效地管理风险,把握投资机会。特别是在全球其他宏观经济因素引发的市场波动中,期权作为一种有效的风险管理工具显示了其重要价值。

随着市场的成熟和参与者知识水平的提高,期权市场的运行显示出良好的流动性和稳定性。ETF 期权,作为市场上最活跃的交易品种之一,其交易量和市场参与度的持续提升,证明了市场对这类金融工具的需求增长。市场数据显示,ETF 期权的日均成交量和持仓量均保持稳定增长,这反映了期权市场在为投资者提供多样化投资和对冲选择方面的核心作用。

中国股票期权市场自 2015 年才开始运行,商品期权开始运行的时间更晚一些,目前场内期权的交易品种还比较少,只有 50ETF① 期权、沪深 300ETF 期权和一些标准化场内大宗商品的期权,参与人员的知识水平和业务水平都还有待进一步提高。

这是一本针对 ETF 期权投资的书,其主要内容如下。

---

①　交易型开放式指数基金(exchange traded fund,简称 ETF)。

第一章内容为期权的历史，对期权的起源和中国的期权发展进行了介绍。

第二章内容为期权的基础知识，对期权的概念、上证50ETF等期权的规则、期权定价、期权波动率和期权系数进行了介绍。

第三章主要内容为期权策略分析。通过对进阶策略、价差交易策略、场外期权保本策略的介绍和分析，找出适用于不同行情的期权策略。

第四章主要内容为期权异常波动分析。主要介绍风险事件造成的期权异常波动和多重因素叠加影响下的期权异常波动。了解和分析期权波动率对于投资者来说是进行合理风险管理的重要一环，期权波动率对于期权交易者和投资者来说都具有重要的意义。

第五章主要是期权的交易思考，随着国内期权市场的发展，未来会有更多的盈利策略和方法，投资者应做好准备，等待机会的到来。

笔者是中国第一批参与股票期权交易的投资人，本书结合自身多年多股票期权的实盘操作经验及私募基金股票期权策略、私募基金产品的实盘管理经验，再结合有关期权研究的文献资料，向广大投资者分享如何更好地把股票期权的理论运用到实际交易当中，以获得打开财富世界大门的钥匙。

未来，上海证券交易所及其他交易平台预计将继续扩展期权产品的种类规模和覆盖范围，引入更多的ETF、指数和商品期权，以应对市场和参与者的多样化需求。同时，随着国内外经济环境的变化，期权市场的战略意义和功能将进一步得到加强，为中国资本市场的成熟与国际化作出更大贡献。

著者

2024年10月

目　录

CONTENTS

第一章
期权的历史

第一节　期权的起源

商业上规避风险的需求促使了期权的产生。我们纵观全球期权发展的历程，可以将期权的发展分为三个阶段：古代期权、近代期权、现代期权。古代期权主要以《圣经》雅各布的故事以及亚里士多德的《政治学》中橄榄压榨机的故事为代表；近代期权主要以荷兰阿姆斯特丹的郁金香事件为代表；现代期权则是以 1973 年美国芝加哥期权交易所成立为标志。

一、古代期权

人类历史上有记载的第一次期权交易记录是《圣经·创世纪》中的一个合同制协议。《圣经·创世纪》第 29 章提到，大约在公元前 1700 年，雅各布用 7 年的劳动作为代价，向拉班购买了一个准许他与拉班的女儿拉结结婚的权利。但是后来，拉班违反了这个协议的约定，他强迫雅各布与自己的大女儿利亚结婚，雅各布也照办了，但他心里深爱的人仍然是拉结。于是，他用再劳动 7 年的代价，购买了另外一个与拉结结婚的权利。这一次拉班没有违约。最后，雅各布娶了 2 个老婆，有了 12 个孩子。

在亚里士多德的《政治学》一书中，记载了古希腊哲学家、数学家泰利斯利用天文知识，预测来年春季的橄榄收成，以极低的价格取得西奥斯和米拉特斯地区橄榄压榨机使用权的故事。据说，泰利斯是历史上第一个利用期权交易致富的人，他生活在公元前 580 年左右古希腊的米利塔斯市，该地区位于今天的土耳其西南海岸。泰利斯运用自己丰富的天文知识，在冬季的时候就预测到了橄榄在明年的春天将大概率获得丰收。他虽然没有太多钱，但他用自己所有的积蓄，在冬季（橄榄压榨机的使用淡季）的时候，以比较低的价格取得了西奥斯岛和米拉特斯春季也就是旺季所有压榨机的使用权。他能以很低的价格取得这份权利，是因为当时没有人认为有必要为这些压榨机竞价，因为往年春季几乎都不会缺少压榨机。当第二年的春天橄榄获得大丰收时，每个人都想找到压榨机。这时，泰利斯执行他的权利，将压榨机以高价出租，结果赚了一大笔钱。最终，他证明了只要数学家愿意，他们可以很容易地成为富人。

　　这里的"权利"已隐含着期权概念，可看作是期权的萌芽。事实上，很难对期权的起源进行非常精准的界定，因为在漫长历史演变中，人们经常将期权与赌博混淆在一起，且在西方金融市场发展历史中，证券和商品买卖合约经常会嵌入期权属性，这就使得期权长期以来一直没有明确定义。直到16世纪左右，由于商业贸易的快速发展，城市贸易中心逐渐兴起，脱离于远期合约的独立期权概念才慢慢地形成。

二、近代期权

　　独立期权合约的形成需要两个重要因素：（1）交易的证券化；（2）投机交易的兴起。这两点都与商业活动的高度集中趋势紧密相关，首先出现的是大型做市商，进而发展成交易所。

（一）荷兰的期权市场发展

　　16世纪下半叶，荷兰安特卫普已经形成了非常发达的在交易所集中交易的商品贸易。正是安特卫普交易所集中交易带来的良好流动性，为投资者提供了非常规范和系统的环境，当时市场首先突破需要进行实物贸易交换的远期合约约定，出现了只对合约差额进行结算的"期货"合约，进而催生了"权利金"交易，即卖方可以支付一定权利金，如果两三个月之后不希望继续交易，就有权撤回合约。许多投机者也利用安特卫普交易所这种期权合约豪赌后市涨跌。

　　1585年西班牙攻占了荷兰安特卫普，大量商人不得不向北转移，并逐渐在阿姆斯特丹和伦敦建立起新的贸易中心。1609年，阿姆斯特丹交易所正式成立。从17世纪至18世纪，阿姆斯特丹交易所中交易的期权合约出现了很多现代衍生品市场才有的重要特质。比如，17世纪中叶，荷兰东印度公司的期权不但有看涨和看跌合约，同时还标有规定的到期日。当时，人们普遍认为期权是一种只有投机客才会青睐的东西，甚至在阿姆斯特丹交易所的期权交易指引中都写道："期权属于纯粹的赌徒所热衷的范围。"尽管当时阿姆斯特丹交易所中的金融证券期权交易非常火热，但由于投机客很少有机会参与商品贸易，所以商品市场中很少出现期权合约。

　　17世纪30年代，荷兰的阿姆斯特丹发生了郁金香事件。郁金香从土耳其被引入西欧，当时产量少价格高，被上层阶级视为财富与荣耀的象征。投机商看中其中的商机，就开始囤积郁金香球茎，并推动价格上涨，美丽的郁金香及郁金香花球被冠以高价。种植者采用买入看跌期权和卖出期货的办法以保证他们能以较好的价格卖出郁金香花球；分销商则通过买入看涨期权和期货的方式来保护他们避免受到价格上涨带来的损失；销售商购买看涨期权以保证当有需求的时候他们能够以一个合理的价格收购郁金香。

　　随着郁金香价格的盘旋上涨，荷兰上至王公贵族，下到平民百姓，都开始变卖他们的全部财产用于炒作郁金香和郁金香球茎。1637年，郁金香的价格已经涨到了骇人听闻的水平。

与上一年相比,郁金香总涨幅高达 5900%。1637 年 2 月,一株名为"永远的奥古斯都"的郁金香售价更高达 6700 荷兰盾,这笔钱足以买下阿姆斯特丹运河边的一幢豪宅,而当时荷兰人的平均年收入只有 150 荷兰盾。随后荷兰经济开始衰退,郁金香市场也在 1637 年 2 月 4 日突然崩溃,一夜之间,郁金香球茎的价格"一泻千里"。

许多出售看跌期权的投机者没有能力为他们要买的球茎付款,虽然荷兰政府发出紧急声明,认为郁金香球茎价格无理由下跌,劝告市民停止抛售,但这些努力都毫无用处。一个星期后,郁金香的价格已平均下跌了 90%。大量合约的破产又进一步加剧了经济的衰退。绝望之中,人们纷纷涌向法院,希望能够借助法律的力量挽回损失。但在 1637 年 4 月,荷兰政府决定终止所有合同,禁止投机式的郁金香交易,从而彻底击破了这次历史上空前的经济泡沫。毫无疑问,这样的事情损害了期权在人们心目中的形象,甚至到一百多年后,伦敦期权交易也依然被认为不合法。

(二)伦敦的期权市场发展

伦敦第一个有文献记载的股票期权合约出现在 1687 年。1688 年光荣革命后,英国的股票现货市场极为发达,阿姆斯特丹的投机工具逐渐被引入伦敦市场。1696 年股市经历了一场大崩盘,随后许多股票炒手从皇家交易所转移到一些咖啡馆之类的场外场所,股票期权交易在场外市场大肆流行起来。

从 1697 年起,英国就有法令限制滥用期权行为,但对是否应该禁止期权的争论一直在持续。自从南海泡沫事件后,英国国会加大力度规范股票炒作行为,直至 1733 年巴纳德法(Barnard's Act)宣布禁止以证券为标的物的期权交易。但是,期权交易从未停止,1820 年的一场针对股票期权交易的争论,几乎导致伦敦证券交易所的分裂。交易所的一些成员起草了一份推动期权交易的请愿书,并开始公开支持期权交易,然而 1823 年交易所董事会提出禁止交易所会员进行期权交易的规定,一部分会员立刻投票反对这项规定,甚至有一部分反对者开始为新建一家交易所筹措资金。最终,这项禁止期权交易的规定被废除了,原因是大量交易所会员在期权交易可能带来的巨大利润面前妥协了,他们不希望将这项业务推给别的交易所。1860 年,巴纳德法被撤销。

(三)美国的期权市场发展

美国市场对期权交易的态度一直非常谨慎。18 世纪末美国出现了股票期权,但直至 19 世纪末,几乎所有的美国股票和商品交易所都禁止期权交易,当时期权交易只能在场外进行,依靠做市商为买方和卖方寻求配对。

美国期权交易的结算方式与欧洲市场截然不同,它们允许以每个月或一系列时间作为连续结算日,这样就允许交易者根据需要滚动调整自身头寸。这就是我们所熟知的"美式期权",即拥有固定的执行价格、权利金预先支付并允许期权持有者在到期日之前进行行权交割,这种期权在全世界都非常流行。

进入 20 世纪以后,股票市场仍然不受监管,期权的声誉也因为投机者的滥用而更加不佳。在 20 世纪 20 年代,一些证券经纪商从上市公司那里得到股票期权,作为交换他们要将这些公司的股票推荐给客户,从而使该股票的市场需求迅速上升。上市公司和经纪商因此获益,而许多中小投资者却成为这种私下交易的牺牲品。1929 年股灾发生以后,美国国会为防止市场再次崩溃而举行听证会,并由此成立了美国证券交易委员会(SEC)。SEC 最初给国会的建议是取缔期权交易,原因是“由于无法区分好的期权同坏的期权之间的差别,为了方便起见,我们只能把它们全部予以禁止”。

当时,期权经纪商与自营商协会邀请了经验丰富的期权经纪人赫尔伯特·菲勒尔到国会作证。在激烈的辩论中,SEC 的委员们问菲勒尔:“如果只有 12.5% 的期权履约,那么,其他 87.5% 购买了期权的人不就扔掉了他们的钱吗?”菲勒尔回答说:“不是这样的,先生们,如果你为你的房子买了火灾保险而房子并没有着火,你会说你浪费了你的保险费吗?”通过激烈的辩论,菲勒尔成功地说服了委员会,使他们相信期权的存在的确有其经济价值,这使得在加强监管的前提下,美国期权市场得以继续存在和发展。

三、现代期权

从 1968 年起,商品期货市场的交易量都很低迷,这就迫使芝加哥期货交易所(CBOT)讨论扩展其他业务的可能性,在投入大量研发费用并历经 5 年之后,全世界第一个期权交易所——芝加哥期权交易所(CBOE)终于在 1973 年 4 月 26 日成立。这标志着真正有组织的期权交易时代的开启。CBOE 的第一任总裁约瑟夫·W.沙利文(Joseph W. Sullivan)认为,与传统的店头交易市场相比,期货交易的公开喊价方式更具效率性。其中,期权合约的标准化为投资者进行期权交易提供了更大的方便,也极大地促进了二级市场的发展。同时期权清算公司的成立也为期权的交易和执行提供了更为便利和可靠的履约保障。同年,芝加哥大学的两位教授费舍尔·布莱克(Fisher Black)和迈伦·斯科尔斯(Myron Scholes)发表了论文《期权定价与公司负债》①,该论文推算出了任何已知期限的金融工具的理论价格,使得期权定价难题迎刃而解。在最初阶段,CBOE 的品种规模非常小,只有 16 只标的股票的看涨期权。期权交易的第一天,成交合约数量为 911 手。然而到了第一个月的月底,CBOE 的日交易量已经超过了场外交易市场。1977 年 6 月 3 日,CBOE 开始提供看跌期权的交易。然而 4 个月后,SEC 却宣布暂停所有交易所新的期权合约的上市,场内期权市场迅猛发展的势头戛然而止。不过,这并没有减缓已经上市的期权的交易量增长。3 年后,SEC 取消暂停令,CBOE 随即增加了 25 种可进行期权交易的股票。

与股票期权不同的是,商品期权在 19 世纪就已经开始在交易所进行交易。例如,CBOT 在 1870 年推出的“Indemnity for Purchase or Sale”(买卖的保障)实际上是一种短期(只存在两个交易日)期权。但是由于早期的期权交易存在着大量的欺诈和市场操纵行为,美国国会为了保护农民的利益,于 1921 年宣布禁止交易所内的农产品期权交易。1936 年美国又禁止

① 布莱克,斯科尔斯,1973.期权定价与公司负债[J].Journal of political economy,81(3):637-654.

了期货期权交易,之后其他国家和地区的期权、期货和各种衍生品也都相继被禁止交易。直至1984年,美国国会才重新允许农产品期权在交易所进行交易。在随后的一段时期内,美国中美洲商品交易所、堪萨斯期货交易所和明尼阿波利斯谷物交易所推出了谷物期权交易,随后CBOT也推出了农产品期权合约。欧洲的商品期权则来得比较晚,伦敦国际金融期货交易所直至1988年才开始进行欧洲小麦期权交易。除农产品之外,能源和金属期权也是很重要的交易品种。纽约商品交易所(NYMEX)是全球最大的能源期权交易市场,伦敦金属交易所(LME)则是全球最大的有色金属期货期权交易中心。

第二节 中国的期权发展

期权,其实是一种预期的权利,目前我们所能看到的关于古代期权的书籍和介绍都来自西方,在《圣经》以及古希腊的传说故事中有关于期权的影子,那么中国古代有没有类似的期权形式呢? 我个人认为,军令状和高赔率的打赌都可以理解为中国的古代期权。

一、中国古代期权:军令状

中国古代将领如果由于某些原因不能负责参与到新的战斗当中,而为了表达忠心,或者争取晋升的机会,又希望能获得负责参与新的战斗的权利,便会向上级或者帝王立下军令状。如果由他负责战斗且获得胜利,他就会得到丰厚的奖赏甚至加官晋爵;如果战斗失利,将会面临惩罚甚至被砍头的严重后果。我们可以从《三国演义》中关羽和马谡的故事中,理解期权概念在中国古代的一种历史呈现状况。《三国演义》中的关羽、马谡都向诸葛亮立过军令状,但是他们的结果却完全不同。马谡是蜀国的参军,自幼熟读兵书,司马懿引兵进犯,他自告奋勇镇守汉中咽喉——街亭,并且在出发前立军令状。结果因为自高自大,骄傲轻敌,拒绝副手王平于当道筑土城的劝谏,被司马父子趁机断了汲水之道并乘虚而入。街亭失守,蜀国因此丢掉了一个重要战略枢纽,变得十分被动。诸葛亮虽然很爱才,却终究以一声"若不明正军律,何以服众"的长叹,以一句"昔孙武所以能制胜于天下者,用法明也,今四方纷争,兵戈方始,若复废法,何以讨贼"的感怀,挥泪斩了颇有军功的爱将马谡。赤壁一战,诸葛亮杀得曹操如丧家之犬落荒而逃。诸葛亮还算准他必走华容道,关羽自告奋勇,愿横刀立马于华容道截杀曹操。诸葛亮怕关羽念旧情(曹操昔日对关羽有恩义),问他:"倘若放了时,却如何?"关羽曰:"愿依军法!"孔明曰:"如此,立下文书。"关羽便立了军令状。结果关羽终因义胆柔肠,放了表面怀旧实则求饶的曹操,空手回来。孔明曰:"有军令状在此,不得不按军法。"要将他推出斩首,玄德曰:"昔吾三人结义时,誓同生死,今云长虽犯法,不忍违却前盟,望权记过,容将功赎罪。"孔明方才饶了关羽。期权的一个核心理念是选择权,既可以选择行权,也可以选择不行权。通过以上两个故事,我们可以理解为以下几点。

(1)立军令状(签订期权合约):卖出一个权利(上级有权惩罚我甚至砍掉我的脑袋)。

(2)获得的利益(期权费):出战的机会、加官晋爵的机会。

(3)行权结果:权利持有人有权选择行权或者不行权。诸葛亮对于关羽的选择,虽然是实值期权,但是诸葛亮选择放弃行权;对于马谡,诸葛亮选择了行权,砍掉他的脑袋。

从期权的交易逻辑上看,期权的买方行权与不行权需要考虑的是哪种方式对自己有利。关羽没有被诸葛亮行权,是因为只有放走曹操才能形成三国鼎立的局面,蜀国能够发展壮大,斩关羽对诸葛亮来说反倒是更大损失;马谡却不同,街亭为蜀国战略要地,失去街亭让蜀国蒙受了巨大的损失,因此诸葛亮不得不选择行权。

二、中国现代期权

长期以来,上海证券交易所一直致力于推动个股期权产品,早在 2006 年,就组织力量对个股期权产品进行了深入研究。随后几年,随着市场层次日益丰富,多元化机构投资者队伍逐步成熟,融资融券和股指期货平稳推出,以及证券公司创新业务加速推进,推出个股期权的条件已经成熟。2010 年,上交所对个股期权方案和从交易所到券商端的完整运作机制进行了深入探讨和充分准备。2012 年 6 月,上海证券交易所启动了部分券商参与的个股期权模拟交易;2013 年 12 月,上交所再次推出了有近 80 家券商参与的基于生产环境的全真模拟交易,于是期权产品正式立项,并组织部分证券公司联合设计产品;2015 年 2 月 9 日,上证 50ETF 期权于上海证券交易所上市,这是国内首只场内期权品种。这不仅宣告了中国期权时代的到来,也意味着我国已拥有全套主流金融衍生品,现在市场普遍认为 2015 年是我国期权元年。2017 年 3 月 31 日,豆粕期权作为国内首只期货期权在大连商品交易所上市。2017 年 4 月 19 日,白糖期权在郑州商品交易所上市交易。2018 年 9 月 21 日,铜期权在上海期货交易所上市交易。2019 年 1 月 28 日,全球首个天然橡胶期权上市仪式在浦东的上海期货交易所举行;同时,大连商品交易所推出第二个农产品期权品种玉米期权,棉花期权也在郑州商品交易所上市交易。2019 年 12 月 9 日,铁矿石期权在大连商品交易所上市交易。2019 年 12 月 16 日,PTA(精对苯二甲酸)、甲醇期权在郑州商品交易所上市交易。2019 年 12 月 20 日,我国场内首个贵金属期权——黄金期权在上海期货交易所上市交易。2020 年 1 月 16 日,菜籽粕期权在郑州商品交易所成功上市。2020 年 3 月 31 日,液化石油气期货合约在大连商品交易所上市交易。2020 年 6 月 30 日,动力煤期权合约在郑州商品交易所正式挂牌交易。2020 年 7 月 6 日,聚丙烯、聚氯乙烯、线型低密度聚乙烯期权合约在大连商品交易所正式挂牌交易。2020 年 8 月 10 日,铝、锌期权合约正式在上海期货交易所挂牌交易。2021 年 6 月 18 日,棕榈油期权在大连商品交易所上市,并同步引入境外交易者参与交易。2021 年 6 月 21 日,原油期权在上海国际能源交易中心上市。

经历了多年的发展，我国期权市场愈发成熟，期权的品种上市加快，期权市场规模也快速壮大。截至 2022 年 12 月 31 日我国共上市 24 个期权品种，其中包括 1 个股指期权、3 个 ETF 期权以及 20 个商品期货期权，已覆盖金融、农产品、能源、化工、黑色金属、有色金属、贵金属等板块，受众面也越来越大，为投资者提供了更多的投资与风险对冲工具。可以预见，在不远的将来我国期权市场还将进一步扩容，未来将有更多的 ETF、指数、商品乃至个股都有机会迎接相对应的期权品种上市。近年受海外资本市场剧烈波动影响，我国股票市场和商品市场也发生巨幅波动，而期权凭借其非线性及亏损有限、盈利无限等特性，引发市场关注。越来越多的投资机构、企业以及个人投资者开始使用期权工具进行风险规避，市场交投迅速放大。

期权的出现将彻底改变中国资本市场的交易结构，中国的资本市场也将因此更加成熟。以中国股票市场为例，在出现股指期货之前，传统的交易模式都是以做多股票、高抛低吸为主的。在这样的市场中，机构与普通投资者之间的交易机会、交易成本是不对等的。股指期货出现之后，市场中出现了以股票和股指期货相结合的方式获取收益的机构。这时市场原有的均衡就被以股指期货为工具的机构所打破，新的机构在挤压原有模式机构的获利空间。期权的推出，将会产生更多的通过期权、期货、股票相结合的方式控制风险、获取收益的机构。这些新的机构将再次打破市场原有模式的平衡，再次挤压现有模式机构的获利空间。

三、中国期权发展中存在的问题

尽管我国期权市场的发展时间较短，但是发展速度非常快，从发展中我们既能感受到期权广阔的发展前景和我国市场对期权存在着巨大的需求，同时也应明白和重视现阶段我国期权发展过程中存在的问题。

（一）期权品种单一

目前我国期权种类比较少，场内只有 50ETF 期权、沪深 300ETF 期权和一些标准化场内大宗商品的期权。期权品种的单一使得投资者可以参考和借鉴的经验和案例不足，这样不仅会使投资者望而却步，而且期权产品种类的匮乏也无法很好地满足投资者的需求。虽然目前市场上有模拟系统，但这些系统的数据无法真实准确地反映交易的情况，期权产品种类的单一也使人们缺少选择的空间。我国的期权市场出现得比较晚，且产品种类单一，面对中国广阔的市场需要，可以在借鉴一些发达国家期权市场发展经验的基础上，逐步推出更多的股票期权、商品期权以及股指期权、个股期权等以丰富和完善我国的期权市场。为了更好地满足市场上广大投资者的需求，一般来说，首先推出的产品是股票期权。对于我国而言，在推出期权之前就存在 ETF 产品，因此中国第一只期权产品就是上证 50ETF 期权。从期权成分来看，上证 50ETF 的成份股大部分是大盘蓝筹股，股价波动较小，之后又有沪深 300ETF 期权，但是这并不能满足大部分投资者的需求，所以推出更多的期权品种就显得尤为必要。

（二）期权市场定价出现偏差

中国目前期权市场的标准化期权产品只有上述提到的上证 50ETF 期权、沪深 300ETF 期权和一些标准化场内大宗商品的期权。世界其他国家的期权产品种类繁多，能提供的选择数目也随之上升。由于期权产品众多，期权市场也会随着这个过程中所遇到的各种问题而成长得越发成熟。相比之下，我国金融期货市场产品种类少，发展不够完善，而可以进入期权市场交易的规定标准高，导致交易投资人员十分稀少、专业人士匮乏，整个期权市场的交易量小、流动性极低。关于期权市场的定价并没有规范性的规定，由于种类稀少，也并没有可以对应的参照物。种种因素导致了期权市场的定价出现偏差。

（三）市场准入门槛偏高

我国现行存在的上证 50ETF 期权、沪深 300ETF 期权与商品期货期权对于投资者进入市场的门槛要求都比较严格。首先，对于个人投资者而言，上证 50ETF 期权的要求是投资金额不能低于 50 万元，并安排了期权考试和模拟交易，达到要求且具有融资资格或具备股指期货交易经历后，才可以进入期权市场交易。商品期货期权门槛稍微低一点，投资金额不能低于 10 万元。其次，还要求投资者之前的模拟交易经历期限达到交易所的规定。最后，豆粕期权还对投资者有道德方面的要求，交易过程要讲诚信，必须遵纪守法。相较于个人投资者而言，机构投资者不仅要完全符合上述标准，而且对其还有更高的资金标准和其他额外的条款要求。从上述种种要求可以看出，期权市场对个人或机构投资者各方面的要求都比较高。

这些规定既是为了维护期权市场的稳定发展，同时也是为了保护投资人的利益，但如此之高的门槛也将很多对期权有浓厚兴趣的投资者拒之门外。作为全球交易量最大的金融衍生品，韩国的 KOSPI200 股指期权自上市后经过短短十年的发展就取得了惊人的成绩，巨额的交易量以及资金的流通性震惊了国际金融市场，如此蓬勃繁荣的景象与韩国降低了投资者进入期权市场的门槛有关。KOSPI200 股指期权在前 3 年让大多数投资者充分了解期权市场后，在第 4 年降低了资金门槛，这样可以方便更多的投资者进入期权市场参与交易。参考韩国期权市场发展的经验，期权市场的发展需要众多投资者的参与和更多的资金流入量。我国也需要加大期权市场交易人员的参与量，适当降低期权市场的准入门槛。只有期权市场先有了更多交易人员的加入和参与，才会有更多的人愿意了解并加入期权市场，这样期权市场才会得到更好的发展。

（四）期权专业人士少

期权是期货市场衍生出来的金融产品，普通的投资者对其可能并不熟悉，而且期权交易也不像股票交易那样容易参与，其结构之复杂需要投资者花费更多的时间去研究，再加上我国期权出现时间很短，对其了解的客户也很少，这都对期权的发展形成了一定的阻碍。首先，对于从业人员要加强培训。投资者往往通过期权从业人员了解新品种，并在其专业的指导下进行购买，所以这就对从业人员的专业性要求非常高。首先，从业人员自己必须对期权有足够的了解和认识，才能够为投资者提供更专业的指导。其次，要加强投资者教育。交易所、媒体应该通过各种方式以客观的角度推广普及期权的作用和风险，让广大有需求的投资者可以找到更适合自己的品种。最后,相关部门应该积极汲取国外发达国家的经验和教训,组织科研小组加强对期权的持续研究。只有制定更加规范合理的制度和研发更适合期权市场的金融产品,才可以更好地解决市场交易中出现的各种问题。

期权投资者应在投资之前对期权市场有足够深刻的了解,提前意识到一些问题,以便于更好地为其所用。首先,期权具有高杠杆性。应对措施为理性控制仓位,不能为了高收益盲目冲动。其次,期权策略应多样化。需采取更为灵活的方式,在不同时期采取不同的策略,不能一味地追求收益,要均衡风险和收益。再次,应把握好时间。因为期权的价值会随着到期日临近而减少,在交易日到来之前应及时换仓。最后,准确把握好期权买卖的方向和开平仓,避免因操作失误而导致亏损。

(五)合约交易量不高

上述原因造成了参与市场期权交易的投资者数量有限,想进入期权交易市场的投资者往往是偏爱高风险高收益的,所以市场上越是交易活跃的合约越容易受到关注,而交易不活跃的远月合约就很难吸引投资者。不活跃的合约对于期货市场的发展会更为不利。并且目前期权交易的相关收费太高,影响了投资者短线套利的积极性,从而也影响了期权交易市场的交易活跃度,应该进一步降低交易所及券商的收费,让投资者可以低成本地进行交易,让一阶价差的短线交易有利可图,这样就可以活跃市场,不能总是负和的博弈,要避免投资者的无谓损耗,不然最终伤害的还是全部的利益相关群体。

(六)做市商制度亟待完善

期权合约里初步规定,要引入做市商需要遵循一系列的要求。首先经过相关行业的审批,达到标准才可以进行下一步;然后还要达到上海证券交易所的各项规定和检查标准。期权合约中还对做市商有硬性的规定,例如,要严格把控做市商的账户,使其不能凭借自己的便利条件从事其他业务;单个合约可以有多个做市商提供服务;等等。根据上述对做市商引入的种种规定可以看出,我国金融市场对引入做市商业务的重视,也在一定程度上反映做市商的引入对期权市场的发展有着重要的作用。但正是因为如此,我国金融市场对做市商进行了严格的规定,对其方方面面加以考核衡量,以此规范做市商市场,但却极大地限制了其发挥的空间。

全球几乎每一笔期权交易都有做市商的参与,完善做市商制度对于经济良好地运行显得尤为重要,因此我国期权市场对于做市商运行提出了很多的条件。自大连商品交易所挂牌的豆粕期权问世后,市场上多数做市商都促进了期权的交易,使成交量处在活跃的水平,做市商规范了期权的报价,有利于期权交易市场的发展,使其自觉有效与稳健地运行。如果没有政府过于严格的监管和干预,做市商可以促进市场良好地运行,平衡市场价值。所以,随着期权市场的不断发展,政府也需要逐步放开管制,使市场可以自己调价。

(七)监管模式严苛

我国现行的监管模式为中央掌管主要金融监管权,2023年3月7日,根据国务院关于提请审议国务院机构改革方案的议案,组建国家金融监督管理总局。国家金融监督管理总局在中国银行保险监督管理委员会基础上组建，一行一局一会监管格局形成。

目前对于期权市场的监管需要政府出面，因为宏观的政府监管可以维持期权市场稳定有效的运转，但不能一味地由政府监管。行业自律是非常必要的，行业自律能依靠自身对期权市场天然特性的了解，有效地提高期权衍生品市场的流动性和积极性。政府监管与行业自律相结合，不仅可以减少政府严格监管下对市场的干预，同时可以更好地激发市场的活力。

第二章
期权基础知识

交易者们对早期期权的研究资料比较少,可以肯定的是人们使用期权的最初目的是投机而并非进行风险管理。尽管没有办法确切知道当时的交易者们如何对期权进行准确定价,但是仍然可以推测出当时的价格是按照市场供需来决定的。即使不能对期权进行准确定价,当时的人们却已经可以利用期权进行套利交易了。据文献记载,在 17 世纪至 18 世纪的阿姆斯特丹期权市场中,就有人熟练地利用期权平价公式进行套利交易了。

第一节　期权的概念

对于大部分投资者来说,期权是一个新生的投资工具,其中的理论较为复杂,不少投资者都对期权比较顾忌,不敢轻易涉足。其实,只要能正确了解期权的原理及其风险与回报的来源,投资者将会发现,期权是一种百变的投资利器。

一、基本概念

期权是交易双方关于未来买卖权利达成的合约,其中一方有权向另一方在约定时间以约定的价格买入或卖出约定数量的标的证券。

在期权的交易中,购买期权的一方称作买方,出售期权的一方称作卖方。买方是权利的持有方,通过向期权的卖方支付一定的费用(期权费或权利金)获得权利,买方有权向卖方在约定的时间以约定的价格买入或卖出约定数量的标的资产,因此买方也称作权利方。期权的卖方没有权利,却要承担义务。一旦买方行使权利,卖方必须按照约定的时间以约定的价格卖出或买入约定数量的标的资产,因此卖方也被称为义务方。其承担的义务包括:①接受行权的义务。如果期权买方行使权利(即行权),卖方就有义务按约定的价格卖出或买入标的资产,具体而言,如果买方行使权利,认购期权的卖方有义务按照合约约定的价格卖出标的资产;认沽期权的卖方有义务按照合约约定的价格买入标的资产。②缴纳保证金的义务。

在期权被行权时,卖方承担卖出或买入标的资产的义务,因此必须按照一定规则缴纳保证金,并每日维持足额的保证金,作为其履行期权合约的财力担保。在境外市场,买方通常也被称为长仓方(long position),卖方通常也被称为短仓方(short position)。

从期权买方的权利来看,分为认购期权和认沽期权。认购期权是指期权的买方有权在约定时间以约定价格向期权的卖方买入约定数量的标的证券,相当于拥有了买入选择权。认沽期权是期权的买方有权在约定时间以约定的价格向期权的卖方卖出约定数量的标的证券,享有卖出选择权。

若期权只能在约定到期日行权,则是欧式期权;若期权可以在到期日前的任意一个交易日行权,则是美式期权。目前国内上证 50ETF 期权、沪深 300ETF 期权及商品期权都是欧式期权。案例:假定投资者买入了一张 2025 年 6 月 25 日到期、行权价格为 2.5 元的上证 50ETF 认购期权。那么,当合约到期时,无论上证 50ETF 的价格是多少,他都可以按照每份 2.5 元的价格买入 10000 份(每张期权合约单位)。当然,如果上证 50ETF 的价格低于 2.5 元,那么他可以选择不行权。

按照行权价格和标的证券市价的关系来看,期权又分为实值期权、平值期权和虚值期权。实值期权,也叫价内期权,是指行权价格低于标的证券市场价格的认购期权,或者行权价格高于标的证券市场价格的认沽期权。平值期权也叫平价期权,是指行权价格与标的证券的市场价格相同或最为接近的认购、认沽期权。虚值期权也叫价外期权,是指行权价格高于标的证券市场价格的认购期权,或者行权价格低于标的证券市场价格的认沽期权。例如,对于行权价格为 2.5 元的上证 50ETF 认购期权,当该 ETF 的价格大于 2.5 元时,为实值期权;当该 ETF 的价格等于 2.5 元时,为平值期权;当该 ETF 的价格小于 2.5 元时,为虚值期权。

标的资产是期权合约对应的资产,期权买卖双方约定买入或卖出的对象。按照标的资产类型的不同,期权主要有两大类:金融期权和商品期权。金融期权包括股票期权、ETF 期权、股指期权、利率期权及外汇期权等种类。

二、期权基本要素

交易所交易的期权其实是一种标准化的合约,合约主要包括以下几个基本要素。

(1)合约标的:期权交易双方权利和义务所共同指向的对象。比如上交所的上证 50ETF 期权,其标的为上证 50ETF。

(2)合约类型:认购期权或认沽期权。

(3)合约到期日:合约有效期截止的日期,是权利方可以行使权利的最后日期,在到期日之后,权利方就不再享有权利了。上交所的上证 50ETF 期权的最后到期日为合约到期月份的第四个星期三。

(4)合约单位:每张期权合约对应的标的证券数量。上证 50ETF 期权合约单位是10000份。

（5）行权价格：也叫执行价格或敲定价格或履约价格。

（6）行权价格间距：指同一合约标的的期权合约相邻两个行权价格的差值。

（7）交割方式：分为实物交割和现金交割两种。期权合约到期后，认购期权的权利方支付现金买入标的证券，义务方收取现金卖出标的证券，这属于实物交割。认沽期权同理。现金交割则相对简单，省去了买卖标的证券的环节，双方直接按照结算价格支付价差就可以了。上交所的上证 50ETF 期权的交割方式为实物交割（特殊情况除外）。

认购期权也叫看涨期权，对于上证 50ETF 期权来说，如果买进了认购期权，就意味着对未来上证 50ETF 走势看好。对于买方来说，买入认购期权，有权在到期日以约定价格买入约定数量的上证 50ETF，但是并不承担义务。股票上涨，买方赚钱，涨得越多也就赚得越多，损失有限；股票跌破行权价格则不行权，最大损失锁定为支付的权利金。

对于卖方来说，有义务在到期日以约定价卖出约定数量的上证 50ETF，但决定权在买方。如果卖方判断股票价格不会上涨，那么卖出的期权就不太可能被行权，同时，还能赚一笔权利金收入。但承担的潜在损失很大，股票涨得越多，潜在损失越大。投资认购期权的收益情况可以用图 2.1 和图 2.2 盈亏图表示，假设横轴是认购期权的标的资产价格，即上证 50ETF 的价格，纵轴代表盈亏情况。显然，认购期权的卖方盈亏图与买方的完全相反。实际上，买方的盈利即是卖方的亏损，买方的亏损即是卖方的盈利。

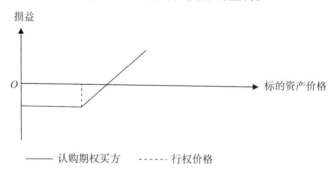

图 2.1　认购期权买方盈亏图

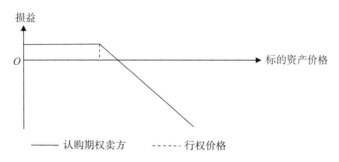

图 2.2　认购期权卖方盈亏图

当上证 50ETF 的价格低于行权价格时，买方亏的和卖方赚的保持不变，都是权利金的金额。当上证 50ETF 的价格上涨高于行权价格时,买方亏损缩小,卖方盈利降低。上证 50ETF 继续上涨,超出行权价加权利金之和时,即盈亏平衡点时,买方扭亏为盈,卖方则由盈转亏。

案例:投资者 A 以 250 元的价格买入了一张 2025 年 6 月 25 日到期、行权价格为 3 元的上证 50ETF 认购期权。投资者 B 卖出内容完全相同的期权。那么,合约到期时,如果上证 50ETF 的价格低于 3 元,期权合约处于虚值状态,投资者 A 不会行权,那么投资者 A 就损失了 250 元权利金,投资者 B 则赚取了 250 元权利金。而如果届时上证 50ETF 价格高于 3 元,期权合约处于实值状态,投资者 A 会选择行权,通过行权赚取到期时市场价与行权价间的价差与权利金之间的差额收益,投资者 B 则相应亏损。

认沽期权,也叫看跌期权,是指期权买方(权利方),有权在约定时间以约定价格将一定数量的标的证券卖给期权卖方(义务方)的期权合约。对于上证 50ETF 期权来说,如果买进认沽期权,就意味着不看好上证 50ETF 未来的走势,与融资融券中的融券同为做空工具。买入认沽期权,买方有权在到期日以约定价格卖出约定数量的上证 50ETF,但是并不承担义务。股票下跌,买方赚钱,跌得越多也就赚得越多;股票涨到行权价格以上则买方不行权,最大损失锁定为支付的权利金。

对于卖方来说,有义务在到期日以约定价买入约定数量的上证 50ETF,但决定权在买方。若卖方判断股票价格不会下跌,那么卖方卖的期权多半不会被行权,同时,还能赚取一笔权利金收入。但是卖方承担的潜在损失风险很大,股票跌得越多,则卖方的损失则越大。认沽期权的卖方盈亏图同样与买方的完全相反。当上证 50ETF 的价格高于行权价格时,买方亏的和卖方赚的保持不变,都是权利金的金额。当上证 50ETF 的价格下跌到低于行权价格时,买方亏损缩小,卖方盈利降低。上证 50ETF 继续下跌,超出行权价格与权利金之和时,即盈亏平衡点时,买方扭亏为盈,卖方则由盈转亏。投资认沽期权的收益情况可以用图 2.3 和图 2.4 盈亏图表示。

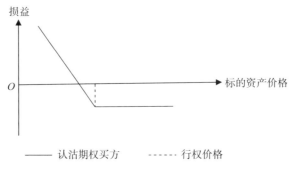

图 2.3　认沽期权买方盈亏图

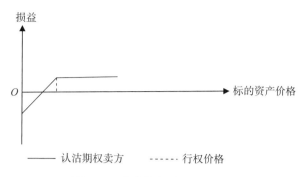

损益

O

标的资产价格

—— 认沽期权卖方 ----- 行权价格

图 2.4 认沽期权卖方盈亏图

案例:投资者 A 以 400 元的价格买入了一张 2025 年 7 月 23 日为到期日、行权价为 3 元的上证 50ETF 认沽期权。投资者 B 卖出内容完全相同的期权。那么,合约到期时,如果上证 50ETF 的价格高于 3 元,期权合约处于虚值状态,投资者 A 不会行权,那么投资者 A 就损失了 400 元权利金,投资者 B 则赚取了 400 元权利金。而如果届时上证 50ETF 低于价格 3 元,期权合约处于实值状态,投资者 A 会选择行权,通过行权赚取到期时行权价与市场价间的价差与权利金之间的差额收益,而投资者 B 则相应亏损。

三、期权与期货、权证

(一)期权与期货

在金融衍生品的大家庭中,期权跟期货是一对好兄弟。在美国期货业协会 FIA 的统计年报中,2012 年,以股票为标的的期权和期货,在衍生品交易量中占比最高,为 30.5%。2013 年,这一数字略有下滑,但也达到了 29.6%。而这其中,股票期权相对于期货的交易量明显更高,占到 80% 以上。作为在交易所交易的标准化产品,期权和期货可以为投资者提供风险管理的手段,用于风险对冲、套利、方向性交易和组合策略交易等。

期权与期货的不同点主要表现在以下几个方面。

(1)当事人的权利义务。期权合约在这方面具有非对称性。期权的买方只享有权利而不承担义务,卖方只承担义务而不享有权利。在期权合约到期时,期权合约买方有权选择按照约定价格买入或卖出标的证券。期货合约在这方面是对等的。当事人双方的权利与义务是对等的,在期货合约到期时,持有人必须按照约定价格,买入或卖出标的物或进行现金结算。

(2)收益与风险的对称程度。在期权交易中,投资者的风险和收益是不对称的,期权买方承担有限风险,而盈利则有可能超过所支付的权利金,理论上甚至可以是无限的;期权卖方享有有限的收益,但潜在风险可能超过所收取的权利金,理论上甚至可以是无限的。期货合约买卖双方承担的盈亏风险是对称的。

（3）保证金收取。在期权交易中，期权卖方应当支付保证金，而期权买方由于不承担义务，则无须支付保证金。在期货交易中，无论是买方还是卖方，都需要支付一定的保证金作为担保。

（4）保证金计算。期权是非线性产品，保证金不按比例调整。期货是线性产品，保证金按比例收取。

（5）清算交割。若期权合约被持有至到期行权日，期权买方可以选择行权，或者放弃权利，而期权卖方需做好被行权的准备，可能被要求行权交割。若期货合约被持有至到期日，将自动交割。

（6）合约价值。期权合约类似保险合同，本身具有价值（权利金）。期货合约本身无价值，只是跟踪标的资产价格。

（7）套期保值与盈利性的权衡。在利用期权进行套期保值的操作中，锁定管理风险的同时预留进一步盈利的空间，即标的股票价格往不利方向运动时，可及时锁定风险，往有利方向运动时又可以获取盈利。投资者在利用期货进行套期保值的操作中，规避不利风险的同时也放弃了收益变动增长的可能。

（二）期权与权证

股票期权与权证一样，都是代表权利的契约型凭证。即买方（权利方）有权在约定时间以约定价格，买入或者卖出约定数量的标的证券。其实，在同一市场中，同时存在期权和权证的交易产品并不稀奇。而且在不同的市场，这两类产品的活跃程度也是不一样的。比如在美国，当然是期权最活跃，而在香港，权证的交易就要比期权更活跃。虽然期权和权证有一些共同点，但是也有更多不同点，这使得股票期权在为普通股票投资者提供股票投资风险管理、利用杠杆进行方向性交易等方面具有更明显的便利性和准确性。

期权与权证的不同点主要体现在以下几个方面。

（1）标准化程度。股票期权是由交易所设计的标准化合约。权证是非标准化合约，由发行人自行设计合约要素，除由上市公司、证券公司或大股东等主体单独发行外，还可以与可分离交易可转债一起发行。

（2）发行主体。股票期权没有发行人，合约条款由交易所设计，市场参与者在支付足够保证金的前提下都可以开仓卖出期权。权证则必须有特定发行主体，主要是上市公司、证券公司或大股东等第三方。

（3）合约主体。股票期权的合约主体是期权的买方和卖方，权利方和义务方是不特定的。权证的合约主体是发行人和买方，因此义务方是特定的（即发行人）。

（4）持仓类型。在股票期权交易中，投资者既可以开仓买入期权，也可以在没有买入持仓的情况下开仓卖出期权。对于权证，投资者只能买入权证，或者在持有权证的前提下进行卖出。

（5）合约供给。股票期权合约，理论上供给无限。权证的供给有限，由发行人确定，受发行人的意愿、资金能力以及市场上流通的标的证券数量等因素限制。

（6）履约担保。期权交易的卖出方（义务方）因为承担着义务，所以需要缴纳保证金。权证交易中，发行人是固定的义务方，直接以自己的资产或信用作为履约担保。

（7）交易方式。股票期权采取期货的交易方式，一个重要特征是实行保证金交易；而权证与股票、债券等品种保持一致，实行现货交易方式。

（8）行权后效果。认购期权或认沽期权的行权，仅是标的证券在不同投资者之间相互转移，不影响上市公司的实际流通总股本数。对于上市公司发行的股本权证，当投资者对持有的认购权证行权时，发行人必须按照约定的股份数目增发新的股票，从而使公司的实际流通总股本数增加。

第二节　上证 50ETF 和沪深 300ETF 期权

一、上证 50ETF

（一）概况

上证 50 指数是根据科学客观的方法，挑选上海证券市场中规模大、流动性好的最具代表性的 50 只股票组成样本股，以综合反映上海证券市场最具市场影响力的一批优质大盘企业的整体状况。上证 50 指数，简称为上证 50，指数代码 000016，基日为 2003 年 12 月 31 日，自 2004 年 1 月 2 日起正式发布。

上证 50ETF 作为上海市场最具代表性的蓝筹指数之一，是境内首只交易型开放式指数基金（ETF）的跟踪标的。上证 50ETF 是一种创新型基金。上证 50ETF 基金单位净值实时公布，上海证券交易所根据华夏基金管理公司每日提供的申购赎回清单，按照清单内一篮子股票的最新成交价格和预估现金，每 15 秒计算一次 ETF 的参考基金单位净值，作为对 ETF 基金单位净值的估计。ETF 基金网认为，上证 50ETF 的市场价格是由基金单位净值决定的，并围绕着基金单位净值在一个极窄的幅度内上下波动。在行情软件中，输入代码 510050，显示出的最新价就是上证 50ETF 的参考基金单位净值。

中国经济和资本市场将长期快速增长，指数化投资可以以最低的成本和较低的风险获得市场平均水平的长期回报。标的指数具有良好的市场代表性、流动性与蓝筹特征，通过完全复制法实现跟踪偏离度和跟踪误差最小化，可以满足投资者多种投资需求。

从上证 50 成份股的情况看，其具有如下特征。

第一，上证 50 成份股的净利润与利润总额表现十分优秀，是优质蓝筹股的突出代表。

第二，整体相比而言，上证 50 成份股较上证 180 成份股具有更好的流动性，并且能够更准确地反映优质大盘蓝筹股的市场表现。

第三，上证 50 是主流机构持仓的风向标。

截至 2024 年 8 月 12 日，上证 50 指数前十大权重股如图 2.5 所示。

	代码	简称	收盘价/原始币种	权重	涨跌	涨跌幅	成交量/万	成交额/万	总股本/亿	自由流通股本/亿	总市值/亿	自由流通市值/亿	贡献点	Wind一级行业
1	600519.SH	贵州茅台	1,436.80	12.9930%	6.11	0.43%	301.38	436,870.55	12.56	5.49	18,049.05	7,889.99	1.29	日常消费
2	601318.SH	中国平安	40.61	6.6670%	-0.21	-0.51%	2,617.85	106,913.70	182.10	92.52	7,395.18	3,757.43	-0.79	金融
3	600036.SH	招商银行	32.33	5.8960%	0.40	1.25%	4,827.48	156,125.47	252.20	105.87	8,153.58	3,422.90	1.71	金融
4	600900.SH	长江电力	29.54	5.3170%	-0.24	-0.81%	5,969.01	176,328.90	244.68	115.61	7,227.91	3,415.08	-0.99	公用事业
5	601899.SH	紫金矿业	15.34	3.9750%	0.23	1.52%	14,016.26	216,983.90	265.78	144.73	4,077.05	2,220.12	1.40	材料
6	601166.SH	兴业银行	16.37	3.5450%	-0.07	-0.43%	2,853.10	46,873.23	207.74	139.29	3,400.71	2,280.10	-0.35	金融
7	601398.SH	工商银行	5.92	2.9840%	0.05	0.85%	18,507.68	109,165.05	3,564.06	336.09	21,099.25	1,989.64	0.59	金融
8	601328.SH	交通银行	7.32	2.9430%	0.03	0.41%	6,242.88	45,615.41	742.63	260.72	5,436.03	1,908.50	0.28	金融
9	600030.SH	中信证券	18.89	2.8130%	-0.18	-0.94%	5,399.64	102,740.24	148.21	90.67	2,799.60	1,712.76	-0.62	金融
10	600276.SH	恒瑞医药	42.42	2.7430%	-0.16	-0.38%	1,569.84	66,657.92	63.79	38.86	2,705.97	1,649.32	-0.24	医疗保健

图 2.5　上证 50 指数前十大权重股分布情况（截至 2024 年 8 月 12 日）

来源：Wind 数据库，行业数重（下同）。

上证 50 指数的行业权重及成分个数分布情况如图 2.6 所示，从图中可以看出，上证 50 指数的成份股最大权重是金融行业，日常消费行业和工业行业权重也较大。

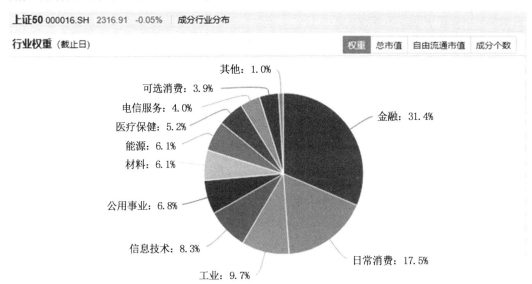

图 2.6　上证 50 指数行业权重分布

（二）上证 50ETF 期权基本条款

上证 50ETF 期权基本条款如表 2.1 所示。

表 2.1　上证 50ETF 期权基本条款

合约标的	上证 50 交易型开放式指数证券投资基金（上证 50ETF）
合约类型	认购期权和认沽期权
合约单位	10000 份
合约到期月份	当月、下月及随后两个季月
行权价格	9 个（1 个平值合约、4 个虚值合约、4 个实值合约）

续表

行权价格间距	3元及以下为0.05元,3元至5元(含)为0.1元,5元至10元(含)为0.25元,10元至20元(含)为0.5元,20元至50元(含)为1元,50元至100元(含)为2.5元,100元以上为5元
行权方式	到期日行权(欧式)
交割方式	实物交割(业务规则另有规定的除外)
到期日	到期月份的第四个星期三(遇法定节假日顺延)
行权日	同合约到期日,行权指令提交时间为9:15—9:25,9:30—11:30,13:00—15:30
交收日	行权日次一交易日
交易时间	上午9:15—9:25,9:30—11:30(9:15—9:25为开盘集合竞价时间) 下午13:00—15:00(14:57—15:00为收盘集合竞价时间)
委托类型	普通限价委托、市价剩余转限价委托、市价剩余撤销委托、全额即时限价委托、全额即时市价委托以及业务规则规定的其他委托类型
买卖类型	买入开仓、买入平仓、卖出开仓、卖出平仓、备兑开仓、备兑平仓以及业务规则规定的其他买卖类型
最小报价单位	0.0001元
申报单位	1张或其整数倍
涨跌幅限制	认购期权最大涨幅=Max{合约标的前收盘价×0.5%,Min[(2×合约标的前收盘价-行权价格),合约标的前收盘价]×10%} 认购期权最大跌幅=合约标的前收盘价×10% 认沽期权最大涨幅=Max{行权价格×0.5%,Min[(2×行权价格-合约标的前收盘价),合约标的前收盘价]×10%} 认沽期权最大跌幅=合约标的前收盘价×10%
熔断机制	连续竞价期间,期权合约盘中交易价格较最近参考价格涨跌幅度达到或者超过50%且价格涨跌绝对值达到或者超过5个最小报价单位时,期权合约进入3分钟的集合竞价交易阶段
开仓保证金最低标准	认购期权义务仓开仓保证金=[合约前结算价+Max(12%×合约标的前收盘价-认购期权虚值,7%×合约标的前收盘价)]×合约单位;认沽期权义务仓开仓保证金=Min[合约前结算价+Max(12%×合约标的前收盘价-认沽期权虚值,7%×行权价格),行权价格]×合约单位

维持保证金最低标准	认购期权义务仓维持保证金＝［合约结算价＋Max（12%×合约标的收盘价－认购期权虚值，7%×合约标的收盘价）］×合约单位；认沽期权义务仓维持保证金＝Min［合约结算价＋Max（12%×合约标的收盘价－认沽期权虚值，7%×行权价格），行权价格］×合约单位

（三）期权要素解析

1.合约代码

合约代码用于识别和记录期权合约，这些合约代码是唯一的，不能重复使用。上证 50ETF 期权合约的代码由 8 位数字组成，所列合约自 10000001 开始，由小到大排列。合约代码包括合约主体、合约类型、到期月份、行权价格等要素。上证 50ETF 期权合约共有 17 个交易代码。

2.期权权利

比如 50ETF 购 9 月 3300 这一个合约，我们可以对这个期权权利进行分类，这是一个认购期权，也是我们俗称的看涨期权。它标志着这个期权合约的买方拥有合约到期时买入标的 50ETF 的权利。与之相反的就是看跌期权，也就是认沽期权，买入的时候就显示的是 50ETF 沽 9 月 3300，标志着买方在合约到期的时候有卖出标的 50ETF 的权利。

3.期权标的资产

合约的简称如 50ETF 代表的就是期权合约标的，期权标的范围包括了权益类期权、利率类期权、外汇期权以及商品期权等。权益类期权中又分为股指期权和个股期权两种类型，而 50ETF 期权就是属于权益类期权中的个股期权。

4.期权的交易时间

期权合约的交易是 T+0 交易，期权合约的交易时间为每个交易日 9:15—9:25、9:30—11:30、13:00—15:00。其中，9:15—9:25 为开盘集合竞价时间，14:57—15:00 为收盘集合竞价时间，其余时段为连续竞价时间。每个交易日 9:20—9:25 的开盘集合竞价期间，以及 14:57—15:00 的收盘集合竞价期间，不接受撤单申报；其他接受交易申报的时间内，未成交申报可以撤销。

5.期权到期日

期权合约名称中的月份标志着期权在什么时候进行行权，50ETF 购 9 月 3300 表示的是 9 月到期，到期日是到期月份的第四个周三（如遇法定节假日则顺延）。在合约到期日就可以进行行权。50ETF 期权合约的到期月份是当月、下月和随后的两个季月，如 2024 年 8 月 8 日交易的 50ETF 期权的到期月份，即 2024 年 8 月、9 月、12 月和 2025 年 3 月。

6.期权行权价

期权行权价就决定了买方什么时候可以用什么价格来进行行权,上文举例的50ETF购9月3300合约的行权价格即为3.3元/份。如果在到期日选择行权,就以3.3元/份的价格买入50ETF,对于卖方来说就是以3.3元的价格卖出所持有的50ETF。在实际交易的时候,行权价并非只有一个,可以有多个不同的行权价,满足不同的投资者对行权价的需求。

7.期权行权方式

从期权合约的简称中解读出一些基本的信息之后,还需要解读一些隐藏的信息。如果对于50ETF合约的交易规则有一定的了解,就会知道其中隐藏的行权方式是欧式期权。也就是说在合约到期当日才有行权的权利。另外一种行权方式就是美式期权,美式期权是可以在期权存续期内的任一时间来行权。

8.涨跌幅限制

期权交易实行价格涨跌停制度,申报价格超过涨跌停价格的则申报无效,但是因为他们的涨跌幅度巨大,所以可以简单理解为基本是没有涨跌幅限制。期权交易实行熔断制度,连续竞价交易期间,合约盘中交易价格较最近参考价格上涨、下跌达到或者超过50%,且价格涨跌绝对值达到或者超过该合约最小报价单位5倍的,该合约进入3分钟的集合竞价交易阶段。集合竞价交易结束后,合约继续进行连续竞价交易。

9.期权保证金

期权保证金有三个特点:①保证金由一定比例的标的物(7%～12%)加上期权溢价构成;②不同合约的保证金比例不是固定的(支付的名义价值较少,支付的实际价值较多);③同一个合约支付的保证金随着标的资产价格的变化而变化(与期货相比较,期权保证金的变化要大得多),而且期权保证金的变化是非线性的。

二、沪深300ETF

沪深300指数,是由沪深证券交易所于2005年4月8日联合发布的反映沪深300指数编制目标和运行状况的金融指标,并能够作为投资业绩的评价标准,为指数化投资和指数衍生产品创新提供基础条件。

1.严格的样本选择标准,定位于交易性成份指数

沪深300指数以规模和流动性作为选样的两个根本标准,并赋予流动性更大的权重,符合该指数定位于交易性成份指数的特点。交易所在对上市公司进行指标排序后进行选择,另外规定了详细的入选条件,比如新股上市(除少数大市值公司外)不会很快进入指数,一般而言,上市一个季度后的股票才有可能入选指数样本股;剔除暂停上市股票、ST股票以及经营状况异常或财务报告严重亏损的股票和股价波动较大、市场表现明显受到操纵的股票。因此,沪深300指数反映的是流动性强和规模大的代表性股票的股价综合变动,可以给投资者提供权威的投资方向,也便于投资者进行跟踪和进行投资组合,保证了指数的稳定性、代

表性和可操作性。

2.采用自由流通量为权数

所谓自由流通量，简单地说，就是剔除不上市流通的股本之后的流通量。具体地，自由流通量就是剔除公司创建者、家族和高级管理人员长期持有的股份，以及国有股、战略投资者持股、冻结股份、受限制的员工持股、交叉持股后的流通量。这既保证了指数反映流通市场股价的综合动态演变，也便于投资者进行套期保值、投资组合和指数化投资。

3.采用分级靠档法确定成份股权重

沪深300指数各成份股权重的确定，共分为九级靠档。这样做考虑了我国股票市场结构的特殊性以及未来可能的结构变动，同时也能避免股价指数非正常性的波动。九级靠档的具体数值和比例都有明确规定，从指数复制角度出发，分级靠档技术的采用可以降低由股本频繁变动带来的跟踪投资成本，便于投资者进行跟踪投资。

4.样本股稳定性高，调整设置缓冲区

沪深300指数每年调整2次样本股，并且在调整时采用了缓冲区技术，这样既保证了样本定期调整的幅度，提高样本股的稳定性，也增强了调整的可预期性和指数管理的透明度。样本股的稳定性强，可以提高被复制的准确度，增强可操作性。沪深300指数规定，综合排名在240以内的新样本优先进入，排名在360名之前的老样本优先保留。当样本股公司退市时，自退市日起，该股从指数样本中剔除，而由过去最近一次指数定期调整时的候选样本中排名最前的尚未调入指数的股票替代。

5.指数行业分布状况基本与市场行业分布比例一致

指数的行业占比指标衡量了指数中的行业结构，市场的行业占比则衡量市场整体经济结构，二者偏差如果太大，则说明指数的行业结构失衡，通过统计发现，虽然沪深300指数没有明确的行业选择标准，不过样本股的行业分布状况基本与市场的行业分布状况接近，具有较好的代表性。

截至2024年8月12日，沪深300指数前十大权重股如图2.7所示。

	代码	简称	收盘价/原始币种	权重	涨跌	涨跌幅	成交量/万	成交额/万	总股本/亿	自由流通股本/亿	总市值/亿	自由流通市值/亿	贡献点	Wind一级行业
1	600519.SH	贵州茅台	1,436.10	4.9634%	-0.70	-0.05%	136.32	195,657.34	12.56	5.49	--	7,886.15	-0.08	日常消费
2	300750.SZ	宁德时代	169.00	2.7130%	-1.00	-0.59%	1,741.56	293,460.54	43.99	24.69	--	4,173.33	-0.53	工业
3	601318.SH	中国平安	40.62	2.6083%	0.01	0.02%	1,521.99	61,732.50	182.10	92.52	--	3,758.36	0.02	金融
4	600036.SH	招商银行	32.12	2.3081%	-0.21	-0.65%	3,189.43	102,344.76	252.20	105.87	--	3,400.66	-0.50	金融
5	600900.SH	长江电力	29.18	2.1007%	-0.36	-1.22%	5,108.91	150,010.89	244.68	115.61	--	3,373.46	-0.85	公用事业
6	000333.SZ	美的集团	61.38	1.7698%	0.88	1.45%	1,694.92	104,259.72	69.85	47.00	--	2,884.84	0.86	可选消费
7	601899.SH	紫金矿业	15.36	1.5616%	0.02	0.13%	6,363.56	97,489.56	265.78	144.73	--	2,223.02	0.07	材料
8	601166.SH	兴业银行	16.28	1.3795%	-0.09	-0.55%	2,112.88	34,470.34	207.74	139.29	--	2,267.56	-0.25	金融
9	600858.SH	五粮液	127.71	1.3720%	-0.37	-0.29%	731.08	93,463.99	38.82	17.50	--	2,234.60	-0.13	日常消费
10	002594.SZ	比亚迪	230.40	1.2608%	-1.22	-0.53%	537.79	124,207.15	29.09	8.19	--	1,887.34	-0.22	可选消费

图2.7 沪深300指数前十大权重股分布情况（截至2024年8月12日）

从图2.8沪深300指数的行业权重及成份个数分布情况可以看出，沪深300指数的行业分布较为均匀，占比最大的也是金融行业，信息技术行业、工业、日常消费业占比略低于金融行业，但是差距不是很大。

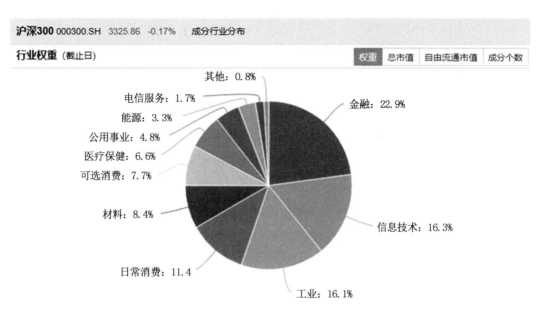

图 2.8　沪深 300 指数行业权重分布

第三节　期权定价

一、期权的价格

期权的价格围绕期权的价值上下波动,就好比我们买汽车,同样的款式,热度高的时候就要"加价买",热度过去了就可以"打折买",只有在供需双方势均力敌的时候,汽车的售价才是一个相对合理的价格。那么,什么是期权的价值呢?

(一)期权的价值

期权的价值由两部分组成,分别为内在价值(intrinsic value)和时间价值(time value)。

当期权的买方行权时,如果产生收益,那么期权的内在价值便是其行权所获得的收益,如果产生亏损,那么该期权的内在价值则为零。期权的内在价值是期权的行权价格与行权时标的资产的价格差。

(二)期权价格的影响因素

影响期权价格的主要因素有以下几点:行权价差、期权到期时间、波动率、流动性、市场预期、保证金、无风险利率等,说明如下。

1.行权价差

行权价差,就是行权价与标的市场价格的差额,可以看作是卖权的安全空间。其他条件不变的情况下,安全空间(又称"防御空间")越大,则期权就越为虚值,到期被行权的概率也就越小,期权的价格也就越低。期权的价格与行权价差呈负相关,行权价差越大,期权价格越低。

2.期权到期时间

期权到期时间也就是合约离期权行权日还剩下的时间。例如,一张期权1月30日到期,今天是1月1日,那么期权到期时间就还有30天。时间越长,期权买方就有更多的盈利机会,卖方承担的不确定性和风险也越大,因此期权的价格也越高。期权价格和到期时间正相关,期权到期时间越长,期权的价格越高。

3.波动率

波动率越高说明标的走势处于剧烈震荡状态,比如大涨或者大跌,期权买方的盈利机会就越多,盈利空间也就越大,相对应地,期权的卖方需要承担的风险和损失也越大,所以期权价格也越高。

4.流动性

一般来说期权的流动性越差价格越高,因为交易流动性较差的期权的买价和卖价相差较大,通常要付出更大的摩擦成本,常会因为没有对手盘而出现无法平仓的可能性,从而面临较大的风险。目前,国内部分期权的流动性不好,如玉米、豆粕、白糖、棉花的一些虚值合约,期权成交量少,而且报价差价较大,为5元/档,常会出现买价和卖价价格差比较大的情况。

5.市场预期

市场预期涨的时候,认购期权价格会高一些;市场预期下跌时,认沽期权价格会高一些。这可以理解为期权的升贴水,通常和期货一致。如2018年12月底,由于上证50ETF已经跌到很低的位置,因此市场对其未来上涨的预期很高,根据当时的历史数据,上证50ETF平值购权比平值沽权价格约高出10%。由于套利资金的存在,相同行权价的认购期权和认沽期权的时间价值不会相差太多。

6.保证金

期权的价格越高,需要卖方提供的保证金也越多,两者呈现正相关关系。保证金越多,期权卖方的资金成本越高,期权价格也就越高。

7.无风险利率

无风险利率,通常是指一年期国债利率或者银行存款利率。无风险利率越高,认购期权的价格越高,认沽期权的价格越低。无风险利率和认购期权价格呈正相关,与认沽期权价格呈负相关,但对期权价格影响很小。无风险利率上升时,认购期权属于先预定好标的资产后付货款,这笔暂时不用支付的资金,因为无风险利率的提高,可以获得额外的收益,所以认购期权的价格更高了;认沽期权属于先卖出货物,之后较晚才会收到货款,这笔资金是暂时在别人手里的资金,无法因为无风险利率的提高而赚取更高的收益,所以当无风险利率上升时认沽期权的价格下降。

因为无风险利率对期权的价格影响较小,而且无风险利率本身变化也相对比较小,所以无风险利率整体对期权价格的影响很小,大多数时间内可以不予考虑。以上各因素对期权价格的影响详见表2.2。

表 2.2　期权价格的影响因素

影响因素	相关性	影响程度
行权价差	负相关	大
期权到期时间	正相关	大
波动率	正相关	大
流动性	负相关	中
市场预期	看涨认购期权价高、看跌认沽期权价高	中
保证金	正相关	中
无风险利率	和购权正相关、和沽权负相关	小

二、期权定价模型

期权的定价方式有很多,比较经典的是由数学家布莱克和经济学家斯科尔斯于1973年提出 Black-Scholes 期权定价模型(B-S 期权定价模型)及二叉树期权定价模型。Black-Scholes 期权定价模型在当时的股票交易中成为一种新颖且灵活的决策评价方法,在降低成本的同时可以迅速而准确地确定股票期权的价值,该模型的出现极大地推动了西方股票期权交易市场的发展。

(一)Black-Scholes 期权定价模型

在构建 Black-Scholes 期权定价模型时往往会相应地给定一些假设条件,以满足模型在实证时的运行环境,从而使得结果偏差最小化。

B-S 期权模型的基础假设条件如下。

(1)在期权到期日之前不支付股息。

(2)证券的交易是不间断进行的。

(3)没有税收和交易成本,并且证券是高度可分离的。

(4)允许卖空,并且可以使用卖空资金。

(5)市场是完全有效的,即一切无风险套利机会均不存在。

(6)基础资产价格满足几何布朗运动,即价格的变动是连续的。

（7）短期无风险利率为常数，且任何期限都相同。

Black-Scholes 期权定价模型的公式为：

欧式看涨期权定价公式

$$C = SN(d_1) - Ke^{-r(T-t)} N(d_2)$$

欧式看跌期权定价公式

$$P = Ke^{-r(T-t)} N(-d_2) - Ke^{-r(T-t)} N(d_1)$$

其中：

$$d_1 = \frac{\ln\left(\dfrac{S}{K}\right) + \left(r + \dfrac{\sigma^2}{2}\right)(T-t)}{\sigma\sqrt{T-t}}$$

$$d_2 = \frac{\ln\left(\dfrac{S}{K}\right) + \left(r - \dfrac{\sigma^2}{2}\right)(T-t)}{\sigma\sqrt{T-t}} = d_1 - \sigma\sqrt{T-t}$$

$$N(x) = \int_{-\infty}^{x} \frac{1}{\sqrt{2\pi}} e^{\frac{\cdot}{2}} dy$$

式中，S 为标的资产价格，K 为合约的行权价格，r 为无风险利率，σ 为标的资产波动率，$T-t$ 为期权合约期限，$N(x)$ 为正态分布积累分布函数。

综合以上三个公式，我们认识到在该模型中看涨期权的价值实质上取决于标的资产价格、行权价格、无风险利率、期权到期时间和标的资产价格波动率的数值，虽然看似有些复杂，但是这些参数可以直接或者经过简单计算取得。

B-S 模型的成功归功于它的简单性、高度的直觉性和通用性，但模型需满足股价是连续变动的假设，这与股价会随重大事件发生而出现跳跃矛盾；并且 B-S 模型假设无风险利率和波动率为常数，这也与实际情况不相符。事实上，波动率和利率是有期限结构的；另外，实际生活中还会考虑保证金及交易成本。尽管如此，B-S 模型作为期权定价的基石，展示了数学在金融领域的重要性，推动了金融工程这一新领域的发展和成功。

（二）二叉树期权定价模型

Black-Scholes 期权定价模型是经典的欧式期权定价模型，而二叉树期权定价模型既可用来对欧式期权进行定价，也适用于期权持有者可以提前行权的美式期权或者其他可以提前行权的衍生产品，而且更加直观、易于理解，并且计算出的结果与 Black-Scholes 定价公式的结果是一致的，因而获得广泛应用。

Cox、Ross 和 Robinstein（1979）提出的二叉树期权定价模型假设在某一特定时期到下一时期，标的资产的价格只有上涨和下跌两种可能，且涨跌幅度存在固定的关系，假定当前时刻股票价格为 S_0，在下一时刻股票价格有两种可能值：$S_m = S_0 \times u$ 或 $S_d = S_0 \times d$，出现两种可能性的概率分别为

$$p_u = \frac{a-d}{u-d}$$

$$p_d = 1 - p_u$$

其中，$u = e^{\sigma\sqrt{\Delta t}}$，$d = e^{-\sigma\sqrt{\Delta t}}$，$a = e^{r\Delta t}$，相应地，执行价格为 K 的期权价值亦有两种可能：f_u 和 f_d，一个单步二叉树定价过程如下：

通过选择适当的股票头寸和期权头寸，使股票和期权构造的资产组合不具有任何风险，在期权的到期时刻，股票价格上升时的组合价值和股票价格下跌时的组合价值相等，求出组合价值变化的比率，根据无风险套利原理，再将资产组合的价值以无风险利率 r 进行贴现，得到单步二叉树的期权价格为

$$f = \frac{p_u f_u + p_d f_d}{a}$$

短期内资产价格的运动服从独立同伯努利分布的单步二叉树过程，推广到多步，将标的资产价格变动的期限等分为 N 个极小的时间段 Δt，用大量的单步二叉树运动将股票价格服从的连续的几何布朗运动离散化，在到期时刻，标的资产的价格 Sr 可能取到 $N+1$ 个值，欧式期权在到期时刻的价值也有 $N+1$ 种可能，利用单步二叉树模型，通过从到期时刻 T 逆向推导，可以逐步求出期权在每个节点上的价值，进而得到欧式期权在初始时刻的价格 f。对于美式期权，要在每个节点处将行权收益和贴现收益进行对比，决定是否提前执行。

根据统计知识可以知道，二项分布的极限就是正态分布，所以 B-S 模型中假设股票价格服从的正态分布就是二叉树模型中股票价格二值离散运动趋近于无穷大的极限形式。因此，理论上当 Δt 趋近于零，二叉树模型计算出来的结果与 B-S 公式计算得到的结果是一致的。

目前普遍使用的二叉树参数模型是 Cox-Ross-Robinstein（CRR）模型，即

$$u = e^{\sigma\sqrt{\Delta t}}$$

$$d = \frac{1}{u}$$

$$p = \frac{a-d}{u-d}$$

$$a = e^{r\Delta t}$$

其中，u 和 d 分别表示股票价格上升和下降的比率，p 理解为股票价格上升的风险中性概率，σ 为股票价格波动率，r 为无风险利率。

（三）B-S 期权定价模型和二叉树定价模型两者的差异

二叉树定价模型在实物期权定价模型中属于离散型，它以决策树的表现形式能够直观

清晰地表达资产的两种不同趋势，以此描述期权定价的原理，但其大量的计算即便使用计算机计算也较为复杂烦琐。Black-Scholes 定价模型在实物期权定价模型中属于连续型。在Black-Scholes 定价模型中随机形式的布朗运动（Brownian motion）和不确定性是其标的资产的主要特征。这两种实物期权定价方法的具体对比如表 2.3 所示。

表 2.3　二叉树定价模型与 B-S 定价模型对比

比较对象	B-S 定价模型	二叉树定价模型
研究类型	欧式期权	欧式期权、美式期权
运算复杂程度	计算简单、直接	计算量大
连续性	连续型	离散型
准确度	较好	较差

二叉树模型尽管在运算形式上简便直观，能够清晰地建立起期权模型，然而当不确定性因素不断增多时，计算量极大，处理起来比较麻烦，容易使得计算结果偏离准确。Black-Scholes 定价模型虽然在运算形式上不如二叉树模型直接明了，但是其计算结果精准，模型中的各个参数更具有实际意义价值，贴合现实项目。

相对于只在欧式期权估值中可行的 B-S 期权定价模型，基于风险中性假设的二叉树模型还适用于计算美式期权的价值，与 B-S 模型形成了完美的互补，丰富了实物期权理论的内容。如果使用 DerivaGem 软件将欧式二叉树模型的步数逐步扩大，会发现期权的价格会与B-S 模型计算的值初步吻合，继而得到当步长收敛到极限小的状态时以上两种模型的价格是一致的，B-S 模型与二叉树模型适用无风险组合的区别在于这种无风险是瞬时成立的。因此二叉树模型不仅可用于欧、美式期权的定价，还可以用于回望期权、含权债券等衍生产品的定价，并且面对存在多个实物期权的复合期权定价的难题，也游刃有余。

综上，相比于 B-S 模型，不论从适用范围的角度，还是期权价值的计算简化、直观易于理解的角度，二叉树模型都有相对的优势。于是二叉树模型越发广泛地被运用于实际生活中，例如投资项目决策领域。

（四）蒙特卡罗方法（Monte Carlo method）

蒙特卡罗方法又称统计模拟法、随机抽样技术，是一种随机模拟方法，以概率和统计理论方法为基础的一种计算方法，是使用随机数（或更常见的伪随机数）来解决很多计算问题的方法。将所求解的问题同一定的概率模型相联系，用电子计算机实现统计模拟或抽样，以获得问题的近似解。为象征性地表明这一方法的概率统计特征，故借用赌城蒙特卡罗命名。

蒙特卡罗方法于 20 世纪 40 年代美国在第二次世界大战中研制原子弹的"曼哈顿计划"的成员 S.M.乌拉姆和 J.冯·诺伊曼首先提出。数学家冯·诺伊曼用驰名世界的赌城——摩纳哥的 Monte Carlo 来命名这种方法,为它蒙上了一层神秘色彩。在这之前,蒙特卡罗方法就已经存在。1777 年,法国布丰(Buffon)提出用投针实验的方法求圆周率 π,这被认为是蒙特卡罗方法的起源。

由概率定义可知,某事件的概率可以用大量试验中该事件发生的频率来估算,当样本容量足够大时,可以认为该事件的发生频率即为其概率。因此,可以先对影响其可靠度的随机变量进行大量的随机抽样,然后把这些抽样值一组一组地代入功能函数式,确定结构是否失效,最后从中求得结构的失效概率。蒙特卡罗法正是基于此思路进行分析的。设有统计独立的随机变量 $X_i (i=1,2,3,\cdots,k)$,其对应的概率密度函数分别为 $f(x_1),f(x_2),\cdots,f(x_k)$,功能函数式为 $Z=g(x_1,x_2,\cdots,x_k)$。首先根据各随机变量的相应分布,产生 N 组随机数 $x_1,x_2,\cdots,x_k$ 值,计算功能函数值 $Z_i=g(x_1,x_2,\cdots,x_k)(i=1,2,\cdots,N)$,若其中有 L 组随机数对应的功能函数值 $Z_i \leq 0$,则当 $k \to \infty$ 时,根据伯努利大数定理及正态随机变量的特性可知,结构失效概率 $P \approx L/K$。对于可靠指标 β,可通过已知的失效概率与可靠指标的关系[如对于正态分布情况 $\beta = \Phi-1(1-P)$,其中 $\Phi-1$ 是标准正态分布函数的反函数]来确定。从蒙特卡罗方法的思路可看出,该方法回避了结构可靠度分析中的数学困难,不管状态函数是否非线性、随机变量是否非正态,只要模拟的次数足够多,就可得到一个比较精确的失效概率和可靠度指标。

通常蒙特卡罗方法通过构造符合一定规则的随机数来解决数学上的各种问题。对于那些由于计算过于复杂而难以得到解析解或者根本没有解析解的问题,蒙特卡罗方法是一种能够有效求出数值解的方法。一般蒙特卡罗方法在数学中最常见的应用就是蒙特卡罗积分。蒙特卡罗算法表示采样越多,越近似最优解。举个例子,假如筐里有 100 个苹果,每次闭眼拿 1 个,挑出最大的。于是随机拿 1 个,再随机拿 1 个跟它比,留下大的,再随机拿 1 个……每拿一次,留下的苹果都至少不比上次的小。拿的次数越多,挑出的苹果就越大,但除非拿 100 次,否则无法肯定挑出了最大的。这个挑苹果的算法,就属于蒙特卡罗算法,它告诉我们样本容量足够大,则最接近所要求解的概率。

蒙特卡罗模拟方法的基本思想是通过建立一个统计模型或者随机过程,使它的参数等同于所求问题的解,再通过反复地随机取样,计算参数的估计值和统计量,从而得到所求问题的近似解,抽样次数越多,近似解就越接近于真实值。其基本原理就是大数定理和中心极限定理。但是蒙特卡罗模拟的计算量非常大,计算速度也很慢。蒙特卡罗随机取样所采用的随机数服从伪随机序列,而伪随机序列存在聚类特点,且样本的分布不服从真实分布,这使得计算结果会出现偏差。其误差可以通过中心极限定理得到:从误差式中可以看出蒙特卡罗模拟的误差与方差和样本数量 n 有关。为了降低其误差,需要选择合适的随机变量使方差减小,但是蒙特卡罗模拟的随机数取自伪随机数列,因此并不能得到最小的方差,也就无法有效地减小误差,且蒙特卡罗模拟的收敛速度慢,这个收敛速度很慢且很难得到高正确率的结果。

期权定价的蒙特卡罗方法的理论依据是风险中性定价原理,理论基础是概率论与数理统计,其实质是通过模拟标的资产价格路径,预测期权的平均回报并得到期权价格估计值。一般地,期权定价的蒙特卡罗模拟方法包含以下几步(以欧式看涨期权为例)。

(1)在风险中性测度下模拟标的资产的价格从初始时刻开始至到期日止的一条随机路径。

(2)计算在这条路径下期权的到期回报,并根据无风险利率求得回报的贴现。

(3)重复前两步,得到大量期权回报贴现值的抽样样本。

(4)求样本均值,得到期权价格的蒙特卡罗模拟值。

三、其他的期权定价模型

自 Black-Scholes 模型推出后,很多学者将其应用到实际市场情况中,在默顿(Merton)的研究中发现,市场上股票价格的波动是产生间断跳空现象的过程,不是光滑移动的过程,于是他提出了股票价格服从跳跃过程的模型。该模型在几何布朗运动的基础上加入了跳跃项,即 Merton 跳跃-扩散定价模型将股票价格的波动过程分为两个部分:第一个部分是连续的波动,用布朗运动描述;第二个部分是由一些重大的信息引起的股票价格的较大波动,用泊松过程描述。Merton 跳跃-扩散定价模型的定价公式为

$$V(S,t) = \sum_{n=0}^{\infty} \frac{(\lambda'\tau)^n}{n!} e^{-\lambda'\tau} V_{BS}(S,\tau,K,r_n,\sigma_n)$$

其中,$\tau = T-t, \tau \in [0,T], S \in [S_{\min}, S_{\max}], \zeta = \exp\left(\mu_j + \frac{\sigma_j^2}{2}\right) - 1$,则

$$\lambda' = \lambda(1+\zeta), \sigma_n^2 = \sigma^2 + \frac{n\sigma_j^2}{\tau}, r_n = r - \lambda\zeta + \frac{n}{\tau}\left(\mu + \frac{1}{2}\sigma_j^2\right)$$

$$V_{BS}(S,\tau,K,r_n,\sigma_n) = \begin{cases} SN(d_1) - Ke^{-r_n\tau}N(d_2) & (看涨期权) \\ Ke^{-r_n\tau}N(-d_2) - SN(-d_1) & (看跌期权) \end{cases}$$

$$d_1 = \frac{\ln\left(\frac{S}{K}\right) + \left(r_n + \frac{\sigma_n^2}{2}\right)\tau}{\sigma_n\sqrt{\tau}}$$

$$d_2 = \frac{\ln\left(\frac{S}{K}\right) + \left(r_n - \frac{\sigma_n^2}{2}\right)\tau}{\sigma_n\sqrt{\tau}} = d_1 - \sigma_n\sqrt{\tau}$$

通常只需计算式中前五项或者六项的总和,就可以得到精确到小数点后六位数字的期权价格近似值。后面利用 Merton 跳跃-扩散定价模型计算得到的期权价格也是计算的前几项和的近似值。

第四节 期权波动率

一、波动率的定义

波动率是金融资产价格的波动程度,是对资产收益率不确定性的衡量,用于反映金融资产的风险水平,是对标的资产价格的风险度量。波动率越高,金融资产价格的波动越剧烈,资产收益率的不确定性就越强;波动率越低,金融资产价格的波动越平缓,资产收益率的确定性就越强。广义上讲,波动率是变量随时间发生的不可预测的变化程度,我们也可以简单地将波动率定义为以年为时间单位的 1 个标准差百分比。狭义上的波动率是指一定时间内连续复利收益率的标准差。

波动率可分为实际波动率、历史波动率、远期波动率和隐含波动率。实际波动率无时间标尺,只存在于瞬间,不同时刻的数值可能不同,是作为 B-S 模型定价公式的输入量。历史波动率是度量资产价格历史变动的指标,也称为已实现波动率,它度量的是资产价格在过去一段特定时期内偏离均值的程度。通常,历史波动率是取一段时期内每日资产收盘价变动百分比的平均值,并将其年化。远期波动率是未来一定时间内的波动率,远期波动率与未来时间区间或时刻相联系。对远期波动率的预测多采用动态模型。隐含波动率是根据 B-S 定价模型和期权的市场价格反推得出的,因此可以将隐含波动率称为市场自身对未来波动率的预期值。波动率偏斜现象是指对每一个到期月份、不同行权价合约系列,以平值行权价为中心,左侧行权价的隐含波动率高于平值期权隐含波动率,右侧行权价的隐含波动率低于平值期权隐含波动率。波动率圆锥反映的是相同行权价期权合约的隐含波动率随不同到期期限变化的特征。

二、波动率的产生原因

期权的波动率是一个衡量期权市场震荡幅度的数据,这个数据对于期权投资者来说是一个非常好的观察点,但是这个波动率本身也是有一定变化的,我们来看看期权波动率受哪些因素的影响。从经济意义上解释,产生波动率的主要原因来自以下三个方面。

1.宏观经济因素对某个产业部门的影响,即所谓的系统性风险

系统性风险(systematic risk)又称市场风险,也称不可分散风险,是指由于多种因素的影响和变化,导致投资者风险增大,从而给投资者带来损失的可能性。系统性风险的诱因多发生在企业等经济实体外部,企业等经济实体作为市场参与者,能够发挥一定作用,但由于受

多种因素的影响,本身又无法完全控制它,其带来的波动面一般都比较大,有时也表现出一定的周期性,此类系统性风险是不可分散的(cannot be diversified)。

2.特定的事件对某个企业的冲击,即所谓的非系统性风险

另一类非系统性风险(non-systematic risk)指的是公司内部的,可被分散的结构性风险(could be diversified)。值得注意的是,要与系统性风险(systemic risk)进行区分,systematic risk 与 systemic risk 看起来很像,但是后者指的是会引起整个市场或系统崩溃的风险。当波动率变化的时候,其实很重要的是标的也在波动,而标的的波动频率其实是非常快的,相信很多玩过期权的人肯定知道,不同的标的波动率变化也是不一样的,所以期权波动率受影响最大的其实还是标的的变化,也就是非系统性风险。

3.投资者心理状态或预期的变化对股票价格所产生的作用

很多投资者在刚入手的时候运气好赚钱了,然后有了继续投资的底气,就趁机再次增加持仓量,这样做的后果就是导致手中的合约比例失衡,也会影响市场的平衡,导致波动率出现变化。买方还在赚钱的时候肯定就有相应的卖方在亏钱,而与此同时期权的波动率在上升,卖方更加不敢轻举妄动,并且当上涨时期权的跌幅不会太大,这个时候卖方资金问题如果得不到很好的解决就会出现更大的资金漏洞,市场会再次出现偏差。

三、波动率的特征

(一)序列相关性

在没有其他信息的情况下,对接下来一段时间内会发生什么所能给出的最好推测,就是参考上一段时间内发生了什么,将来会发生什么往往取决于过去发生什么。假设一个学生前五次数学考试分别考了 90 分、90 分、87 分、90 分、93 分,在不知道其他信息的情况下,我们会预测这个学生的第六次数学考试最大概率也是考 90 分。学者们把考试分数间的这种关系称为"序列相关性",相当于数个连续事件的联系。波动率也存在序列相关性。所以,如果要预测下个月波动率是多少,而又暂时没有其他的数据,最好的方法就是认为下个月波动率与上个月一致,做出这一预测的原因是波动率存在序列相关性特征。

(二)均值回归效应

假设学生这次数学考试分数为 90 分,并且还知道去年平均数学考试分数是 85 分。下次数学考试分数有三个选项:93 分、90 分、85 分。根据序列相关性特征,你可能还会选择 90 分。但是,基于去年平均数学考试分数的信息,我们很可能会选择 85 分,但大部分人都不会选择 93 分。因为考试分数和波动率的另一个特征是会回归平均值。这一趋势一般被称为"均值回归"。如果波动率均值在 10%,而近期波动率为 20%,我们就有理由相信波动率会下降,因为波动率会向均值移动。

(三)动量效应

事情按已经出现的同方向变化继续运行的趋势叫"动量效应"。动量效应是由

Jegadeesh 和 Titman(1993)提出的,是指股票的收益率有延续原来运动方向的趋势,即过去一段时间收益率较高的股票在未来获得的收益率仍会高于过去收益率较低的股票。基于股票动量效应,投资者可以通过买入过去收益率高的股票、卖出过去收益率低的股票获利,这种利用股价动量效应构造的投资策略称为动量投资策略。

四、波动率的分类

(一)实际波动率

实际波动率又称作未来波动率,它是指对期权有效期内投资回报率波动程度的度量,由于投资回报率是一个随机过程,实际波动率永远是一个未知数。或者说,实际波动率是无法事先精确计算的,人们只能通过各种办法得到它的估计值。

(二)历史波动率

历史波动率是指投资回报率在过去一段时间内所表现出的波动率,它由标的资产价格过去一段时间的历史数据反映。这就是说,可以根据时间序列数据,计算出相应的回报率数据,然后运用统计推断方法估算回报率的标准差,从而得到历史波动率的估计值。具体计算方法如下。

(1)从市场上获得标的股票在固定时间间隔(如每天、每周或每月等)上的价格。

(2)对于每个时间段,求出该时间段末的股价与该时段初的股价之比的自然对数。

(3)求出这些对数值的标准差,再乘以一年中包含的时段数量的平方根(如选取时间间隔为每天,且扣除闭市每年中有 250 个交易日,则应乘以 $\sqrt{250}$,得到的即为历史波动率)。

方法一:百分比价格变动法(即价格的环比增长速度)。公式为 $Y_i = \dfrac{P_{i+1} - P_i}{P_i}$,$Y_i$ 是资产的百分比收益,P_i 是昨天(基期)资产的价格,P_{i+1} 是今天(报告期)资产的价格。

方法二:对数价格变动法。公式:$Y_i = \ln P_{i+1} - \ln P_i$,$Y_i$ 是资产的百分比收益,P_i 是昨天(基期)资产的价格,P_{i+1} 是今天(报告期)资产的价格。

估计期间样本及样本价格的选择:抽样技术表明,增加估计期间样本数量,可以减少预测的标准误差,但并不能一味地增加样本数量,因为若要预测明天的波动率,使用最近几天的数值反而比使用过去五年的数值更有效。分析家们在估计历史波动率时有三种选择,其一是采用更长期间的波动率,利用过去一年的交易日;其二是采用更短的样本期,如 30 天或 90 天交易日;其三是采用等于要预测的将来时长的过去期间的时间长度。如果所有三个样本期和合成波动率(正常日和经济日的波动率合成)几乎是一样的,则可以认定,这一资产在整个时期的波动率可能是稳定的。但当利用三个样本期计算的结果总是有差异时,则可利用更常用的数据期间,或与整个预测期相当的期间进行计算;或根据研究需要,对长期、中期和短期波动率赋予一定的权数(如 1/2,1/3 或 1/4 等)进行加权平均得到合成波动率。

标的资产的价格有开盘价、收盘价、最高价、最低价、平均价,理论上对历史波动率估计的价格做了各种研究,大部分情况下,历史波动率估计中使用的价格是每日市场的收盘价。无论采用什么价格,历史波动率估计和实际波动率一致时,才能证明这一估计是好的估计。

(三)预测波动率

预测波动率又称为预期波动率,它是指运用统计推断方法对实际波动率进行预测得到的结果,并将其用于期权定价模型,确定出期权的理论价值。因此,预测波动率是人们对期权进行理论定价时实际使用的波动率。这就是说,在讨论期权定价问题时所用的波动率一般均是指预测波动率。需要说明的是,预测波动率并不等于历史波动率,因为前者是人们对实际波动率的理解和认识,历史波动率往往是运用统计推断方法对实际波动率进行预测这种理论和认识的基础。除此之外,人们对实际波动率的预测还可能来自经验判断等其他方面。预测波动率的度量有如下方法。

1.移动平均法

移动平均法是指以过去 N 天的收益率的方差作为当日波动率的估计值,分为简单移动平均和加权移动平均两种方法。简单移动平均法将每天的收益率看成是等权重的,加权移动平均法则对不同时点赋予不同的权重。

2.指数平滑法

其中,λ 为衰退因子,即平滑系数,$0<\lambda<1$。将指数平滑公式通过递推推导,可以得到 t 时刻的波动率 σ 与收益率 r 之间的关系式。运用此方法,需要确定参数 λ。

3.GARCH 模型法

借助 GARCH 模型,可以估计和预测波动率。Bollerslev 于 1986 年对自回归条件异方差模型(ARCH)进行了推广,提出了广义自回归条件异方差模型(GARCH-M)。此外,还有随机波动率模型(SV)及其扩展模型、分整自回归移动平均模型(ARFIMA)等,用于对金融资产波动率的估计。

4.隐含波动率

隐含波动率是期权市场投资者在进行期权交易时对实际波动率的认识,而且这种认识已反映在期权的定价过程中。由于期权定价模型给出了期权价格与五个基本参数($St,X,r,T-t$ 和 σ)之间的定量关系,只要将其中前 4 个基本参数及期权的实际市场价格作为已知量代入期权定价模型,就可以从中解出唯一的未知量 σ,也就是隐含波动率。因此,隐含波动率又可以理解为市场实际波动率的预期。影响隐含波动率大小的因素有正股的历史波动率、权证的供求关系。

如何判断隐含波动率的高低,可以从下面两个方面入手。

(1)隐含波动率和历史隐含波动率对比,就是和过去一段时间的隐含波动率对比。历史隐含波动率可理解为市场对该期权的长期定价,通常有其合理性。如豆粕期权的历史隐含波动率比较高,由于豆粕期权流动性差、买卖价差较大、振幅也较大,所以定价高是有其合理依据的。

(2)隐含波动率和历史波动率对比。隐含波动率是对未来波动率的预期,历史波动率是过去的真实波动率。长期来看,未来的真实波动率,会大概率趋同于过去的真实波动率。所以当隐含波动率大幅高于历史隐含波动率、历史波动率时,可以判断隐含波动率处于高位,相对应的期权价格也偏高。投资者可以通过隐含波动率价格高低来判断期权价格的高低,在隐含波动率低时买入期权相当于打折买,在隐含波动率高时买入相当于加价买,波动率对期权价格的影响比较大。

认股权证正股的隐含波动率普遍比历史波动率要高,两者具有正相关关系。若正股历史波动率高,相关权证的隐含波动率也较高;若正股历史波动率低,相关的权证隐含波动率也相对较低。特别是在发行权证时,发行人会把正股的历史波动率作为依据之一来确定权证的隐含波动率,从而确定权证价格。此外,供求关系也会影响隐含波动率,隐含波动率在某种程度上是权证供求关系的一个反映。当投资者对某只权证需求旺盛,就会使权证价格虚高,引伸波幅达到较高的水平,甚至远高于正股的实际波幅。

波动率微笑(volatility smiles)指期权隐含波动率(implied volatility)与行权价格(strike price)之间的关系。因为 B-S 模型有严格的前提,其在实证检验中存在一些偏差。将期权的市场价格带回 B-S 模型后可反解出标的资产波动率,该波动率称为隐含波动率。根据 B-S 模型的常数波动率假设,同种标的资产的期权应有相同的隐含波动率,但实证研究表明,同种标的资产、相同到期日的期权,行权价格偏离现货价格越多,隐含波动率往往越大,即具有相同到期日和标的资产而执行价格不同的期权,其执行价格偏离标的资产现货价格越远,隐含波动率越大。虚值期权(out-of-the-money option)和实值期权(in-the-money option)的波动率高于平价期权(at-the-money option)的波动率,使得波动率曲线呈现出中间低两边高的向上的半月形,也就是微笑的嘴形,称为波动率微笑。

在将来权证进入交易后,投资者就可以利用隐含波动率为自己的投资做指导,使用方法如下。

(1)买卖波动率。权证的投资者除了可以利用预期标的股价的变化方向来买卖权证外,还可以从股价波动幅度的变化中获利。正常情况下,波动率并不是可以无限上涨或下跌的,而是在一个区间内来回震荡。投资者可以采取在隐含波动率较低时买入,而在较高时卖出权证的方法来获利。

(2)与历史波动率作比较,确定买卖时机。若投资者已经决定了买卖方向,可以将历史波动率与隐含波动率作比较,在隐含波动率低(高)于历史波动率的时候买进(卖出)权证。

(3)投资者还可以通过隐含波动率来比较同一标的资产不同剩余时间的权证,隐含波动率越小,该权证越便宜,从而可以为选择权证的种类提供指导。

五、波动率指数

VIX 指数(芝加哥期权交易所波动率指数,Chicago board options exchange volatility index),用以反映 S&P500 指数期货的波动程度,测量未来三十天市场预期的波动程度,通常用来评估未来风险,因此也有人称波动率指数为恐慌指数。

VIX 指数虽然是反映未来三十天的波动程度,却是以年化百分比表示,并且以常态分布的概率出现。举例来说,假设 VIX 指数为 15,表示预期的年波动率为 15%,因此接下来三十天预期的波动率的标准差为 4.33%,也就是 S&P500 指数(标准普尔 500 指数)三十天后波动在 ±4.33% 以内的概率是 68%(正态分布 normal distribution 正负一个标准差的概率是 68%,正负两个标准差的概率是 95%)。换句话说,三十天后,有 68% 的可能性 S&P500 涨跌 4.33% 以内。

通常 VIX 指数超过 40 时,表示市场对未来存在非理性恐慌,可能于短期内出现反弹。相对地,当 VIX 指数低于 15,表示市场出现非理性繁荣(irrational exuberance),可能会伴随着卖压杀盘。即使在 1998 年的金融风暴时,VIX 指数也未曾超过 60,VIX 指数不一定能准确预测走向,但是多少能反映当时市场的气氛。

波动性在金融衍生品的定价、交易策略以及风险控制中扮演着相当重要的角色。可以说没有波动性就没有金融市场,但如果市场波动过大,而且缺少风险管理工具,投资者可能会担心风险而放弃交易,使市场失去吸引力。

VIX 指数的特性:第一,VIX 指数具有回复特性;第二,VIX 指数的动态与 S&P 指数报酬率呈现正相关走势。而从 2003 年至 2024 年的资料显示,S&P500 指数报酬率与 VIX 指数之间的相关系数确实存在着正相关性。

VIX 指数的由来:CBOE 在 1973 年 4 月开始股票期权交易后,就一直有通过期权价格来构造波动率指数的设想,以反映市场对于未来波动程度的预期。1987 年全球股灾后,为稳定股市与保护投资者,纽约证券交易所(NYSE)于 1990 年引进了熔断机制(circuit breaker),当股价发生异常变动时,暂时停止交易,试图降低市场的波动性以恢复投资者的信心。但熔断机制引进不久,对于如何衡量市场波动性,市场产生了许多新的认识,渐渐产生了动态显示市场波动性的需求。因此,在 NYSE 采用熔断机制解决市场过度波动问题后不久,芝加哥期权交易所从 1993 年开始编制市场波动率指数,以衡量市场的波动率。其间有学者陆续提出各种计算方法,Whaley(1993)提出了编制市场波动率指数作为衡量未来股票市场价格波动程度的方法。同年,CBOE 开始编制 VIX 指数,选择 S&P100 指数期权的隐含波动率为编制基础,同时计算买权与卖权的隐含波动率,以考虑交易者使用买权或卖权的偏好。

VIX 指数表达了期权投资者对未来股票市场波动性的预期,VIX 指数越高,显示投资者预期未来股价指数的波动越剧烈;VIX 指数越低,代表投资者认为未来的股价波动将趋于缓和。由于该指数可反映投资者对未来股价波动的预期,并且可以由此观察期权参与者的心理表现,也被称为“投资者情绪指标”(the investor fear gauge)。经过十多年的发展和完善,VIX 指数逐渐得到市场认同,CBOE 于 2001 年推出以 NASDAQ(纳斯达克)100 指数为标的的波动性指标(NASDAQ volatility index,VXN);CBOE 在 2003 年以 S&P500 指数为标的计算 VIX 指数,使指数更贴近市场实际。2004 年 COBE 推出了第一个波动性期货(volatility index futures,VIX futures),2004 年推出第二个将波动性商品化的期货,即方差期货(variance futures)，标的为三个月期的 S&P500 指数的现实方差(realized variance)。2006 年，VIX 指数的期权在 CBOE 开始交易。

六、波动率期限结构

波动率期限结构是指同一行权价的隐含波动率会随期权剩余期限的不同而产生相应的变化。通常而言，平值期权的波动率与期权剩余期限的关系是在短期波动率非常低的时候，波动率函数是期权剩余期限时间的增函数；当短期波动率较高时，波动率函数是期权剩余期限时间的减函数。这一点与波动率均值回归有关。从长期来看，波动率多是均值回归的，也就是在到期日接近的时候，隐含波动率的变化就比较剧烈，而随着到期日的不断延长，隐含波动率就会逐渐向一个长期的均值收敛。波动率期限结构的形成有以下三种说法。

1.价格运动过程并非平稳说

这一说法是指在有效期内基本面的变化会引起标的资产价格预期分布的永久性改变。假如市场预期标的资产将会在某一时期发生重大变化，那么事件发生前后的期权隐含波动率也就会不同。

2.波动率非均匀说

这一说法认为实际波动率在不同日期内预期是不一样的，特别是重要事件发生日与其他日差异更加明显，因此波动率应当是期权有效期内发生的事件数量及其重要程度的函数。

3. 波动率均值回归说

在一个给定的市场中，波动率不能长期保持在极端的水平，而是会回到其长期均衡的水平。我们也可以认为实际波动率从长期来看处于一个相对稳定的水平。当波动率水平超过均衡水平后，波动率最终会回到正常水平，而不是持续维持这种差异。

七、运用波动率的交易策略

期货市场除了牛熊市之外，更多的时间处于一种无法辨别价格走势或者价格没有大幅变化的状况。此时的交易策略可以根据市场波动率的大小具体细分。当市场预期波动较小价格变化不大时，可采取卖出跨式组合和卖出宽跨式组合的策略；当预期市场波动较大但对价格上涨和下跌的方向不能确定时，可采取买入跨式组合和买入宽跨式组合的策略。波动率交易可分为四个步骤：买入被低估的期权或卖出被高估的期权；买卖标的合约或其他期权合约使整个组合达到 Delta 中性；在期权的生命周期内定期买入或卖出适当数量的标的合约以维持组合的 Delta 中性；期权到期时平掉组合的所有持仓。

(一)卖出跨式组合(sell straddle)

卖出跨式组合由卖出一手某一执行价格的认购期权，同时卖出一手同一执行价格的认沽期权组成。采用该策略的动机在于：认为市场走势波动不大，可以卖出期权赚取权利金收益,但是一旦市场价格发生较大波动,那就要面对遭受损失的风险。无论是哪个方向,亏损的可能都是无限大。如果价格大幅高于行权价格,看涨期权亏损更大。相反,如果价格大幅低于行权价格,则看跌期权亏损更大。由于同时做空看涨期权和看跌期权,因此上述两种情况都有可能出现亏损。由于做空跨式组合其实是空头期权,因此随着到期日临近,时间衰减也会加快,从时间衰减中获利,而多头跨式组合的持有者则因为时间衰减而亏损。同样,如果市场接近行权价,时间衰减的获利最高。

卖出跨式投资损益:

当期货价格<执行价格时,投资损益=权利金总和+期货价格－执行价格

当期货价格>执行价格时,投资损益=权利金总和+执行价格－期货价格

跨式组合有两个盈亏平衡点:

盈亏平衡点 a=执行价格－收入的权利金总和

盈亏平衡点 b=执行价格+收入的权利金总和

当期货价格在这两个盈亏平衡点之间时,投资者获取利润,最大利润额为两个权利金金额之和;当期货价格在这两个盈亏平衡点之外时,投资者才开始面临亏损。

使用时机:期货走势陷入下有支撑、上有压力的局面,预料后续价格将呈现窄幅震荡局面。

策略优点在于投资者同时卖出看涨期权和看跌期权能够预先收到较高的权利金,而策略缺点在于投资者承担的亏损可能是无限的,一旦标的指数价值大幅变动,投资者会面临很大的亏损风险。

【例 1】期货价格 120 元/吨,投资者卖出一手执行价格为 120 元/吨的认购期权,收入权利金 16 元/吨;卖出一手执行价格为 120 元/吨的认沽期权,收入权利金 14 元/吨。总计收入权利金 16+14=30(元/吨)。则

盈亏平衡点 a=120－30=90(元/吨)

盈亏平衡点 b=120+30=150(元/吨)

当期货价格<120 元/吨时,该组合的损益=30+期货价格－120=期货价格－90;

当期货价格>120 元/吨时,该组合的损益=30+120－期货价格=150－期货价格。

(二)卖出宽跨式组合(sell strangle)

卖出宽跨式组合由卖出一手执行价格高的买权,同时卖出一手执行价格低的卖权组成。采用该策略的动机与卖出跨式组合相同,但获利区间稍大。

投资损益:

当期货价格<低的执行价格时,投资损益=权利金总和+期货价格－低执行价格

当期货价格>高的执行价格时,投资损益=权利金总和+高执行价格－期货价格

投资盈亏平衡点:

盈亏平衡点 a=卖权执行价格－收入的权利金总和

盈亏平衡点 b=买权执行价格+收入的权利金总和

使用时机:期货走势陷入下有支撑、上有压力的局面,预料后续价格将呈现窄幅震荡局面,卖出宽跨式组合。

【例2】期货价格120元/吨,投资者卖出一手执行价格为100元/吨的认沽权证,收入权利金10元/吨;卖出一手执行价格为140元/吨的认购权证,收入权利金15元/吨。总计收入权利金10+15=25(元/吨)。则

盈亏平衡点 a=100－25=75(元/吨)

盈亏平衡点 b=140+25=165(元/吨)

当期货价格<100元/吨时,该组合的损益=25+期货价格－100=期货价格－75;

当期货价格>140元/吨时,该组合的损益=25+140－期货价格=165－期货价格。

(三)买入跨式组合(buy straddle)

买入跨式组合与卖出跨式组合正相反,由买入一手某一执行价格的认购期权以及同时买入一手同一执行价格的认沽期权组成。当期货价格等于执行价格时,投资者损失所支付的权利金;当期货价格在两损益平衡点之外时,盈利逐渐增加。

如果交易者认为市场会发生变化,但对变化的方向没有把握,他们可以买入跨式组合。无论市场朝哪个方向变化,跨式组合的盈利潜力都远高于成本。

投资损益:

当期货价格<执行价格时,投资损益=执行价格－期货价格－权利金总和

当期货价格>执行价格时,投资损益=期货价格－执行价格－权利金总和

投资盈亏平衡点:

盈亏平衡点 a=执行价格－收入的权利金总和

盈亏平衡点 b=执行价格+收入的权利金总和

使用时机:标的资产即将公布重大信息或期货价格面临关键价位,预期后市即将展开大行情,但是无法确定多空方向。

策略优点:

(1)投资者风险有限,已知最大亏损金额。

(2)投资者收益无上限,收益随着标的指数波动的增大而上升。

(3)投资者在标的指数大幅上升或大幅下降的情况下均可获利。

策略缺点:成本相对较高,需要同时买入看涨期权和看跌期权。

【例3】期货价格120元/吨,投资者买入一手执行价格为120元/吨的认沽期权,支付权利金14元/吨;买入一手执行价格为120元/吨的认购期权,支付权利金16元/吨。总计支付权利金14+16=30(元/吨)。则

盈亏平衡点 a=120－30=90(元/吨)

盈亏平衡点 b=120+30=150(元/吨)

当期货价格<120元/吨时,该组合的损益=120－期货价格－30=90－期货价格;

当期货价格>120元/吨时,该组合的损益=期货价格－120－30=期货价格－150。

（四）买入宽跨式组合（buy strangle）

买入宽跨式组合由买入一手执行价格低的认沽期权，同时买入一手执行价格高的认购期权组成。采用该策略的动机与买进跨式组合相似，投资者预期在期权到期时，标的期货的价格将处于两个执行价格之外的区域。

投资损益：

当期货价格<低的执行价格时，投资损益＝低执行价格－期货价格－权利金总和

当期货价格>高的执行价格时，投资损益＝期货价格－高执行价格－权利金总和

投资盈亏平衡点：

盈亏平衡点 a＝认沽期权执行价格－收入的权利金总和

盈亏平衡点 b＝认购期权执行价格＋收入的权利金总和

使用时机：标的资产即将公布重大信息或期货价格面临关键价位，预期后市即将展开大行情，但是无法确定多空方向。

【例4】期货价格120元/吨，投资者买入一手执行价格为100元/吨的认沽期权，支付权利金5元/吨；买入一手执行价格为140元/吨的认购期权，支付权利金6元/吨。总计支付权利金5+6＝11（元/吨）。则

盈亏平衡点 a＝100－11＝89（元/吨）

盈亏平衡点 b＝120+11＝131（元/吨）

当期货价格<100元/吨时，该组合的损益＝100－期货价格－11＝89－期货价格；

当期货价格>140元/吨时，该组合的损益＝期货价格－140－11＝期货价格－151。

第五节　期权系数

一、Delta

（一）Delta 的意义

Delta 代表期权价格因为标的期货价格的变动而产生的波动，是标的期货走势的一部分，也是期权价格关于标的资产价格变动敏感性的一个衡量指标，而且 Delta 本身会随着标的指数价格的涨跌而变，Delta＝期权价格变化/期货价格变化。期权的 Delta 值范围为 [－1.00，1.00]，一般学者或交易者都会用百分比表示 Delta 值，接下来我们也遵循这个惯例。一个投资组合是正 Delta 的头寸代表着希望投资组合标的合约价格上涨。例如，我们手中有一份看涨期权，价位是 1.00（单位：元，下同），它的 Delta 值为 0.3。这意味着，无论标的期货的波动有多大，期权的波动都只有标的期货的30%。假设标的期货产品从50涨到52，这代

表 2 个单位的波动。因此,期权费的波动为 2 的 30%,即 0.6,期权的新价格为 1.6。

看涨期权和看跌期权的 Delta 值:看涨期权的 Delta 值始终是 0 至 1.00 之间的正数,而看跌期权的 Delta 值始终是-1.00 至 0 之间的负数。多头看涨期权的 Delta 值为正数,而空头看涨期权的 Delta 值为负数。

(二)Delta 与概率

Delta 的绝对值还可以代表期权到期时成为价内期权的大致概率。例如,如果 Delta 值为 0.1,说明它成为价内期权的概率为 10%。如果期权的 Delta 值为 0.3,说明它成为价内期权的概率为 30%。如果期权的 Delta 值小于 0.5,可以认为它是价外期权。如果期权的 Delta 值大于 0.5,可以认为它是价内期权。如果期权的 Delta 值等于或接近 0.5,可以认为它是平价期权。

(三)Delta 与对冲比率

Delta 一般对于买入看涨期权总是为正,对于买入看跌期权总是为负(除非它们为零)。一个复杂的资产组合对于同样标的资产的头寸,总的 Delta 可以通过分别取每种头寸的 Delta 总和得到。这个资产组合的 Delta 是一个线性函数。Delta 值用于计算对冲比率,使用标的期货建立中性头寸或 Delta 对冲头寸。因为标的资产的 Delta 总是为 1,所以交易员可以通过买卖总 Delta 所表示数量的数额来无风险对冲他的所持有标的的头寸。例如,如果一种资产组合 AAB(它们的表达方式为标的资产的一定份额)的 Delta 是+2.75,那么交易员就能够通过卖空 2.75 股标的资产进行无风险对冲。然后这种资产组合就能一直保持其总价值,不论 AAB 的价格会往哪个方向变动。例如,假设我们卖出 8 份 Delta 值为 25 的看涨期权,那么头寸的 Delta 值便是-2。为了使 Delta 值保持中性,我们需要买入 2 份标的期货合约。Delta 值是一个动态指标,随着标的指数的变动而变化。这意味着 Delta 中性比率和其他使用期权的对冲比率也是动态指标,可能也会发生变化。

(四)看涨期权和看跌期权 Delta 的关系

对于同一个标的指数的欧式看涨和看跌期权,在相同执行价格和到期时间且无股息收益的情况下,这两个期权 Delta 绝对值的总和为 1,看涨期权的 Delta(正数)减去看跌期权的 Delta(负数)等于 1。这是基于看涨看跌期权平价理论,即买入看涨期权并卖出看跌期权(看涨减去看跌)等同于一个 Delta 值等于 1。如果某种期权的 Delta 值是已知的,就可以计算同样执行价格、标的资产和到期时间;但是相反方向权利的期权的 Delta 值,从已知的看涨 Delta 减去 1 或者把已知的看跌 Delta 加上 1。D(看涨)-D(看跌)=1。因此,D(看涨)= D(看跌)+1;D(看跌)= D(看涨)-1。例如,如果一个看涨期权的 Delta 值是 35,那么我们就可以计算相对应的同样执行价格的看跌期权为 0.35-1=-0.65。如果已知看跌期权 Delta 要计算看涨 Delta,方法为-0.65+1=0.35。

(五)Delta 的基础应用

如表 2.4 所示,在其他因素不变的情况下,标的指数从 30 点增加到 31 点,30 看涨期权的 Delta 带来的变化为 1×0.6=0.6(元),因此 30 看涨期权价格从 4.5 元上涨到 5.1 元。

在其他因素不变的情况下，标的指数从 30 点增加到 31 点，30 看跌期权的 Delta 带来的变化：$1×(-0.4)=-0.4$（元），因此 30 看涨期权价格从 3.5 元下跌到 3.1 元。

表 2.4　Delta 的基础应用 1

	初始值	结果
标的指数（变量）	30 点	31 点
利率	5%	
存续期	20 天	
波动率	35%	
30 看涨期权价格	4.5 元	5.1 元
30 看涨期权 Delta	+0.6	
30 看跌期权价格	3.5 元	3.1 元
30 看跌期权 Delta	−0.4	

如表 2.5 所示，在其他因素不变的情况下，标的指数从 30 点减少到 29 点，30 看涨期权的 Delta 带来的变化：$(-1)×0.6=-0.6$（元），因此 30 看涨期权价格从 4.5 元下降到 3.9 元。

在其他因素不变的情况下，标的指数从 30 点减少到 29 点，30 看跌期权的 Delta 带来的变化：$(-1)×(-0.4)=0.4$（元），因此 30 看跌期权价格从 3.5 元上涨到 3.9 元。

表 2.5　Delta 的基础应用 2

	初始值	结果
标的指数（变量）	30 点	29 点
利率	5%	
存续期	20 天	
波动率	35%	
30 看涨期权价格	4.5 元	3.9 元
30 看涨期权 Delta	+0.6	
30 看跌期权价格	3.5 元	3.9 元
30 看跌期权 Delta	−0.4	

（六）持仓 Delta 的应用：持仓 5 手 30 看涨期权多头

如表 2.6 所示，持仓 Delta+3 的投资组合中，标的指数上升 1 个点，会导致持仓价值上升 3 个点，但是由于在标的指数上涨过程中，Delta 也会随着标的指数的上涨而变大，所以实际持仓价值上升了 3.3 个点。

表 2.6　持仓 Delta 的应用 1

	初始值	结果
标的指数（变量）	30 点	31 点
利率	5%	
存续期	20 天	
波动率	35%	
30 看涨期权 Delta	+0.6	
30 看涨期权价格	4.5 元	5.16 元
持仓 Delta	5×(+0.6)=+3	
持仓价值	5×4.5=22.5 元	25.8 元

（七）持仓 Delta 的应用：持仓 5 手 30 看跌期权多头

如表 2.7 所示，持仓 Delta-2 的投资组合中，标的指数上升 1 个点，会导致持仓价值下降 2 个点，但是由于在标的指数上涨过程中，Delta 也会随着标的指数的上涨而变大，所以实际持仓价值下降了 1.7 个点。

表 2.7　持仓 Delta 的应用 2

	初始值	结果
标的指数（变量）	30 点	31 点
利率	5%	
存续期	20 天	
波动率	35%	
30 看跌期权 Delta	-0.4	
30 看跌期权价格	3.5 元	3.16 元
持仓 Delta	5×(-0.4)=-2	
持仓价值	5×3.5=17.5 元	15.8 元

（八）Delta 的变化规律

1. Delta 值和标的指数

看涨期权和看跌期权的 Delta 值都与标的指数正相关，标的指数越高，看涨期权和看跌期权的 Delta 值也越高，随着标的指数的上涨，看涨期权的 Delta 值从 0 增加到+1.00，看跌期权的 Delta 值则从−1.00 增加到 0。

2. Delta 和行权价格

实值期权 Delta 的绝对值大于+0.50，平值期权 Delta 的绝对值几乎等于+0.50，虚值期权 Delta 的绝对值小于+0.50。

3. Delta 和存续期

随着存续期减少，实值期权 Delta 的绝对值会逐渐增加到+1.00；平值期权 Delta 的绝对值会持续保持在+0.50 左右；虚值期权 Delta 的绝对值会逐渐减少到 0。

4. Delta 和波动率

在波动率不断上升的情况下，Delta 的绝对值会逐渐接近+0.50；同时也意味着在波动率不断上升的情况下，实值期权的 Delta 绝对值会下降，虚值期权的 Delta 绝对值会上升。

5. 两个相同行权价格及相同存续期的看涨期权和看跌期权的 Delta

相同行权价格的看涨期权和看跌期权的 Delta 绝对值的和约等于+1.00。例如，标的指数为 35，存续期为 30 天的 25 看涨期权的 Delta 为+0.68，而标的指数为 35，存续期为 30 天的 25 看跌期权的 Delta 为−0.32，这两个 Delta 绝对值的和等于+1.00。

二、Gamma

（一）Gamma 的意义

Gamma 代表标的合约价格变化时期权 Delta 值的变化率，在其他因素不变的情况下，标的合约每变动一个点 Delta 值的增加或减少的量。当标的合约价格上升时 Gamma 值为 Delta 值增加的数量，标的合约价格下降时 Gamma 值为 Delta 值减少的数量，Gamma 可以看作 Delta 的 Delta。例如，若期货价格为 100，那么行权价为 130 的看涨期权 Delta 为 30，而 Gamma 为 3。如果期货价格上涨到 103，现在的 Delta 就是 33。相反，如果期货价格下跌到 197，Delta 便是 27。与 Delta 一样，Gamma 是动态的。当标的资产价格接近期权的行权价时，Gamma 最高。Gamma 是价值方程相对于标的资产价格的二阶导数。由于 Delta 变动与标的资产价格变动之间是正相关关系，所以无论是看涨期权还是看跌期权，Gamma 均为正数，所有的买入期权都有正的 Gamma，所有卖出期权都有负的 Gamma。买入期权与 Gamma 正相关是因为随着价格的上升，Gamma 也会上升，从而使 Delta 从 0 趋向于 1（对于买入看涨期权）或使之从−1 趋向于 0（对于买入看跌期权）。对于卖出期权则相反。看涨期权和看跌期权平价关系的存在（他们 Delta 的绝对值之和很接近+1.00），这代表如果看跌期权 Delta 的绝对值减少，看涨期权 Delta 的绝对值会增加相同的数量，因此相同行权价格的看涨期权和看跌期权的 Gamma 基本相等。

　　期货价格上涨,看涨期权之 Delta 值由 0 向 1 移动,看跌期权的 Delta 值从 -1 向 0 移动,即期权的 Delta 值从小到大移动,Gamma 值为正。期货价格下跌,看涨期权之 Delta 值由 1 向 0 移动,看跌期权的 Delta 值从 0 向 -1 移动,即期权的 Delta 值从大到小移动,Gamma 值为正。对于期权部分来说,无论是看涨期权或看跌期权,只要是买入期权,部位的 Gamma 值为正,如果是卖出期权,则部位 Gamma 值为负。平值期权的 Gamma 值最大,深实值或深虚值期权的 Gamma 值则趋近于 0。随着到期日的临近,平值期权 Gamma 值还会急剧增加。

(二)关于 Gamma 的对冲

　　当一个交易员寻求建立一种对资产组合有效的无风险对冲,这个交易员就可能会使这个资产组合的 Gamma 中性,因为这样可以保证对冲在更广泛的标的资产价格变动时有效。然而,在中和一种资产的 Gamma 时,资产的 Alpha(超过无风险利率的回报)也被减少了。

　　期权交易者必须注意期权 Gamma 值的变化对部位风险状况的影响。当标的资产价格变化一个单位时,新的 Delta 值便等于原来的 Delta 值加上或减去 Gamma 值。因此 Gamma 值越大,Delta 值变化越快。进行 Delta 中性套期保值,Gamma 绝对值越大的部位,风险程度也越高,因为进行中性对冲需要调整的频率高;相反,Gamma 绝对值越小的部位,风险程度越低。

(三)Gamma 的基础应用

　　如表 2.8 所示,在其他因素不变的情况下,标的指数从 30 点增加到 31 点,30 看涨期权 Gamma 带来的 Delta 变化:1×0.02 = 0.02,因此 30 看涨期权 Delta 从 +0.6 上升到 +0.62。

　　在其他因素不变的情况下,标的指数从 30 点增加到 31 点,30 看跌期权 Gamma 带来的 Delta 变化:1×0.02 = 0.02,因此 30 看涨期权 Delta 从 -0.4 上升到 -0.38。

表 2.8　Gamma 的基础应用 1

	初始值	结果
标的指数(变量)	30 点	31 点
利率	5%	
存续期	20 天	
波动率	35%	
30 看涨期权价格	4.5 元	5.1 元
30 看涨期权 Delta	+0.6	+0.62
30 看涨期权 Gamma	+0.02	+0.02
30 看跌期权价格	3.5 元	3.1 元
30 看跌期权 Delta	-0.4	-0.38
30 看跌期权 Gamma	+0.02	+0.02

如表 2.9 所示,在其他因素不变的情况下,标的指数从 30 点减少到 29 点,30 看涨期权 Gamma 带来的 Delta 变化:(-1)×0.02=-0.02,因此 30 看涨期权 Delta 从+0.6 下降到+0.58。

在其他因素不变的情况下,标的指数从 30 点减少到 29 点,30 看跌期权 Gamma 带来的 Delta 变化:(-1)×0.02=-0.02,因此 30 看涨期权 Delta 从-0.4 下降到-0.42。

表 2.9　Gamma 的基础应用 2

	初始值	结果
标的指数(变量)	30 点	29 点
行权价格	30 点	
利率	5%	
存续期	20 天	
波动率	35%	
30 看涨期权价格	4.5 元	3.9 元
30 看涨期权 Delta	+0.6	+0.58
30 看涨期权 Gamma	+0.02	+0.02
30 看跌期权价格	3.5 元	3.9 元
30 看跌期权 Delta	-0.4	-0.42
30 看跌期权 Gamma	+0.02	+0.02

(四)持仓 Gamma 的应用:持仓 5 手 30 看涨期权多头

如表 2.10 所示,在其他因素不变的情况下,标的指数从 30 点增加到 31 点,30 看涨期权 Gamma 带来的持仓 Delta 变化:5×(+0.023)=+0.115,因此持仓 30 看涨期权 Delta 从+3 上升到+3.115。

表 2.10　持仓 Gamma 的应用 1

	初始值	结果
标的指数(变量)	30 点	31 点
利率	5%	
存续期	20 天	
波动率	35%	

续表

	初始值	结果
30 看涨期权 Delta	+0.6	+0.623
30 看涨期权 Gamma	0.023	
持仓 Gamma	5×(+0.023)= +0.115	
持仓 Delta	5×(+0.6)= +3	+3.115

（五）持仓 Gamma 的应用：持仓 5 手 30 看跌期权多头

如表 2.11 所示，在其他因素不变的情况下，标的指数从 30 点增加到 31 点，30 看跌期权 Gamma 带来的持仓 Delta 变化：5×(+0.023)= +0.115，因此持仓 30 看涨期权 Delta 从-2 上升到-1.885。

表 2.11　持仓 Gamma 的应用 2

	初始值	结果
标的指数（变量）	30 点	31 点
利率	5%	
存续期	20 天	
波动率	35%	
30 看跌期权 Delta	-0.4	-0.377
30 看涨期权 Gamma	0.023	
持仓 Gamma	5×(+0.023)= +0.115	
持仓 Delta	5×(-0.4)= -2	-1.885

（六）Gamma 的变化规律

1.相同行权价格和相同存续期的看涨期权和看跌期权的关系

相同行权价格和相同存续期的看涨期权和看跌期权的 Gamma 一样。这是由看涨期权和看跌期权平价关系继续推衍出的结论，具有相同行权价格和相同存续期的看涨期权和看跌期权 Delta 的绝对值的和一定等于+1.00，所以无论看涨期权 Delta 的绝对值上升或下降，对应的看跌期权 Delta 的绝对值都会朝反方向变化相同的量。

2.Gamma 和波动率

Gamma 在不同波动率区间有着不同的变化规律。一般情况下，在低波动率（10%～25%）的时候，Gamma 与波动率呈正相关关系，波动率上升，Gamma 也会增加。但是在波动率上升到30%后，Gamma 与波动率呈负相关关系，波动率越高，Gamma 越低。主要原因是在波动率上升的情况下，无论是实值、虚值的看跌或看涨期权，它们的 Delta 绝对值都趋近于+0.50，在后面越来越接近+0.50 的时候，Delta 的变动会逐渐减小。

三、Theta

（一）Theta 的意义

Theta 是期权价格对存续期的一阶导数，大多数专业投资者都使用一天的 Theta，然而非专业投资者一般使用不同的时间结构，比如一周、一个月等。期权的价值由内在价值和时间价值组成，时间价值会随着时间的消逝而减少，在到期日完全消失时，期权就只剩内在价值了。期权的内在价值是立即执行期权合约将会获得的收益，所以一份执行价格为 20 元，标的资产价格为 30 元的股票看涨期权合约的内在价值就是 10 元，但是相对应的看跌期权的内在价值就是 0。

时间价值就是拥有一份在决定执行合约前等待更长时间的价值。即使是一份看涨的价外期权也是有价值的，因为股票价格在期权到期日前还是有上涨到执行价格之上的可能性的。然而，随着时间越来越趋近到期日，这种情况发生的可能性就会越来越小，所以期权的时间价值是随着时间递减的。Theta 衡量的是期权对时间的敏感度，代表着期权价值每日下降的点数。基本上，所有期权价值都会随时间流逝而减少，因此通常用负值来表示。随着时间的消逝，平值期权的 Theta 的绝对值会上升。比如一个剩余时间为 1 个月的平值期权的 Theta 为-0.01，随后这个平值期权在剩余时间为 3 周的时候，Theta 可能为-0.03，最后在剩余 1 周到期的时候该平值期权的 Theta 可能为-0.08，期权时间价值衰减加速。时间价值的衰减并非直线型的，随着期权接近到期，平值期权的时间价值衰减持续加速。

对于具有相同标的，相同行权价格和相同存续期的看涨期权和看跌期权的 Theta 并不相等，原因在于看涨期权和看跌期权具有不同的时间价值，不同的时间价值在一样的时间内衰减到零，意味着衰减的速度不同，这是因为看涨期权价格中含有利息成分，而看跌期权价格中则不包含该部分。但是也有存在正 Theta 的情况，深度实值欧式期权的理论价格可能会低于内在价值，因为这些期权不能被提前执行，同时受到套利定价的限制，这代表期权到期日越近，期权理论价格会慢慢增加到内在价值。例如，如果一份期权的价格是 6 而期权的 Theta 为 0.03。一天后，期权的价格将是 5.97，而 3 天后则是 5.91。

（二）Theta 的基础应用

如表 2.12 所示，在其他因素不变的情况下，标的指数存续期从 20 天消耗到 18 天，30 看涨期权 Theta 带来的 30 看涨期权价格变化：2×（-0.35）＝-0.7，因此 30 看涨期权价格从 4.5

元下降到 3.8 元。在其他因素不变的情况下,标的指数存续期从 20 天消耗到 18 天,30 看跌期权 Theta 带来的 30 看跌期权价格变化:2×(-0.24)=-0.48,因此 30 看跌期权价格从 3.5 元下降到 3.02 元。

表 2.12　Theta 的基础应用 1

	初始值	结果
标的指数	30 点	
利率	5%	
存续期(变量)	20 天	18 天
波动率	35%	
30 看涨期权价格	4.5 元	3.8 元
30 看涨期权 Theta(1 天)	-0.35	
30 看跌期权价格	3.5 元	3.02 元
30 看跌期权 Theta(1 天)	-0.24	

(三)持仓 Theta 应用:持有 5 手 30 看涨期权空头

如表 2.13 所示,在其他因素不变的情况下,标的指数存续期从 20 天消耗到 18 天,30 看涨期权 Theta 带来的 30 看涨期权价格变化:2×(-0.35)=-0.7,因此 30 看涨期权价格从 4.5 元下降到 3.8 元;持仓获利 1.75×2=3.5 元。

表 2.13　持仓 Theta 的基础应用 1

	初始值	结果
标的指数	30 点	
利率	5%	
存续期(变量)	20 天	18 天
波动率	35%	
30 看涨期权价格	4.5 元	3.8 元
30 看涨期权 Theta(1 天)	-0.35	
持仓 Theta	(-5)×(-0.35)=1.75	
持仓价值	-21	-17.5 元

（四）Theta 的变化规律

1. Theta 和存续期

存续期不断缩减的情况下，平值期权的 Theta 的绝对值会不断增大，但是在到期前的瞬间接近于 0；对于实值期权和虚值期权的 Theta，在存续期刚开始的阶段会随着存续期的缩减而绝对值逐渐变大，但是在存续期快要结束的时候，会转变成随着存续期的缩减而绝对值逐渐变小，存在两段不同的关系。

2. Theta 和波动率

所有期权的 Theta 的绝对值均与波动率呈正相关关系。

四、Vega

（一）Vega 的意义

Vega 用于衡量期权对隐含波动率的敏感度。隐含波动率是将市场上的期权交易价格代入期权理论价格模型，反推出来的波动率数值。香港市场称为"引伸波幅"。由于期权定价模型（如 B-S 模型）给出了期权价格与五个基本参数（标的股价、执行价格、利率、到期时间、波动率）之间的定量关系，只要将其中前 4 个基本参数及期权的实际市场价格作为已知量代入定价公式，就可以从中解出唯一的未知量，其大小就是隐含波动率。

Vega 代表在假定其他因素不变的情况下，隐含波动率每一点的变动而产生的期权价格变动，也就是期权价格对标的资产波动率的一阶导数。交易者提到波动率时通常会省略百分号。例如，如果波动率为 10%，则通常称为"波动率 10"。波动率是标的期货的历史或预期变动。历史波动率是过去的波动率，因此是已知的。预期波动率是期货的未知波动率，作为隐含波动率反映在期权价格中。但是，Vega 值是特定期权对隐含波动率变化的敏感度。例如，如果期权价格是 5，隐含波动率为 10，期权的 Vega 值为 0.5。假设+隐含波动率从 10 上升到 12，这代表波动率增加了 2，期权价格将上涨 2×0.5＝1，期权费最后等于 6。

（二）Vega 的基础应用

如表 2.14 所示，在其他因素不变的情况下，标的指数波动率从 35% 上升到 37%，30 看涨期权 Vega 带来的 30 看涨期权价格变化：2×0.15＝0.3，因此 30 看涨期权价格从 4.5 元上升到 4.8 元。在其他因素不变的情况下，标的指数波动率从 35% 上升到 37%，30 看跌期权 Vega 带来的 30 看跌期权价格变化：2×0.15＝0.3，因此 30 看跌期权价格从 3.5 元上升到 3.8 元。

表 2.14 Vega 的基础应用 1

	初始值	结果
标的指数	30 点	
利率	5%	

续表

	初始值	结果
存续期	20 天	
波动率（变量）	35%	37%
30 看涨期权价格	4.5 元	4.8 元
30 看涨期权 Vega	+0.15	
30 看跌期权价格	3.5 元	3.8 元
30 看跌期权 Vega	+0.15	

如表 2.15 所示,在其他因素不变的情况下,标的指数波动率从 35% 下降到 33%,30 看涨期权 Vega 带来的 30 看涨期权价格变化:(−2)×0.15＝−0.3,因此 30 看涨期权价格从 4.5 元下降到 4.2 元。在其他因素不变的情况下,标的指数波动率从 35% 下降到 33%,30 看跌期权 Vega 带来的 30 看跌期权价格变化:(−2)×0.15＝−0.3,因此 30 看跌期权价格从 3.5 元下降到 3.2 元。

表 2.15 Vega 的基础应用 2

	初始值	结果
标的指数	30 点	
利率	5%	
存续期	20 天	
波动率（变量）	35%	33%
30 看涨期权价格	4.5 元	4.2 元
30 看涨期权 Vega	+0.15	
30 看跌期权价格	3.5 元	3.2 元
30 看跌期权 Vega	+0.15	

（三）持仓 Vega 的应用:持有 5 手 30 看涨期权

如表 2.16 所示,在其他因素不变的情况下,标的指数波动率从 35% 上升到 37%,30 看涨期权 Vega 带来的 30 看涨期权价格变化:2×0.15＝0.3,因此 30 看涨期权价格从 4.5 元上升到 4.8 元,持仓价值变化:2×0.75＝1.5,持仓价值从 22.5 元上升到 24 元。

表 2.16　持仓 Vega 的应用 1

	初始值	结果
标的指数	30 点	
利率	5%	
存续期	20 天	
波动率（变量）	35%	37%
30 看涨期权价格	4.5 元	4.8 元
30 看涨期权 Vega	+0.15	
持仓 Vega	5×（+0.15）=0.75	
持仓价值	5×4.5=22.5 元	24 元

（四）Vega 的变动规律

1. Vega 和存续期

Vega 与存续期为正相关关系，存续期缩减 Vega 也会下降，原因是剩余时间缩减后，潜在标的的指数波动也会减小。

2. Vega 和行权价格

对于相同到期月份的期权，在虚值、平值及实值的期权中，平值期权的 Vega 值最大，原因在于标的证券价格的稍许变动就可能使平值期权变为实值期权，使持有者获利。至于虚值（实值）期权，稍许波动率变动可能还不足以使期权变为实值（虚值），所以这些期权的价格对于标的证券价格波动率的敏感度比较弱，尤其是深度虚值或实值期权，它们的 Vega 值很小，标的证券价格的波动率需要大幅上升，才会使得虚值或实值期权的价格有所增加。

五、Rho

（一）Rho 的意义

Rho 值（ρ）代表在其他因素不变的情况下，一个百分点的利率变动带来的期权价格的变动，是对于利率的敏感性，它是期权价值相对于无风险利率的导数。公式为：Rho＝期权价格的变化/无风险利率的变化。在其他因素不变的前提下，距离到期日时间越长，期权 Rho 值就越大。同时，实值程度越高的期权也就是深入价内的期权，由于在到期时需要更大的投资金额，期权对利率变化的敏感度也更高，Rho 值也会更高。在一般情况下，期权的价值对于无风险利率的变化比对于其他参数变化的敏感度更低。因此，在市场的实际操作中，投资者经常会忽略无风险利率变化对期权价格带来的影响，Rho 在一阶希腊字母中是最不常用的。

Rho 一般被表述为每股标的资产的期权随着无风险利率上升或者下降 1.0% 每年（100

个基本点)所收益或损失的金钱的数额。看涨期权 Rho 为正,看跌期权的 Rho 为负。主要原因在于持有成本的存在,看涨期权的时间价值大于具有相同行权价格和存续期的看跌期权的时间价值。利率上升导致持有成本上升,因此看涨期权的时间价值高于看跌期权的时间价值的部分也上升。

(二)Rho 的基础应用

如表 2.17 所示,在其他因素不变的情况下,标的指数利率从 5% 上升到 6%,30 看涨期权 Rho 带来的 30 看涨期权价格变化:1×0.3=0.3,因此 30 看涨期权价格从 4.5 元上升到 4.8 元。在其他因素不变的情况下,标的指数利率从 5% 上升到 6%,30 看跌期权 Rho 带来的 30 看跌期权价格变化:1×(−0.1)=−0.1,因此 30 看跌期权价格从 3.5 元下降到 3.4 元。

表 2.17 Rho 的基础应用 1

	初始值	结果
标的指数	30 点	
利率(变量)	5%	6%
存续期	20 天	
波动率	35%	
30 看涨期权价格	4.5 元	4.8 元
30 看涨期权 Rho	+0.3	
30 看跌期权价格	3.5 元	3.4 元
30 看跌期权 Rho	−0.1	

(三)持仓 Rho 应用:持有 5 手 30 看涨期权

如表 2.18 所示,在其他因素不变的情况下,标的指数利率从 5% 上升到 6%,持有 5 手 30 看涨期权 Rho 带来的 30 看涨期权价格变化:5×(+0.3)=+1.5,因此持仓价值从 22.5 元上升到 24 元。

表 2.18 持仓 Rho 应用 1

	初始值	结果
标的指数	30 点	
利率(变量)	5%	6%
存续期	20 天	
波动率	35%	

续表

	初始值	结果
30 看涨期权价格	4.5 元	4.8 元
30 看涨期权 Rho	+0.3	
持仓 Rho	5×(+0.3) = +1.5	
持仓价值	5×4.5 = 22.5 元	24 元

（四）Rho 的变化规律

1. Rho 和标的指数

看涨期权和看跌期权的 Rho 均与标的指数呈正相关关系。例如：标的指数从 30 上升到 35,30 看涨期权的 Rho 从+0.05 上升到+0.07,28 看跌期权的 Rho 从−0.05 上升到−0.03。主要原因为具有较高标的指数价值的购买成本比具有较低标的指数价值的购买成本相对较低,所以利率变动对较高标的指数的影响会大于对较低标的指数的影响。

2. Rho 和存续期

Rho 和存续期呈正相关关系,因为在相同利率水平的情况下,融资成本与存续期呈线性正比关系。

六、持仓期权和希腊字母的情况总结

持仓期权和希腊字母的对应情况如表 2.19 所示。

表 2.19　持仓期权和希腊字母的对应情况

持仓	Delta	Gamma	Theta	Vega
看涨期权多头	+	+	−	+
看涨期权空头	−	−	+	−
看跌期权多头	−	+	−	+
看跌期权空头	+	−	+	−

第三章
期权策略分析

第一节　进阶策略

一、单腿策略

（一）定义

在第二章中,已经介绍过买入认购期权、卖出认购期权、买入认沽期权、卖出认沽期权策略的构建。根据行权价格变动的到期盈亏情况及策略的优劣绘制相应的盈亏图,像这种以一种方向构建买入或卖出认购或者认沽的期权策略,我们称之为单腿期权策略。

（二）具体使用案例

在期权的实际投资中,大部分投资者不会将期权持有到期,而是以提前平仓的方式了结期权头寸,只有小部分投资者会选择依据实际情况持有到期等待行权或被行权。对于提前平仓了结头寸的买方而言,很容易算出自己的盈亏,即卖出平仓时所获得的权利金减去买入开仓时所付出的权利金的差额就是期权买方的盈亏金额。这里,给大家举两个简单的例子。

第一个案例,3 月 11 日,刘女士看好大盘将猛烈上涨,于是选择买入认购期权。当日以 0.1582 元的价格买入开仓了 10 张认购合约 50ETF 购 4 月 2250,总计支出 15820。一周后大盘果然大幅上涨,刘女士以 0.3158 元的价格卖出,平仓了这 10 张合约。因此,此次交易中刘女士的盈利为（0.3158−0.1582）×10000×10,合计 15760 元,投资收益率 99.62%。

第二个案例,4 月 4 日,小张短期看跌大盘,选择买入认沽期权。以 0.0420 元的价格买入开仓了 10 张 50ETF 购 5 月 3100 合约,一周后,大盘果然急速下跌,小张提前以 0.1334 元价格卖出平仓期权头寸,此时,小张的盈利为（0.1344−0.0420）×10000×10,合计 9240 元,投资收益率 2200%。

而对于卖出开仓的投资者来说,盈亏的加减顺序正好与买入开仓的投资方式相反,即卖出开仓时所获得的权利金减去买入开仓时所付出的权利金的差额就是期权卖方的盈亏金额。我们也以两个例子来进行演算。

第一个案例,王先王认为近期大盘总体将小幅波动向下,为实现这一预期收益,他于3月

2 日早盘以 0.0576 元的价格卖出 50ETF 购 3 月 3200 合约,获得权利金 5760 元,之后,50ETF 连续阴跌,三个交易日后,王先王以 0.0325 的收盘价格买入平仓,王先生此次交易的盈利为 (0.0576−0.0325)×10000×10,合计 2510 元。

第二个案例,4 月薛女士认为大盘会小幅上涨,于是选择在 4 月初选择卖出认沽期权获得收益。他以每份 0.0615 元的价格卖出 10 张轻度虚值 50ETF 沽 4 月 2900 合约,获得 6150 元的权利金。大盘如期上涨,薛女士提前以 0.0306 价格进行买入平仓,她在此次交易的过程中的盈利为(0.0615−0.0306)×10000×10,合计 3090 元。

（三）策略构建思路

在构建单腿策略期权时,我们应该对市场有一个明确的预期,在预期之下选择合适的期权策略进行构建,在合适的时点进行开仓,最后才是选择了结的策略。构建单腿策略,前人总结出以下口诀:"看大涨买认购,看大跌买认沽,不看涨卖认购,看不跌卖认沽。"我们只要牢记便可以轻松锁定合适的期权策略进行操作。

二、保险策略

（一）定义

期权保险策略,又称保护性买入认沽策略,是指投资者在已经拥有标的证券或者买入标的证券的同时,买入相应数量的认沽期权。相应地,如果融券卖出标的证券的同时,买入相应数量的认购期权,为标的证券提供价格上涨的保险,也是期权的保险策略,称为保护性买入认购策略。

如表 3.1 所示,在策略构建中,认沽期权就好像为股票下跌这一事件买了一个"保险"。当股价上涨的时候,保险并不发生作用,当然"保费"也不会退回;而当股价出现下跌时,这份保险便起到了保护股价的作用。它与购买财产保险类似,投资者在认沽期权的有效期内可以放心地持有股票头寸,不必再担心股价下跌。对比现实生活中的保险,"保护性买入认沽"中认沽期权的行权价格,类似于保险中的"免赔额";投资者购买认沽期权所付出的权利金,类似于保险中的"保费";而认沽期权的到期时间,则类似于保险中的"保险期限"。

表 3.1　保险策略的构建

如何构建	买入开仓标的,同时买入标的物的看跌期权
最大盈利	理论上无限
最大亏损	购买标的的成本−看跌期权的行权价+看跌期权权利金
盈亏平衡点	购买标的的价格+看跌期权权利金
行权价和合约月份选择	行权价选择平值或者浅虚值的期权合约,月份的选择视获得保护时间的长短而定

（二）使用场景

从海外成熟市场经验看,该策略是个人投资者应用最为广泛的期权交易策略之一。因为风险较小易于掌握,属于期权投资的入门策略,有助于投资者熟悉期权市场的基本特点,了解认沽期权的基本保险功能。在国内,因为目前融券只有小量券源,比较处于半暂停状态,因此我们均默认保险策略为保护性买入认沽策略。

保险策略通常在以下三种情形中使用:第一,预期某只股票会上涨而买入该股票,但又担心买入后市场会下行,买入认沽期权锁定卖出价格;第二,预期市场下行,但因种种原因所持有的股票无法进行抛售;第三,目前持有的股票已经获得较好的收益,想在锁定已有收益的同时仍保留上行收益的空间。

我们先来举个简单易懂的例子,直观地说明一下认沽期权的保护作用。

王先生是一名有经验但厌恶风险的投资者,他一直在分析 A 股票走势,并根据公司的季度报告和整体宏观经济因素,预期未来一个月内 A 股价会出现明显上扬。基于这一判断,王先生希望能够买入 100000 股 A 股票,但又担心大盘在一个月内出现意外下跌,因此老王希望能够控制住股价下跌的风险。此时,王先生可以选择采取保护性买入认沽策略。具体操作如下:假设目前股价为每股 15.90 元,1 个月内到期、行权价为 16 元的认沽期权权利金为 0.5 元/股,合约单位为 10000。王先生在买入 100000 股股票的同时,买入 10 张该认沽期权合约,以此方式为其持仓构建保险策略。

（三）盈亏分析

从上面这一简单的例子中,我们发现保险策略的成本等于股票的购买成本加上认沽期权的权利金支出成本。由于在保护性买入认沽策略中,认沽期权为买入持仓,即权利仓,投资者只有权利,没有义务,因此在采用保护性买入认沽策略时,不需要缴纳现金保证金,也不会面临强行平仓风险。

如图 3.1 所示,保险策略的最大损失＝标的证券的买入价格＋认沽期权权利金－认沽期权行权价,盈亏平衡点＝标的证券买入价格＋认沽期权权利金。当标的证券价格高于盈亏平衡点,整个组合开始出现盈利,潜在最大盈利取决于标的证券,标的资产价格涨得越多,组合就赚得越多。

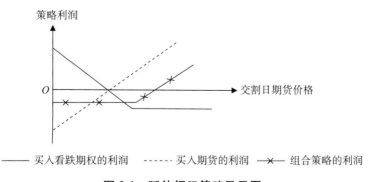

图 3.1　延伸领口策略盈亏图

（四）策略构建小技巧

在上例中，投资者可能会有几点小疑问：

（1）为什么买入 10 张认沽期权呢？

因为合约单位为 10000，保护性买入认沽策略中股票的数量一般和期权合约对应股票的数量一致。

（2）为什么买入 1 个月内到期而不是其他到期月份的期权呢？

因为王先生希望保护 A 股票在一个月内的价格下跌风险。

（3）为什么选择的行权价为 16 元而不是其他行权价呢？

这是因为，通常行权价选得越低，股价下跌时亏损值越大，所保险的范围就越小；但行权价如果选得太高，一方面权利金将会很贵；另一方面股价上涨收益的空间也会被压缩。因此，一般我们会选择轻度实值、平值或轻度虚值的认沽期权来保护手中的现货头寸。因此，我们可以得出结论，在期权保险策略的使用过程中，有如下三大要点需要注意。

首先，要长期看好持有的标的股票。保险策略需买入期权做保险，支付的权利金相当于保险费用，如果未来标的证券走势一般，那么扣除保险费用后，组合的整体收益会降低。因此，只有长期看好的标的股票才去构建保险策略，否则择机卖出标的证券才是更好的选择。

其次，需要选择合适的行权价。期权合约价格的不同会导致保险效用的不同，行权价格、权利金及保险系数之间存在正向变动关系。认沽期权的行权价格越高，保险费就越贵。因此在选择行权价时，需要综合考虑保险效用和保险成本之间的关系。到期期限要与所希望的保险期限相匹配。买入期权的期限应与计划进行保险的标的证券的持有时间相匹配。如果预计持有期为一个月，则可以选择一个月后到期的期权。如果无明确持有期，建议先买入短期期权合约，再视持有标的时间选择是否进行展期操作。

最后，若标的证券涨幅较多后，可以向上转仓，即将原认沽期权平仓，再买入行权价较高的认沽期权，保护其浮动盈利。

（五）保险策略的优化

当标的证券价格发生不利变化时，保险策略能够使投资组合的整体损失减少，投资者在承担有限风险的情况下，仍能获得无限收益。然而，保险策略构建需要成本，买入认沽期权有时需要支付较高的权利金，因此投资者可以利用领口策略来降低保险成本。

领口策略的构建，则是在持有保险策略的同时，卖出虚值认购期权，以认购期权所得的权利金收入降低整个保险策略的成本。领口策略的构建成本低于保险策略，但组合收益有上限。最大损失＝（标的证券购买价格－认沽期权行权价）＋（认沽期权权利金－认购期权权利金），盈亏平衡点＝购买标的证券价格＋认沽期权权利金－认购期权权利金，最大收益＝（认购期权行权价－标的证券购买价格）＋（认购期权权利金－认沽期权权利金）。

以 2015 年 6 月 26 日行情为例，假设有人在早盘以每份 2.865 元的价格买入 10 万份上证 50ETF，之后市场急速跳水，该投资者在跳水几分钟后又赶紧买入 10 张 50ETF 沽 7 月 2850 合约作为股价下行的保险对冲，盘中支付了 13900 元的"保险费"，那么在期权到期日该投资者就能锁定以 2.850 元的价格卖出 10 万份 50ETF。如果该投资者在构建期权保险策略后,再卖出 10 张 50ETF 购 7 月 2950 收取了 6500 元权利金(即构建了领口策略),则该投资者既降低了 7400 元(13900-6500)的保险成本,也放弃了标的资产价格在 2.950 元以上的更高潜在收益。因此领口策略也被称为一种"双限"保护策略。

领口策略最大的好处显而易见,即降低了整个保险策略的成本。但由于卖出了虚值的认购期权,当标的证券股价上涨超过认购期权的行权价时,领口策略的认购期权面临被行权的局面,被行权时出售了手中标的股票后,也意味着无法获得进一步的股票利得了。因此,领口策略最大的缺点便是会限制能获得的最大收益。这样的策略可以在市场系统性风险下明显减小手中头寸的净值回撤风险,同时适合对上涨收益预期有限,希望免受市场下行风险影响的投资群体。

三、备兑期权交易策略

(一)定义

备兑期权交易策略是在国外共同基金市场广泛使用的经典期权交易策略之一,CBOE 更是将备兑期权交易策略开发成为标普 500 BuyWrite 指数(BXM 指数),成为基金业绩衡量标准之一。根据海外基金发展经验,备兑看涨期权策略是公募基金使用最多的一个策略,占比达到 31%。备兑期权交易策略从长期看要远远优于大盘指数的表现,与 S&P500 相比,BXM 指数呈现低市场波动且稳收益的市场表现。

那么,什么是备兑期权策略呢? 在备兑期权交易策略中,投资者需持有标的资产并同时卖出相应数量的认购期权(又称看涨期权)。投资者在该策略中会获得权利金收入,因此具有增强收益的作用。由于备兑开仓策略使用全额标的证券做担保,因此无须交纳额外资金作为开仓保证金,一定程度上可以优化资金使用率。

(二)使用场景

备兑开仓是一种相对比较保守的投资策略,它实际上是在减少了投资者损失的同时,也限制了投资者的收益。一般来讲,备兑交易中卖出认购期权的行权价要略高于标的资产当前的价格。若股价上涨至看涨期权的执行价格以上,则意味着期权购买者有行权的可能,而期权卖出者需要让渡股票所有权。但基于该看涨期权为虚值,因而该投资者既获得了股价上涨的收益,同时又获得了期权的权利金;若股价并无太大波动,看涨期权购买者不会行权,则该投资者无风险获得了期权权利金;若股价下跌,则该投资者因为拥有股票而收益受损,但基于其前期卖出看涨期权,因而有一笔权利金作为股价跌的缓冲。当然,若卖出平值看涨期权或者实值看涨期权能够获得更高的权利金,但相应被行权的风险也大大增加。因此,备兑开仓策略对投资者具有以下两个作用:一个是增强持股收益,降低持仓成本;另一个是锁定心理目标价位,作为"高抛低吸"的一种替代。

以上证 50ETF 为例,2022 年 4 月 10 日,50ETF 收盘价格 2.75 元,投资者持有 10000 份

50ETF 基金,并以 0.025 元的价格卖出一手 5 月到期、行权价在 2.85 元的认购期权,收入权利金 250 元。假设投资者持有至到期,如果股票市场处于熊市,50ETF 下跌超过 2.725 元(盈亏平衡点),此时组合收益为负,但由于投资者卖出期权有权利金收入,因此亏损和仅持有 50ETF 相比减少 250 元。若到期时 50ETF 处于震荡行情或温和的牛市中,标的证券价格在现货价格附近小幅波动,组合收益为正,且随着标的证券价格的上涨,备兑策略比仅持有现货多头获得了更高的收益。如果卖出认购期权后 50ETF 在到期时处于牛市,那么尽管标的证券价格有较大幅度的上涨,当组合收益达到最大值 1250 元后,便不再随着标的证券价格上涨而发生变化。也就是当标的证券到期时价格高于 2.875 元(认购期权的行权价与权利金之和),该组合的收益是低于仅持有标的现货的收益,因为标的证券大幅上涨会导致卖出的认购期权处于实值状态,买方若行权则持有者需按 2.85 元(卖出认购行权价)卖出 50ETF,最终备兑开仓获得理论最大收益 1250 元(履约后收益 1000 元+卖认购权利金收入 250 元)。

(三)盈亏分析

如图 3.2 所示,备兑看涨期权策略最大收益有限,最大收益＝(行权价格－买入价格+权利金)×股数。相应地,若股票价格下行,因为卖出看涨期权的权利金收益,该投资者最大损失也不会亏完全部股票购买本金。相比单纯持有股票而言,备兑看涨期权策略能够有效增加收益,降低股票价格下行变动的风险。

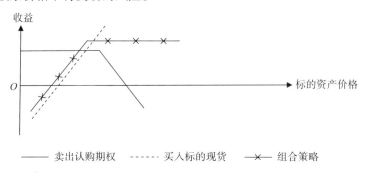

图 3.2 备兑开仓策略盈亏图

备兑开仓策略虽然向上收益有限,且无法捕捉现货持续上涨的盈利,仍需承担标的现货价格下行风险,但若卖出认购的行权价格选择合适,可定期获得权利金收入,同时降低组合盈亏平衡点,承受相对更大的标的证券价格走低风险。并且该策略使用现券担保,不需要缴纳现金保证金,因此通常情况下无须每日盯市,无强制平仓风险。

需要注意的是,备兑策略在价格持续上涨时,向上收益具有上限,且无法对现货的持续下跌进行保护,如果现货价格持续下跌,整个组合策略可能会因为现货端的损失而处于亏损状态。另外,标的现货分红等因素也可能导致备兑现券数量不足,被强制平仓或转为普通义务仓而增加风险敞口。

(四)策略小技巧

首先,选择哪个合约进行备兑开仓,取决于你是希望主要通过备兑开仓策略本身获利还是希望在主要通过现货头寸获利的同时可以顺便通过备兑开仓获得一点额外收益。如果你是通过备兑开仓策略本身获利，那么备兑开仓时，应考虑选择平值或轻度虚值的期权合约。深度实值的期权到期时被行权的可能性大，期权时间价值相对较小，备兑投资的收益也较小。因而最好选择平值或适度虚值的合约。如果你是希望主要通过现货部分获利的同时，可以顺便通过备兑开仓获得额外一点收益的话，那么你应该将行权价格定为自己愿意卖出的价位并做好被行权的心理准备。由于备兑开仓是卖出认购期权，因此在到期日投资者有卖出标的的义务，投资者在做备兑开仓时就要意识到自己愿意以行权价卖出标的。事实上，出售股票应该被视为正面的事件，因为这意味着该策略的最大回报已经获得。

其次，对于该虚值看涨期权的到期日选择而言，也有一定的技巧。在期权临近到期日时，其时间价值衰减加快，有利于期权卖方，到期日较长的期权权利金要小于到期日较短期权权利金的累加，即到期日为一年后某日的期权权利金要小于12个到期日为一个月后某日的期权的权利金之和。此外，期权合约的流动性也是需要考虑的因素。一般而言，近月的平值或轻度虚值的合约流动性较好。因而，在备兑看涨期权策略中，一般选择一个月到期的虚值看涨期权进行卖出，并滚动操作以获取相对较多的权利金。

再次，作为期权卖方，投资者有到期可能会面临被行权的风险，因此在执行备兑开仓策略时，需要调整心态，积极应对卖出合约可能会被要求履约的情况。实际操作中，投资者在卖出认购期权时，也可以考虑将期权的行权价选在愿意售卖出的标的资产价格附近，这样即使到期时因为标的现货超过行权价，并且被指派时，也能将标的现货按预期目标价位卖出。因此，备兑开仓策略也可以视为高抛现货的替代。

最后，前面提到过，备兑开仓策略的使用场景是预期标的现货市场不涨或者小幅上涨，如果市场真实行情朝不利方向变动，或者和预期不符，此时就要及时进行调整。譬如持有期间，现货价格上涨到卖出认购的行权价格以上，并且持有者预期标的仍会持续上涨到一定点位，则可选择了结头寸、转换策略，或者进行向上转仓。如果标的现货价格在备兑开仓卖出后迅速下跌，并且投资者预期仍有持续下跌的趋势，则一样可以进行策略调整，如平仓出场、转换策略或者进行向下转仓。

（五）备兑平仓的时点选择

在完美的备兑开仓策略操作中，备兑平仓并不必要。卖出的认购期权到期后价值归零，作为卖方，之前收入的权利金妥妥地收入囊中。然而，提前备兑平仓并不总是坏事。事实上，在某些情况下，备兑平仓可以帮助你提前锁定大部分的收益；在另一些情况下备兑平仓也可以作为期权调整策略，用于管理期权风险。下面是适用于提前备兑平仓的几种场景。

1.备兑平仓以快速获取收益

期权的时间价值越是临近到期日流失得越快，最后10天的时间价值进入加速衰减阶段。因此备兑开仓后，在其他条件不变的情况下，你的大部分收益将在临近到期日时得到实现。那么，还有必要提前备兑平仓吗？记住一点，备兑开仓时，你作为认购期权卖方卖出时间，但你的对手方进入交易的目的却非买入时间，而是为了获取杠杆性做多收益的机会。当股票如买方所料大幅上涨时，你所卖出的认购期权的价值将遭遇暴涨，这种情况下也许应该考虑及时平仓。

举个例子，假设我们以 30 元每股的价格买入 100 股 ABC 股票，同时备兑开仓卖出 1 张距离到期日 30 天的平值认购期权，合约单位为 100，收入权利金 2 元，这 2 元都属于时间价值。一周后，股价上涨至 35 元。尽管距离到期日所剩时间还有 3 周，但因为此时该认购期权处于深度实值状态，该期权大部分的价值为内在价值。假设此时该期权的时间价值大约只剩下 0.5 元（现实情况下，所剩时间价值可能更少），如果以金额衡量，那么这一周的净收入为 150 元。假设我们继续持有该现货和备兑头寸至到期，且股价在到期日不跌至 30 元以下，那么净收入为 20 元。也就是说，在这个例子里，通过提前备兑平仓并卖掉手中的现货头寸，我们在 25% 的时间内获取了 75% 的最大利润。当然，是否提前备兑平仓取决于你个人的投资偏好。但如果可以在 25% 的时间里便锁定了 75% 的潜在收益，提前备兑平仓还是非常值得考虑的。有这么一条经验可以供你参考，那就是问问你自己，在剩余的时间里所获得剩余收益是否足够吸引你。如上例，在剩余的 3 周里，投入 3000 元获得 50 元的收益。如果你觉得并不理想，那么你可以考虑提前平仓以更好地利用自己的资金与时间成本。

2.备兑期权开仓策略调整：向上向下转仓

可以发现，备兑策略并不是对所有情况都适用，和其他策略一样备兑期权交易策略亦有其不利的行情。它更适用于预计价格变化较小或者小幅上涨时才应采取的策略，而在行情大幅上涨或者大幅下跌时并不主张采取此策略。行情大幅上涨时，直接持有标的证券所得的收益会更大，为获得权利金而舍弃更高的获利机会显然是得不偿失的。而行情大幅下跌时，期权卖出所获得的权利金也只是杯水车薪，这时候直接卖出证券才是最正确的选择。

在实际投资过程中，投资者进行备兑开仓后，整个市场、标的股票行情都可能会发生变化，投资者的预期也会随之而变，在这种情况下，投资者需要对原有的、所卖出的认购期权仓位进行适当的调整。当投资者预期发生不同变化时，最常用的有以下两种做法。

向上转仓。向上转仓的具体应用场景：在备兑开仓后、期权到期日前，由于标的证券价格上涨幅度超过原有预期，而且投资者也认为这种涨势将持续至期权到期日。在这种情况下，如果维持原有期权头寸不变，投资者将无法享受到标的证券上涨的益处。在新的预期和判断下，投资者决定将原来卖出的认购期权进行平仓，同时重新卖出一个具有相同到期日但行权价更高的认购期权。向上转仓同时提升了盈利能力和盈亏平衡点。

向下转仓。如果投资者对后市预期转为下跌或涨幅缩小，也有一种调整方式可供投资者选择，即向下转仓。向下转仓的具体应用场景：在备兑开仓后、期权到期日前，由于标的证券价格下跌幅度超过原有预期，而且投资者也认为这种跌势将持续至期权到期日。在这种情况下，如果维持原有期权头寸不变，投资者将可能出现较大的亏损，因此投资者可以将原来卖出的认购期权进行平仓，重新卖出一个具有相同到期日但具有更低行权价的认购期权。向下转仓同时降低了盈利能力和盈亏平衡点。

备兑开仓时，投资者可以根据对市场预期的变化而选择不同的应对措施，但是在调整过程中,投资者需要重点注意以下几点。

（1）向上转仓和向下转仓都是基于投资者对于未来的预期而做出的调整,会改变投资者的盈利潜力和盈亏平衡点。向上转仓可以提高潜在盈利,但是具有更高的盈亏平衡点,意味着对于标的股票下行保护变弱。向下转仓虽然降低了盈亏平衡点,使标的证券的保护加强,但是潜在盈利降低。因此,不管是向上转仓,还是向下转仓,其实都是在盈利空间与下跌保护之间的一种权衡。

（2）投资者继续持有标的证券的意愿是否强烈,也将对投资者是否采取转仓的决策产生一定的影响。如果标的证券价格上涨超过预期,而投资者看好股票且不愿意被行权,那么就可以及时进行向上转仓或直接平仓。

（3）投资者在调整过程中,一定要注意成本。两种调整都涉及先将原来的认购期权平仓,然后再卖出新的认购期权。这会使交易成本发生变化。投资者在实际操作过程中,要将这个因素考虑在内。从对比情况来看,备兑交易策略在一定情况下会增强标的资产的收益,但是在标的资产迅猛上涨的行情下表现不如人意。

3.向上转仓案例

刘女士平时比较关心50ETF的走势,经过一段时间观察,她认为该股票将会小幅上涨,但涨幅不会很大。目前股价为2.8元,张女士考虑如果股票涨到2.9元,她就愿意卖出。

刘女士在3月27日对50ETF进行了备兑开仓,以2.8元/股买入50ETF,同时以0.05元/股的价格卖出了一张6月到期、行权价为2.9元的认购期权。

假设过了几天,50ETF股价受到提振,涨到了2.9元,这时张女士对后市预期发生了变化,认为股价应该能涨到3.1元以上。与此同时,6月到期、行权价为2.9元的认购期权涨到了0.1元/股,也间接地印证了刘女士的这种看法。

因此,刘女士决定提升备兑开仓策略的盈利潜力,以0.10元/份的价格对原来卖出的6月到期、行权价为2.9元的认购期权进行了平仓。与此同时,以0.055元/股的价格卖出了6月到期、行权价为3.1元的认购期权,通过这种操作实现了向上转仓。

调整之后,张女士备兑开仓的盈亏平衡点及最大盈利潜力发生了相应的变化。

首先,盈亏平衡点变大。原策略的盈亏平衡点是2.75元,即股票购买价格2.8元减去卖出认购期权的权利金0.05元。调整后,盈亏平衡点变为2.795元,即股票购买价格2.8元－卖出认购期权的权利金0.055元+对原有卖出认购期权平仓的净成本0.05元（卖出开仓时收入权利金0.05元,但买入平仓时成本为0.10元）。需要提醒投资者注意的是,盈亏平衡点变大,意味着对股票价格下行的保护能力变弱了。

其次,股票卖出价格变大。调整后,股票卖出价格,变成新的认购期权的行权价格,即3.1元。

最后,最大盈利增大。原先的备兑开仓最大盈利是0.15元,即权利金收入0.05元+股票最大所得0.1元（即原行权价格2.9元的股票购买成本2.8元）。投资者也可以直接用原来的执行价格2.9元减去原来的盈亏平衡点2.75元,得出最大盈利数额。调整后的备兑开仓的最大盈利变为 0.305 元，即新的权利金收入 0.055 元+股票最大所得 0.3 元(新执行价格3.1元－股票购买成本 2.8 元)－对原有卖出认购期权平仓的净成本 0.05 元。

当然，投资者对原有卖出的认购期权平仓时，已经出现了净亏损，因此，投资者在计算新的盈亏平衡点和最大盈利时，都必须将这部分亏损考虑在内。那么，投资者可能要问了，当市场或预期发生变化时，是否应该转仓呢？这个问题并没有一个标准的答案，新的调整虽然提高了盈利潜力，但盈亏平衡点也变高了。刘女士做出这样的调整，是基于她对 50ETF 走势的预期，在收益潜力扩大的同时，对下跌保护却变得更弱。因此，投资者需要综合加以判断，本质上是要在盈利潜力和风险中进行权衡。

4.向下转仓案例

首先，初始时的备兑开仓操作，王先生认为 50ETF 将会小幅上涨，但涨幅不会很大，因此他在 3 月 20 日对 50ETF 进行了备兑开仓，以 2.7 元/份的价格买入 10000 份 50ETF，并以0.05元/份的价格卖出 6 月到期、行权价为 2.9 元的认购期权。

当市场和预期发生一段时间的明显变化后，市场发生了一些调整，到 4 月 3 日的时候，50ETF 的价格为 2.6 元。王先生有点懊恼，因为此时这一策略非但没有出现收益，而且已经亏损。经过进一步的分析，他认为后期 50ETF 不太可能反弹，价格可能会在 2.6 元徘徊。与此同时，6 月到期行权价为 2.9 元的认购期权价格也出现下降，目前仅为 0.02 元/份，间接印证了王先生对 50ETF 走势的判断。

随后进行调整——向下转仓。王先生决定以 0.02 元/份对行权价为 2.9 元的认购期权进行平仓，同时以 0.09 元/份的价格卖出行权价为 2.6 元的认购期权，完成了向下转仓的操作。

最后调整对盈亏平衡点及最大盈利的影响调整之后，王先生的备兑开仓的盈亏平衡点以及最大盈利潜力发生了变化:首先，盈亏平衡点降低。原有策略的盈亏平衡点是 2.65 元，即 50ETF 购买价格 2.7 元－卖出的认购期权权利金 0.05 元;调整后的盈亏平衡点变为 2.58，即股票购买价格 2.7 元－卖出认购期权的权利金 0.09 元－对原有卖出认购期权平仓的净收益 0.03 元。其次，股票或有行权的价格(当被指派行权时的股票卖出价，即行权价)降低，调整后变为 2.6 元。最后，最大盈利降低。原最大盈利可能是 0.25 元，即权利金收入 0.05 元+ETF 价差所得 0.2 元(原行权价格 2.9 元－购买成本 2.7 元)，也可以直接用原来的执行价格2.9 元－原盈亏平衡点 2.65 元。调整后的备兑开仓最大盈利为 0.02 元，即新权利金收入0.09元+ETF 价差所得(-0.10)元(新执行价格 2.6 元－股票购买成本 2.7 元)+对原有卖出认购期权平仓的净收益 0.03 元。

请注意，投资者对原有卖出的认购期权平仓时，出现了净收益，因此，在计算新的盈亏平衡点和最大盈利时，都要将这部分收益考虑在内。同样的问题，当市场和预期发生下跌变化时，投资者是否应该转仓呢？王先生向下转仓后，通过降低盈利潜力的方式降低了盈亏平衡点，相比原来的持仓，对 ETF 的保护能力增强，但是却牺牲了可能的更大盈利。哪一种策略结果会更好，取决于 ETF 价格的实际变化，因此，投资者需要对风险与收益进行权衡。

5.策略风险管理

除了在预判行情后及时选择向下转仓或向上转仓之外,我们也可以凭借期权合约数量较多的特点,通过以下三种方式显著降低投资风险。

一是按不同执行价格备兑开仓。虚值、实值和平值备兑开仓,各有利弊,按照不同执行价格卖出认购期权是个不错的选择,例如投资者拥有150000份50ETF,他可以分别卖出虚值、实值和平值认购期权各5手,从而获得不同的权利金和潜在盈利空间,在上行收益和下行风险中寻找平衡。

二是按不同到期时间备兑开仓。与按照不同执行价格备兑开仓类似,按照当月、近月和远月进行备兑开仓各有利弊。按照不同到期月份卖出认购期权可以有效分散风险,例如投资者拥有150000份50ETF,他可以分别卖出当月、近月和远月认购期权各5手,从而在上行收益和下行风险中寻找平衡。

三是部分头寸做备兑开仓。备兑期权组合的潜在收益有限,一旦50ETF价格大幅上涨,投资者无法获取超额利润,因此可以考虑一部分头寸做备兑开仓,保留另一部分裸露头寸,以博取价格上涨的超额利润。例如,投资者拥有100000份50ETF,他可以仅仅卖出6手认购期权,保留40000份ETF份额,从而避免在价格上涨时收益受限。

以上三种备兑期权组合的风险分散方式,既可以单独使用,也可组合使用。在实战中,只有不断积累经验,才能有效调整交易绩效策略。

6.备兑策略收益衡量

对于如何计算备兑期权的投资收益情况,通常使用静态回报率、或有行权回报率这两个指标来衡量。所谓静态回报率,是指假设在期权到期日时股票的价格没有发生变化,且卖出的认购期权没有被指派执行的情况下,备兑卖出认购期权的年化收益率。

具体计算公式:收入−净投资成本×年化因子,其中收入是指卖出认购期权所获得的权利金和收取的股利之和。

我们来看一个例子。王先生是一位大学教授,对上证50ETF有一定研究。3月31日这天,假设50ETF的价格是2.8元,经过观察和研究,他认为50ETF近期会有小幅上涨;如果涨到2.9元他就会卖出。于是,他决定进行备兑开仓,以2.8元的价格买入10000股50ETF,同时以0.08元的价格卖出一份4月到期、行权价为2.9元(这一行权价等于王先生对50ETF的心理卖出价位)的认购期权(假设合约单位为10000),获得权利金为0.08×10000=800元。

在这个例子中,如果到期日股价仍然为2.8元,王先生的收入就是800元(为了方便计算,此处暂不考虑手续费及期权存续期间的股票分红收益)。净投资成本是股票买入价格减去权利金价格的余额。上例中,王先生净投资成本是2.72元/股,即股价2.8元减去0.08元权利金的结果。

因此,王先生备兑卖出认购期权的静态投资收益率是0.08÷2.72=2.94%。

因为3月31日卖出的认购期权离到期日(4月份期权的到期日为4月的第四个星期三,即4月23日)还有23天,因此年化收益率为2.94%÷23×365=46.66%。

第二个标准的基准指标是或有行权回报率。所谓或有行权回报率，是指假设到期日股价达到或者超过了卖出的认购期权的行权价并且股票被指派以行权价卖出，是备兑开仓卖出认购期权的年化收益率。

具体计算公式：（收入+股票所得）/（净投资成本×年化因子）。

如果到期上证 50ETF 价格涨至 2.8 元或更高价位，期权收入跟前述一样是 0.08 元，股票所得是行权价与股票购买价格之差，在本例中，股票所得为 0.1 元，净投资成本与静态回报一样都是 2.72 元，因此，王先生备兑卖出认购期权的或有行权收益率是 0.18÷2.72＝6.62%。同样地，行权年化收益率为 6.62%÷23×365＝105.02%。

需要注意的是，静态和行权收益率的计算并不是绝对收益的测量，它们只是一些客观的计算，能够帮助投资者在不同的备兑开仓策略之间进行比较。如果投资者对标的股票或 ETF 价格变化、变化时间以及价格波动情况有比较清楚的预期，再借助一些计算就可以对不同的备兑开仓策略进行对比分析，从而做出投资决策。

从另一个角度而言，如果股价上涨，但并非投资者原先预期的小幅上涨，而是大幅上涨，那么投资者使用备兑开仓策略的收益将低于直接购买股票的收益。因为这种情况下，备兑开仓策略的收益已经被锁定在只能以行权价格卖出。

四、合成股票策略

（一）定义

合成股票多头策略的构建方法为买入一份认购期权，同时卖出一份具有相同行权价、相同到期日的认沽期权。该策略的构建成本为认购期权权利金减去认沽期权权利金，当投资者认为标的证券未来将走高时，可通过这种交易策略实现低成本做多后市。合成股票多头的构建成本大大低于直接买入现货的成本，在复制资产收益的同时提高了收益率。

合成股票空头策略是对卖空股票或期货的精确模拟，适用于熊市看跌行情，投资者通常看空标的证券未来的走势。与合成股票多头同理，合成股票空头策略的构建方法为买入一份认沽期权，同时卖出具有相同行权价、相同到期日的认购期权的方式复制股票空头的策略。其构建成本为认沽期权权利金减去认购期权权利金。当投资者认为标的证券未来将走低时，可通过这种交易策略来模拟卖空股票，由于同时买卖期权，该策略的成本较低，能够通过杠杆博取更高的收益，盈亏分析如下。

图 3.3 为合成股票策略盈亏图，随着标的证券价格跌至零，向下风险有限；如果标的证券价格上升，则潜在收益无限。到期时，如果标的资产价格高于行权价，买入的认购期权将会行权，卖出的认沽期权将不会被行权，所以总盈亏等于认购期权行权后的收益加上净权利金。如果到期时标的资产价格低于行权价，买入的认购期权将到期失效，卖出的认沽期权将被行权，所以总盈亏等于卖出认沽期权被行权后的亏损加上净权利金。该策略的构建成本＝认购期权权利金－认沽期权权利金，最大收益无限，最大亏损＝行权价+构建成本，盈亏平衡

点＝行权价＋构建成本。合成股票空头类似卖空标的证券的盈亏,随着标的证券价格上升,向上风险没有上限;如果标的证券价格下跌,潜在收益在标的跌到 0 时达到最大。到期时,如果标的资产价格低于行权价,买入的认沽期权将会行权,卖出的认购期权将不会被行权,所以总盈亏等于认沽期权行权后的收益加上净权利金。如果到期时标的资产价格高于行权价,买入的认沽期权将到期失效,卖出的认购期权将被行权,所以总盈亏等于卖出认购期权被行权后的亏损加上净权利金。该策略的构建成本＝认沽期权权利金－认购期权权利金,最大收益＝行权价－构建成本,最大亏损无限,盈亏平衡点＝行权价－构建成本。

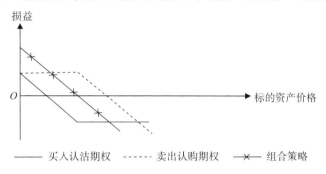

图 3.3　合成股票策略盈亏图

(二)使用场景

2021 年 8 月中旬,投资者王先生根据对股市基本面、消息面、资金面的判断,预计短期内市场会有不小的涨幅,他希望能够利用期权博取更大的收益。2021 年 8 月 17 日,盘中上证 50ETF 价格为 3.0 元。王先生于盘中买入 10 张上证 50ETF 购 9 月 3000;再卖出 10 张 50ETF 沽 9 月 3000,权利金净支出 1000 元。8 月 14 日(前一交易日)上证 50ETF 收盘价为 2.966 元,50ETF 沽 9 月 3000 结算价为 0.08 元。按照保证金的计算公式,卖出开仓认沽期权约需缴纳 29000 元保证金。

因此,若合成股票多头,所需成本＝卖出开仓保证金＋权利金净支出＝29000＋1000＝30000 元。若直接买入 10 万份 50ETF,所需成本＝2.966×100000＝296600 元。合成股票多头成本仅为直接买入标的证券成本的 10.11%,共节省 266600 元的资金,在确保保证金足额的前提下,多余资金可作再投资获取收益。

2021 年 9 月 10 日,50ETF 涨至 3.10 元,王先生决定获利平仓。此时 50ETF 购 9 月 3000 合约价格为 0.15 元/份,50ETF 沽 9 月 3000 合约价格为 0.002 元/份。合成股票多头为王先生带来的收益＝[(0.15-0.09)+(0.08-0.002)]×10000×10＝13800 元。收益率＝13800/30000＝46%。如直接买入 10 万份 50ETF,则收益＝(3.1-2.966)×100000＝13400 元。收益率＝13400/296600＝4.52%。

（三）策略优劣

1.多头

该策略的优点有三个：一是能以较低的成本复制标的多头；二是在保证金率较低时可以获得较大的杠杆；三是当市场价格出现错误时，还具有套利效果。

该策略的缺点也有三个：第一，策略本身不提供任何保护机制，所以应加入相应的止损机制；第二，期权组合无法获得持有股票的股东权利；第三，因为该策略有两条腿，当期权的买卖价差较高时，其交易成本也较高。

2.空头

该策略的优点有三个：一是创造出类似卖空股票的头寸，但不需要像融券一样支付利息，从而能降低成本；二是可以随时调整认购期限或认沽期权的头寸；三是当市场价格出现错误时，还具有套利效果。

该策略的缺点也有三个：第一，策略本身不提供任何保护机制，所以应加入相应的止损机制；第二，如果标的证券价格上涨，潜在风险无限；第三，因为该策略有两条腿，当期权的买卖价差较高时，其交易成本也较高。

（四）策略小技巧

合成股票多头建议使用平值附近的期权，平值附近的期权流动性比较好，交易活跃，买卖价差会比使用深度实值或深度虚值期权时的价差更小。在预期持有期权的期间应尽量保证价格处于上涨的趋势。合约到期日应覆盖预期交易时段，策略使用的认购期权和认沽期权应具有相同的到期日。

合成股票空头也建议使用平值附近的期权，平值附近的期权流动性比较好，交易活跃，买卖价差会比使用深度实值或深度虚值期权时的价差更小。在预期持有期权的期间应尽量保证价格处于下跌的趋势，并确定一个明确的阻力价位范围。合约到期日应覆盖预期交易时段，策略使用的认购期权和认沽期权应具有相同的到期日。

（五）策略风险管理

由于合成股票多头，该策略事实上就是等于买进股票，因此其最大收益没有上限，但若现货下跌，合成股票多头会遭受损失。因此在面临熊市时，使用该策略时应当注意适当止损，当达到预先制定的止损价格之后，就应该了结头寸。

同样是看涨策略，相比于买入认购期权，合成股票多头策略承担了更大的下行风险。我们知道认购期权权利方损失有限，最多亏损权利金；而合成股票多头的损失会随着股价的下行而不断增加，因此在形成看涨预期之后，投资者需要根据自身风险承受能力和自己预期的确定情况来进行头寸管理。由于该策略的最大亏损理论上是没有上限的，因此在市场趋势与预期背离时应当注意适当止损。

同样是看跌策略，相比于买入认沽期权，合成股票空头策略承担了更大的风险，且理论上无上限。因此使用该策略时应当注意止损，当股票价格涨至高于预先制定的止损价格之后，就应该平掉头寸。

五、股票替代：购买深度实值合约

（一）定义

大多数的投资者进入市场就是为了寻找想要购买的证券。利用期权,他们能够有更多的选择和方式来购买证券。除了前面提到的合成股票策略之外,我们还可以利用实值期权替代股票买卖,包括买入认购期权(尤其是深度实值的认购期权)和卖出认沽期权。

认购期权的 Delta 在 0 到 1 之间,深度实值的认购期权 Delta 收敛于 1,期权的变动幅度与标的证券的变动幅度几乎保持同步,但是期权的权利金相比直接购买股票的成本而言要便宜不少,可作为股票的可行替代品。买入实值认购期权不是股票替代策略的唯一方式,也可以采用卖出认沽期权的方法。如果卖出认沽期权,期权经营机构会要求账户中有足够的保证金。我们需要注意的是该策略的一些前提:将卖出认沽期权仅仅看作衍生的、孤立的、策略是不合适的,该策略的一个大前提是投资者应看好标的证券的长期趋势,即使未来价格出现下跌也可能只是短期波动,因此愿意买入股票。

（二）使用场景

股票替代策略有几点原则是投资者需要注意的。第一,看好标的证券的长期趋势,愿意以行权价买入标的证券。第二,有一定的资金实力。投资者必须有足够的资金或者用于买入认购期权/卖出认沽期权的保证金。而且,一旦要求(或被要求)行权,投资者需要有资金来买入标的证券。

2022 年 1 月 16 日,盘中上证 50ETF 价格为 2.86 元。深度实值合约 50ETF 购 1 月 2500 的价格为 0.3599 元,该合约实值六档,Delta 较大约 0.97。也就是说,标的 50ETF 变动多少,该期权几乎也会变动这么多,购买期权能够获得大部分由于标的上涨所带来的收益。但是从成本看,如果你想买 10000 份 50ETF,那么需要花费 28600 元,而买一张 50ETF 购 1 月 2500,仅需花费 3599 元(不包括手续费)。2022 年 1 月 25 日,午盘 50ETF 的价格上涨至 2.96 元,50ETF 购 1 月 2500 价格随之变为 0.46 元。投资者可以较低的权利金成本捕捉标的上涨带来的收益。

2022 年 2 月 19 日午盘,上证 50ETF 价格为 2.91 元,投资者王先生卖出一张 50ETF 沽 3 月 2700,价格为 0.05 元/份,获得 500 元权利金。假设 2022 年 3 月 23 日 50ETF 的价格下跌到 2.68 元,且当天是行权日。此时王先生如果长期看好 50ETF,可借行权的方式以 2.7 元行权价购入 50ETF,由于前期卖出认沽期权收获 0.05 元/份的权利金,因此实际购入 50ETF 的成本为 $2.7 - 0.05 = 2.65$ 元/份(不考虑交易成本)。

（三）策略优劣

选择深度实值的认购期权替代股票的好处有三个:第一,相比于直接购买股票,期权所占用的资金较少,可以释放更多的流动性资金。第二,认购期权买方最大损失是有限的,在市场下行的情况下最多亏光全部权利金。第三,相较于平值期权,深度实值期权因时间价值衰减而造成的损失更小。

（四）策略风险管理

该策略面临的主要风险为流动性风险和价值损耗。深度实值的期权一般交易较不活跃，买卖价差可能较大，因此面临流动性风险。期权的买方都会面临期权时间价值流失的问题，但相比平值或轻度实值的期权，深度实值的认购期权时间价值相对较小。在海外市场，该策略也常常是一个长期策略，适用于长期看好或打算持股的长线投资者。卖出认沽期权后，投资者面对的风险可能会非常大。因此，一旦卖出就要确定平仓离场或者行权的条件。例如，当股价跌破某个价位时，将把合约向上、向下展期等。此外，保证金风险也是投资者需要注意的。卖方应该盯市，关注保证金的变化情况，一旦收到期权经营机构的提醒，应及时补足保证金，以防被强行平仓。

六、震荡策略

跨式策略和勒式策略就是最常用也是最易理解的波动率策略。使用买入跨式策略或买入勒式策略，能够使得投资者在标的资产价格大幅上涨和大幅下跌的情况下都能从中获利，无论标的资产的价格走向如何，作为买方的投资者风险都具有上限，而收益没有上限。一旦标的资产的价格波动幅度大到超过交易成本时就能获利。

（一）定义

买入跨式组合是指买入具有相同行权价、到期日及数量的认购期权和认沽期权合约。勒式组合也称为宽跨式组合，但勒式组合中两份期权合约行权价不同，认沽期权的行权价较低，认购期权的行权价较高。

（二）使用场景

买入跨式组合策略适用于对后市方向判断不明确，但认为会有显著波动的情形，也就是说股价（标的资产）会朝着任意方向发生大幅度变化的情况。例如，一份可以影响标的资产价格的宏观经济报告即将公布，或者在标的资产正面临强支撑位或阻力位，并预计将在这一价格水平有强烈反弹或向下反转的情况下，可以构建该策略，在标的资产价格大幅变动中获益。

当预计标的资产价格会有剧烈波动时，可以构建买入勒式组合，其在标的资产后续大幅上涨或下跌时均可获利。相较于买入跨式策略，买入勒式策略的构建成本更低，但对后市波动幅度的潜在要求更高。

1.买入跨式

假设上证50ETF价格为2.800元，王先生预计该标的资产的价格将在近期发生较大的波动，但又不确定价格的变动方向，于是决定采用跨式组合策略。王先生观察到买入一张行权价2.800元3个月后到期的认购期权，需支付权利金0.07元，买入一张行权价格为2.800元3个月后到期的认沽期权，需支付权利金0.06元。期权合约单位为10000。王先生的权利金净支出为（0.07+0.06）×10000＝1300元。收益水平如表3.2所示。

表 3.2　震荡策略的收益水平

单位:元

到期日标的资产价格	认购期权收益	认沽期权收益	净权利金	策略总收益
2.500	0	3000	−1300	1700
2.600	0	2000	−1300	700
2.700	0	1000	−1300	−300
2.800	0	0	−1300	−1300
2.900	1000	0	−1300	−300
3.000	2000	0	−1300	700
3.100	3000	0	−1300	1700

2. 买入勒式

持有勒式组合策略时盈亏平衡点之间的距离可能会变大,但只要这个距离并不过大,那么勒式组合策略就更有利可图。这样,当股票价格大幅上涨或下跌时我们都能够盈利。而且和跨式组合策略一样,无论标的资产的价格走向如何,风险都具有上限,而收益没有上限。一旦标的资产的价格波动幅度大到超过交易成本时就能获利。

假设上证 50ETF 价格为 2.800 元,王先生预计该标的资产的价格将在近期发生较大的波动,但又不确定价格的变动方向,于是决定采用跨式或勒式组合策略,无论价格走向如何,只要现货价格如期发生大幅波动,王先生都将获得收益。

王先生观察到买入一张行权价 2.800 元 3 个月后到期的认购期权,需支付权利金0.065元,买入一张行权价格为 2.800 元 3 个月后到期的认沽期权,需支付权利金 0.055 元。而买入一张行权价 2.9 元 3 月份的认购期权,需支付权利金 0.040 元,买入一张行权价 2.7 元 3 月份到期的认沽期权,需支付权利金 0.035 元。于是王先生选择构建勒式组合策略。期权合约单位为 10000,期权合约到期时,该策略的收益如表 3.3 所示。

表 3.3　买入勒式策略的收益水平

单位:元

到期日标的资产价格	认购期权收益	认沽期权收益	净权利金	策略总收益
2.500	0	2000	−750	1250
2.600	0	1000	−750	250
2.700	0	0	−750	−750
2.800	0	0	−750	−750
2.900	0	0	−750	−750
3.000	1000	0	−750	250
3.100	2000	0	−750	1250

（三）盈亏分析

该策略构建期初买入期权，因此有权利金的净支出。在标的资产价格上涨时执行认购期权，在标的资产下跌时执行认沽期权，而只有标的资产价格波动较大时才能覆盖购买期权的成本，如果标的资产价格波动较小，则很可能无法覆盖购买期权的成本而导致亏损。

投资者承担的最大风险是买入认购期权和认沽期权时付出的成本（权利金，此处忽略交易结算费用），最大潜在收益没有上限。构建成本是认购期权权利金与认沽期权权利金之和；最大收益无限；最大亏损为构建成本；向上盈亏平衡点为行权价减去构建成本；向下盈亏平衡点为行权价与构建成本之和。买入跨式策略盈亏图如图 3.4 所示。

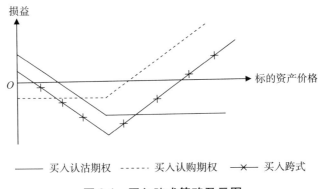

损益

O

标的资产价格

—— 买入认沽期权 ······ 买入认购期权 —✕— 买入跨式

图 3.4　买入跨式策略盈亏图

与买入跨式组合策略类似，买入勒式组合策略适用于对后市方向判断不明确，但认为会有显著波动的情形，也就是说标的资产会朝着任意方向发生大幅变化的情况。由于买入勒式策略的成本更低，需要后市更大的波动才能最终盈利。

其与跨式组合类似，同时买入相同到期日的认购期权和认沽期权合约，但勒式组合中两份期权合约行权价不同，即买入具有相同到期日、相同数量、较高行权价的认购期权和较低行权价的认沽期权合约。该策略构建期初买入期权，因此有权利金的净支出。通过买入一个认购期权和认沽期权合约，如果行权日标的资产价格大于认购期权的行权价格，则投资者从认购期权中获利，否则从认沽期权中获利。其与买入跨式组合十分相似，都在标的资产价格波动较大时盈利，不同之处在于，由于两份期权合约的行权价格不同，勒式组合因为买入虚值期权支出的权利金较跨式组合少。但同时，只有在标的资产价格波动幅度更大时，才能通过勒式组合获利。

如图 3.5 所示，构建成本为认购期权权利金与认沽期权权利金之和；最大收益无限；最大亏损为构建成本；向上盈亏平衡点为较低行权价减去构建成本；向下盈亏平衡点为较高行权价与构建成本之和。

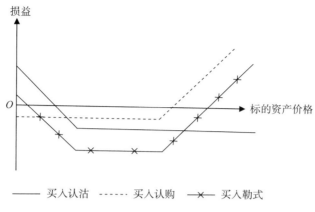

图3.5 买入勒式策略盈亏图

(四)策略优劣

买入跨式的优点主要有以下三个方面:一是股票价格往任何方向变化,都能从波动的股票价格中获利;二是风险具有上限;三是如果股票价格变动,潜在收益没有上限。买入跨式的缺点主要有以下三个方面:一是成本较高,需要买入平值认购期权和认沽期权,通常价格比较高;二是需要股票价格和期权价格发生显著的变动,才可能获利;三是竞买与竞卖价差越大,该策略的构建质量越低。

买入勒式的优点主要有以下三个方面:一是股票价格往任何方向变化都能从波动的股票价格中获利;二是风险具有上限;三是如果股票价格变动,潜在收益没有上限。买入勒式的缺点主要有以下两个方面:一是需要股票价格和期权价格发生显著的变动,才可能获利;二是竞买与竞卖价差越大,该策略的构建质量越低。

(五)策略小技巧

对于买入跨式组合策略,合约的选择分为两步走。第一步是对标的资产的选择,选择适用于该策略的期权合约标的是成功的开始;第二步是选择该标的资产对应的期权合约,不是所有的合约都可以用来构建该策略。

第一步,对于标的资产的选择,应当注意以下几个方面:一是观察每日平均成交量,选择具有充足流动性的股票。二是观察技术指标,寻找看起来像三角旗形的图表模式,这意味着调整价格的模式将要启动,大概率会发生较大的价格波动。三是尽力关注在两周内有重大消息或发布财务报表的股票。四是选择合适的股票价格范围,应当处于有下降和上升空间的位置。

第二步,对于期权合约的选择,应当注意以下几个方面:一是观察流动性,选择具有充足流动性的期权合约。二是行权价的选择,买入行权价是平值的认沽期权和认购期权。三是到期日的选择,最好选择距离到期日两个月至三个月左右的期权合约。四是观察隐含波动率,最理想的情况是买入当前隐含波动率水平很低,但是股票价格会马上发生大幅变化,只是不知道该价格会往哪个方向变化的期权合约,这样能以较低的价格获得期权合约。五是跨式组合策略的成本必须低于股票价格最近的最高价位与最近的最低价位差额的一半。关于"最近"，如果是一个剩余期限为两个月的跨式组合策略，则为最近 40 个交易日，如果是一个剩余期限为三个月的跨式组合策略，则为最近 60 个交易日，如果是一个剩余期限为四个月的跨式组合策略，则为最近 80 个交易日。不过，这些都是经验数据，关键是跨式组合策略的成本应该要低于股票价格的可能变化。

与跨式期权对合约选择的方法和原则类似。对于买入勒式组合策略，合约的选择同样分为两步走。

第一步是对标的资产的选择，选择适用于该策略的期权合约标的是成功的开始。对于标的资产的选择，应当注意以下几个方面：一是观察每日平均成交量，选择具有充足流动性的股票；二是观察技术指标，寻找看起来像三角旗形的图表模式，这意味着调整的价格模式将要启动，大概率会发生较大的价格波动；三是尽力关注在两周内有重大消息或发布财务报表的股价；四是选择合适的股票价格范围，应当处于有下降和上升空间的位置。

第二步是选择该标的资产对应的期权合约，不是所有的合约都可以用来构建该策略。对于期权合约的选择，应当注意以下几个方面：一是观察流动性，选择具有充足流动性的期权合约；二是行权价的选择，买入行权价是平值的认沽期权和认购期权；三是到期日的选择，最好选择距离到期日两个月至三个月左右的期权合约；四是观察隐含波动率，最理想的情况是买入当前隐含波动率水平很低，但是股票价格会马上发生大幅变化，只是不知道该价格会往哪个方向变化的期权合约，这样能以较低的价格获得期权合约。

（六）策略风险管理

买入跨式组合策略时，有以下几个仓位管理的规则：第一，越接近到期日，期权内包含的时间价值就越小。在到期日前的最后一个月内时间损耗将会呈指数级加速趋势，因此尽量不要持有到期日仅剩一个月的虚值或者平值期权，否则你将面临严重的时间损耗。第二，不要过于频繁地买卖相同的跨式组合策略。第三，在消息发布后几天没有价格波动或者已出现能够获利的价格波动时了结头寸，一般建议在新闻发布后的两周内了结头寸。第四，如果股票价格迅速上涨，卖出平仓认购期权（从全部头寸中获利），并等待股价下跌后再从认沽期权中获利。第五，如果股票价格迅速下跌，则卖出平仓认沽期权（从全部头寸中获利），并等待股价上涨后再从认购期权中获利。

当使用跨式组合策略时，很重要的一点是要遵守开仓和平仓的规则。从心理角度来说，当你开始使用跨式组合策略后，会发现这是一种很难操作的策略。很容易找到各种各样的理由想要提前了结头寸，从而打乱你的交易计划。但你必须记住，你是因为某种特殊的事件或因素（或诸多特殊的事件或因素）采取该策略入市，就必须继续该策略直到有其他原因促使你了结头寸。但如果一开始驱动采取该策略的原因消失时，也应当果断地平仓。

买入跨式只适用于涨跌难测，但短期会有大幅波动的情形。由于该策略目的是避免单边方向的预期错误，因此初始开仓时通常遵循 Delta 中性的原则，当市场上存在接近股价的行权价时，可以买入此行权价的认购和认沽合约，但若当前股价介于两个行权价的中间，可以通过买入勒式策略进行替代,以保持开仓时的 Delta 中性原则。

买入勒式组合策略时,有以下几个仓位管理的规则:第一,越接近到期日,期权内包含的时间价值就越小;第二,不要过于频繁地买卖相同的勒式组合策略;第三,在消息发布后几天没有价格波动或者已出现能够获利的价格波动时了结头寸,一般建议在新闻发布后的两周内了结头寸;第四,如果股票价格迅速上涨,卖出平仓认购期权(从全部头寸中获利),并等待股价下跌后再从认沽期权中获利;第五,如果股票价格迅速下跌,则卖出平仓认沽期权(从全部头寸中获利),并等待股价上涨后再从认购期权中获利。

将勒式组合策略中盈亏平衡点的情况与跨式组合策略中的情况进行比较,通常勒式组合策略的两个盈亏平衡点之间的差额要稍微大一些。因此,在确定策略之前,必须对勒式期权的成本和股票价格大幅上涨或下跌之间的可能性做出判断,需要对后市波动幅度有比较大的把握方可操作。

总结买入跨式策略与勒式策略的风险收益特点,买入跨式组合策略成本较高,但是胜率也较高,而买入勒式组合策略成本较低且收益较高。

(七)策略的总结

在震荡的市场行情中,我们可以通过构建买入跨式组合策略和勒式组合策略获得收益。也就是说,一旦出现可能剧烈影响市场行情的事件,但又不知其对行情的发展是利多还是利空时,就可以使用买入跨式组合策略和勒式组合策略,等待行情出现,并在高成本高胜率(买入跨式组合)和低成本高收益率(买入勒式组合)之间做取舍。

那么,可能导致市场行情剧烈波动的常见事件有哪些呢? 我们总结了四种类型:第一类是公司公布财务报表;第二类是国内外的重大政策调整,如印花税的收取、熔断制度的实施和美国的量化宽松政策变化等;第三类是国内外重大事件发生,如地震、海啸、疫情等重大性自然灾难的发生,又如欧债危机、俄乌战争等;第四类是常规的不确定性窗口,如选举、长假、周末等。

第二节 价差交易策略

一、牛市价差策略

(一)定义

牛市认购价差策略通过买入较低行权价的认购期权,同时卖出较高行权价、相同到期日的认购期权来构建。由于相同到期日的认购期权,行权价越高权利金越低,所以牛市认购价差买入的期权比卖出的期权贵,会发生现金流净流出,是一个支出型价差。

牛市认沽价差通过买入较低行权价的认沽期权，同时卖出较高行权价、相同到期日的认沽期权来构建。对于相同到期日的认沽期权，行权价越高权利金越高，所以牛市认沽价差卖出的期权比买入的期权贵，会产生现金流净流入，是一个收入型价差。

（二）使用场景

当投资者对未来行情适度看涨时，或者希望以较低的成本来获取标的资产上涨收益时，可使用牛市认购价差策略。

王先生温和看涨上证 50ETF 的走势，基于这一市场预期，其于 2021 年 11 月 3 日早盘建立了牛市认购价差组合，当时的 50ETF 现价为 3.3 元。牛市认购价差组合的构建方法是以每张 450 元买入 50ETF 购 12 月 3300，并以每张 200 卖出 50ETF 购 12 月 3500，开仓时成本（不考虑交易成本）= 买入开仓的成本 - 卖出开仓的收入 = 450 - 200 = 250 元。卖出开仓50ETF 购 12 月 3500 需要缴纳的保证金约 1800 元。

若上证 50ETF 到期价格低于 3.3 元，则该策略的损失为开仓成本，即 250 元，这也是该策略所面临的最大损失。若上证 50ETF 到期价格介于 3.3 元到 3.5 元之间，该策略的收益跟随上证 50ETF 到期价格上升而增加。当 50ETF 价格为 3.325 元时，该策略达到盈亏平衡。若 50ETF 到期价格高于 3.5 元，该策略的收益达到最高 1750 元，收益上限被锁定，同样地，当投资者对未来行情适度看涨或不变时，可以使用牛市认沽价差策略。

（三）盈亏分析

该策略组合的构建成本为买入行权价较低的认购期权支付的权利金减去卖出行权价较高认购期权获得的权利金。

如图 3.6 所示，当标的资产价格高于卖出认购期权的行权价时，买入行权价格较低的认购期权会行权、卖出行权价格较高的认购期权也会被行权，此时投资者的收益最大，为两行权价差减去构建成本；当标的资产价格低于买入认购期权的行权价时，两份认购期权都会过期作废，此时投资者的损失最大，为构建成本。当标的资产价格处于两行权价之间时，投资者的收益也处于最大收益和最大损失之间。

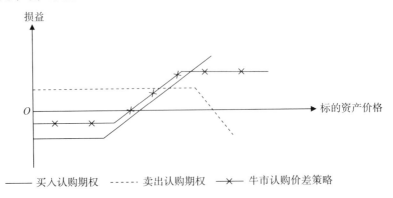

图 3.6　牛市认购价差策略盈亏图

该策略的到期最大收益 = 较高行权价 - 较低行权价 - 净权利金，最大亏损 = 净权利金，盈亏平衡点=较低行权价+净权利金。

对于牛市认沽价差组合而言,构建时获得净权利金收入,等于卖出行权价较高的认沽期权权利金收入减去买入行权价较低认沽期权权利金支出。

如图3.7所示,当标的资产价格低于买入认沽期权的行权价时,买入行权价格较低的认沽期权会行权、卖出行权价格较高的认沽期权也会被行权,此时投资者的亏损最大,为两行权价差减去构建时收入;当标的资产价格高于卖出认沽期权的行权价时,两份认沽期权都会过期作废,此时投资者的收入最大,为净权利金收入。当标的资产价格处于两行权价之间时,投资者的收益也处于最大收益和最大损失之间。

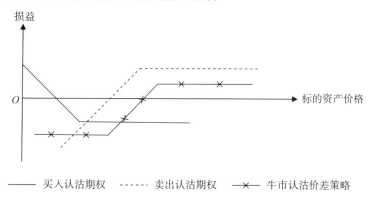

图3.7 牛市认沽价差策略盈亏图

该策略的到期最大收益=净权利金,最大亏损=较高行权价−较低行权价−净权利金,盈亏平衡点=较高行权价−净权利金。

(四)策略优劣

直接买入认购期权和牛市认购价差策略同为看涨型策略,直接买入认购期权的成本为权利金,到期潜在收益无限,而牛市认购价差策略是一个双限策略(即最大收益有限,最大亏损有限),构建成本低于直接买入认购期权的成本,但到期潜在收益有限,通过牺牲上端收益的代价降低了做多的成本。

牛市认沽价差策略的优点是一种收入型价差策略,适用于短期,并不要求标的资产价格一定上涨。与未担保直接卖出认沽期权相比,牛市认沽价差策略能为下行风险提供保护。牛市认沽价差策略的缺点是如果标的资产价格持续上涨,向上的收益具有上限。虽向下的风险有限,但该策略的最大损失通常大于最大收益。

与直接卖出认沽期权策略相比,牛市认沽价差策略同样为温和看涨型策略,但涉及期权的一买一卖,组合权利金收入低于直接卖出认沽期权。然而,卖出认沽期权无法防范标的资产价格持续下行的风险,牛市认沽价差策略是一个双限策略(即最大收益有限,最大亏损有限),牺牲上端收益的同时也锁定了持续下行的风险。

（五）策略小技巧

当牛市认购价差能够获利时，时间流逝对其是有利的；当牛市认购价差面临损失时，时间流逝对其是不利的。使用牛市认购价差时，投资者需要付出现金流净流出的成本，且标的资产价格必须涨到盈亏平衡点以上才能获利。所以投资者最好选择到期日较远的期权，以便有足够的时间进行正确的操作。牛市认购价差策略构建在选择期权的行权价时，较低的行权价应选择平值或轻度虚值的期权，较高的行权价应根据投资者对后市上涨幅度的判断决定。

牛市认沽价差策略是通过购买一份具有较低行权价的认沽期权来保护卖出的认沽期权，对标的资产价格下跌提供保护。这是一种收入型价差，两个认沽期权行权价的选择都应低于当前标的资产价格，才能确保标的资产价格上涨或不变时，两份认沽期权到期都处于虚值状态，可获得净权利金的最大收益。该策略在短期内实施是相对安全的，所以最好选择到期日较近的合约。

（六）策略风险管理

牛市认购价差组合的最大风险就是建仓时的净权利金支出，因此这是一个风险较小的策略；但由于最大收益有上限，股价大幅上涨时，牛市认购价差组合会错失上涨的巨大收益。

（七）策略的调整

牛市认购价差策略建仓完成后，要持续跟踪市场变化，根据市场走势及时调整策略。若50ETF温和上涨，投资者可以选择持有到期或适时提前平仓获利了结。若涨幅超过了较高行权价，牛市认购价差策略会受限于最大盈利的约束，此时可将卖出开仓的那条腿平掉，改为只持有认购期权，或者将牛市认购价差平仓，重新购买一个认购期权，享受股价上涨带来的杠杆收益。若50ETF下跌，应及时平仓，根据新的市场预期调整策略。

二、熊市价差策略

熊市价差策略指在标的资产价格下跌过程中，投资者可以通过该策略在锁定最大损失的同时，获取市场下跌的收益。熊市价差策略有两种构成方法，即熊市认购价差和熊市认沽价差。

（一）定义

熊市认购价差策略通过买入较高行权价的认购期权，同时卖出较低行权价、相同到期日的认购期权来构建。对于相同到期日的认购期权，行权价越高权利金越低，所以熊市认购价差买入的期权比卖出的期权便宜，会产生现金流净流入，是一种收入型价差。熊市认沽价差策略通过买入较高行权价的认沽期权，同时卖出较低行权价、相同到期日的认沽期权来构建。与熊市认购价差策略所不同的是，熊市认沽价差策略属于支出型价差。

（二）使用场景

当投资者对未来行情温和看跌，或者希望即使标的资产价格横盘不动也能获得收益时，可以使用熊市认购价差策略。

2022 年 2 月 27 日,上证 50ETF 的现价为 2.80 元,投资者王先生认为 50ETF 已涨至较高价位,温和看跌后市。构建熊市认购价差策略开仓,买入一张行权价为 3.0 元,3 月到期的认购期权,权利金支出为 27 元,同时卖出一张相同到期日行权价为 2.9 元的认购期权,权利金收入为 197 元,缴纳 3000 元保证金。策略构建之初获得 170 元净权利金收入,持有到期后,组合收益情况如表 3.4 所示。

表 3.4 熊市认购价差策略收益

单位:元

到期日标的资产价格	行权价为 2.9 的期权收益	行权价为 3.0 的期权收益	净权利金	组合总收益
2.8	0	0	170	170
2.917	−170	0	170	0
3.0	−1000	0	170	−830

该熊市认购价差策略持有到期后,最大的收益为期初净权利金收入 170 元,最大损失为 830 元,组合策略的盈亏平衡点为 2.917 元。当上证 50ETF 价格下跌时,该组合开始盈利,王先生可以考虑继续持有该熊市认购价差策略至到期日,也可在收益达到预期后进行平仓。当上证 50ETF 下跌幅度较大,跌破了卖出的认购期权行权价时,王先生可以考虑对行权价为 2.9 元的权利仓进行平仓,之后将义务仓继续持有至到期。当 50ETF 迅速跌破卖出的认购期权行权价时,可将组合平仓,转化策略为买入认沽期权。

当 50ETF 价格上涨时,熊市认购价差策略会出现损失,若标的资产价格涨幅较大时,王先生平掉组合中的义务仓,避免出现较大损失,只持有组合中的权利仓来获取标的资产价格上涨的收益。

(三)盈亏分析

如图 3.8 所示,熊市认购价差策略的最大亏损和盈利都是有限的。当标的资产价格横盘不动或者温和下跌的时候,策略里的两个期权都以虚值状态到期,此时投资者的最大收益即为策略构建时的净权利金收入;而当标的资产价格的变动与预期方向相反,并超过较高行权价时,两个期权都以实值状态到期,投资者可以选择以较高行权价买入标的,并在较低行权价被行权的时候卖出标的,此时,投资者出现最大亏损,即两个行权价的差额−构建组合的净权利金。当标的资产价格处于两个行权价之间的时候,策略收益也处于最大收益与最大损失之间。潜在最大收益=构建组合获得的净权利金,潜在最大亏损=两种行权价的差额−构建组合的净权利金,盈亏平衡点= 较低行权价+构建组合的净权利金。

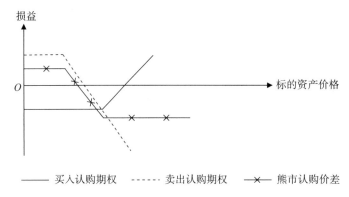

图 3.8 熊市认购价差策略盈亏图

熊市认沽价差策略的潜在收益与亏损都有限。若标的资产价格变化方向与预期相反，到期时组合中的认沽期权均处于虚值状态，投资者最大的亏损就是构建策略组合时所付出的净权利金；若标的资产价格低于较低行权价认沽期权时，此时组合收益最大，两个期权到期都处于实值状态；当标的资产价格处于两行权价之间时，投资者的收益也处于最大收益和最大损失之间。

潜在最大收益=行权价格之差－支付的净权利金，潜在最大亏损＝支付的净权利金，盈亏平衡点＝较高行权价－构建组合的净权利金，损益如图 3.9 所示。

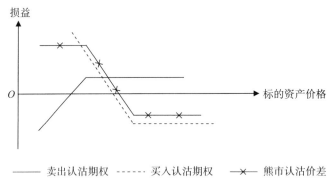

图 3.9 熊市认沽价差策略盈亏图

（四）策略优劣

熊市认购价差策略的优点是在构建期初可以收取净权利金，属于短期收入策略，与直接卖出认购期权相比，买入的较高行权价的认购期权能为标的资产价格上升产生的风险进行保护。熊市认购价差策略的缺点也较明显，该策略比裸卖认购期权需付出更多的成本，虽然可在市场行情与预期不符时锁定损失，但最大收益有限。

熊市认沽价差策略的优点为即使标的资产价格变动方向与预期相反，该策略的最大亏损也有限；与单纯的买入认沽期权相比，对于较为长期的熊市行情，该策略能够降低成本与盈亏平衡点，并减小风险。熊市认沽价差策略的缺点为如果标的资产价格下跌，该策略的收益具有上限。

（五）策略小技巧

熊市认购价差策略最大损失有限，最大潜在收益也有限，是一种收益与风险的平衡。构建策略时最好选择两个虚值合约，只要标的资产价格下跌或者横盘不动，策略就可以赚钱。当然，也可以选择由平值期权与一个虚值期权构成，只是在这种情况下到期日获得最大潜在收益的概率会低一些。该策略在短期是最安全的，所以一般选择一个月或更短时间的期权合约。熊市认沽价差策略比较适合使用长期的期权来构建，较高行权价的期权一般选为平值或者轻度虚值期权，较低行权价期权选为虚值期权。

（六）策略风险管理

熊市认购价差策略中含有义务仓，因此，当标的资产价格走势与预期相反时，义务仓部分会出现较大亏损，但因为熊市认沽价差策略的亏损最大值有限，因此该组合属于风险可控的策略。

三、价差交易：蝶式策略

（一）定义

期权策略中的蝶式策略是一种高盈亏比、高杠杆的策略，适用于标的证券价格在一定范围内波动的情况，因为构建的策略到期损益图的形状像一只蝴蝶而得名。认购期权蝶式策略是指同时买入一份实值认购期权、卖出两份平值认购期权、买入一份虚值认购期权（行权价间隔相等，同时到期日一致）组成的策略。

买入蝶式认沽期权策略和买入蝶式认购期权策略十分相似，同样是一种用于区间震荡的策略，不同点主要在于其操作的期权为认沽期权而不是认购期权。而两者哪个更好要视具体市场情况而定，一般投资者会选择相对便宜、流动性更好的那个买入。蝶式认沽期权策略利用认沽期权来实现策略，主要头寸是同时买入一份实值认沽期权、卖出两份平值认沽期权、买入一份虚值认沽期权，行权价间隔相等，同时到期日一致。

（二）使用场景

买入蝶式认购期权策略是一种用于区间震荡的策略，所以也属于利用波动率获利策略的一种。

以2018年3月21日的上证50ETF期权为例，投资者王先生预计未来大盘将在一定区间内窄幅震荡。2018年3月21日，上证50ETF收盘于2.353元，王先生买入行权价为2.35元/份的认购期权，付出权利金557元，卖出两份行权价为2.45元/份的认购期权，获得权利金438元，同时买入行权价为2.55元/份的认购期权，付出权利金68元。以上四个头寸全部是2018年6月28日到期，从而构成了买入蝶式期权组合。

买入蝶式期权策略初始投入为187元，到期时最大收益为813元，盈亏平衡点在2.3687

或 2.5313 元。若在 2018 年 6 月 28 日到期时，50ETF 价格为 2.45 元时，王先生可以实现最大收益 813 元；若 2018 年 6 月 28 日到期时，50ETF 价格大于 2.55 元或小于 2.35 元则会让王先生损失 187 元。可以说，买入蝶式认购期权策略收益有限，风险也有限，整体来看，风险收益比较高。

相较于买入蝶式认购期权策略，买入蝶式认沽期权策略与之构建的损益图相似。以 2018 年 3 月 21 日的上证 50ETF 期权为例，投资者王先生预计未来大盘将在区间窄幅震荡。2018 年 3 月 21 日，上证 50ETF 收盘于 2.353 元，王先生买入行权价为 2.35 元/份的认沽期权，付出权利金 550 元，卖出两份行权价为 2.45 元/份的认沽期权，获得权利金 2410 元，同时买入行权价为 2.55 元/份的认沽期权，付出权利金 2058 元。以上四个头寸全部是 2018 年 6 月 28 日到期，从而构成了买入蝶式期权组合。

买入蝶式认沽期权策略初始投入为 198 元，到期时最大收益为 802 元，盈亏平衡点在 2.3698元或 2.5302元。若在 2018 年 6 月 28 日到期时，50ETF 价格为 2.45 元时，王先生可以实现最大收益 802 元；若 2018 年 6 月 28 日到期时，50ETF 价格大于 2.55 元或小于 2.35 元，王先生则会损失 198 元。买入蝶式认沽期权策略与买入蝶式认购期权策略相似，收益有限，风险也有限，整体来看，风险收益比较高。

（三）盈亏分析

买入蝶式认购期权策略属于中级难度，主要适用于对未来市场预期中性，并且看空后市波动率，构建方法是买入一份低行权价的认购期权、卖出两份中间行权价的认购期权和买入高行权价的认购期权，最大损失为初始权利金价差，最大收益为一个行权价价差减去初始权利金价差。

买入蝶式认沽期权策略属于中级难度，若对于后市的涨跌判断为中性，对后市波动率判断为低波动率，可以通过买入一份低行权价的认沽期权、卖出两份中间行权价的认沽期权和买入一份高行权价的认沽期权构建，最大损失为初始权利金价差，最大收益为一个行权价价差减去初始权利金价差。

（四）策略优劣

买入蝶式认购期权策略的优点，主要适用于标的证券窄幅震荡，在低波动率的情况下盈利，整体投入成本低；同时，最大亏损有限，风险较低，如果标的证券按预期窄幅震荡，风险收益比率高。买入蝶式认购期权策略的缺点，主要包括行权价差决定了最大收益，最大收益有限，不能获取更高的收益，最大收益只有在临近到期日才出现，策略的进入成本和退出成本较高（例如手续费和买卖价差等），直接影响到收益率。

买入蝶式认购期权策略的到期时间宜选择 1 个月或者更短的期权；行权价的选择可以通过买卖价差分析和投资收益回报率等分析工具确定；平仓时间的选择：根据投资者是否需要行权以及标的证券走势而定，可以选择平掉一个或几个期权仓位。

买入蝶式认沽期权策略的优点，主要适用于标的证券窄幅震荡，在低波动率的情况下盈利，投入成本低；买入蝶式认沽期权同买入蝶式认购期权一样，最大亏损有限，风险较低；如果标的证券按预期窄幅震荡,风险收益比率高。

买入蝶式认沽期权策略的缺点是行权价差决定了最大收益,而最大收益有限。该策略最大收益只有在临近到期日才出现,策略的进入成本和退出成本较高(例如佣金和买卖价差等),直接影响收益率。

(五)策略小技巧

买入蝶式期权策略保护了两侧的风险,因此这是一个很保守的策略。买入蝶式期权策略提供了良好的风险/回报比率,加上成本低,回报率可观,所以运用较为普遍。但是我们必须指出散户在操作蝶式期权时,必须考虑买卖价差和多份佣金,获利空间有限。

操作买入、卖出认购期权前,我们必须考虑标的股票的技术走势,在到期日前标的证券应维持窄幅震荡走势,不存在任何大事件发生。操作上还应注意以下几点。

(1)到期时间的选择:由于标的股票只有在窄幅区间内波动本策略才能获利,为了确保标的证券能够在给定时间内保持在狭小的区间内波动,意味着应该选择投资期限1个月或更短的期权。

(2)行权价的选择:策略一共有三个行权价,一个低行权价、一个高行权价和居中的行权价,居中行权价取和标的股票十分相近的价格,即选择平值期权。行权价高低的选择可以通过买卖差分析和投资收益回报率等分析工具选择后确定。

(3)平仓时间的选择:根据投资者是否需要行权以及标的证券走势而定,可以选择平掉一个或几个期权仓位。例如:标的股票并没有窄幅整理,而不断上涨并已经超出了高行权价,向着投资者不利的方向走,此处可以选择平仓一份低行权价的多头认购期权以及一份中行权价的空头认购期权(实际上平仓了一份牛市认购期权价差组合,剩下一份熊市认购期权价差组合)。

我们可以发现买入蝶式认购期权策略在建仓时也可以通过价差组合演变过来。投资者可以通过优先平掉牛市认购期权价差组合来保护收益。例如,投资者已经持有了牛市认购期权价差组合,并且标的证券如投资者所料上涨至阻力位(牛市认购期权价差组合中的高行权价的位置),此时判断标的证券将在阻力位附近进行窄幅整理,投资者可以选择加一份熊市认购期权价差组合,完成蝶式的两翼,如果标的证券的走势和预期相同,投资者这一操作既获取了熊市价差策略的时间价值,同时也保护了牛市价差的既得利润。

买入蝶式认沽期权策略操作买入、卖出认沽期权前,我们必须考虑标的股票的技术走势,特别要明确标的股票的未来是窄幅振荡走势,在到期日前标的证券不存在任何大事件发生。操作要点和买入蝶式认购期权策略相似。

在盈利时,投资者可以选择平掉牛市价差部分获取收益,同时,在标的证券下跌到阻力位时,可以通过平掉熊市价差部分保护收益。高级交易者会随着标的资产价格的上下浮动决定长腿部分的上下移动。买入蝶式认沽期权策略的到期时间宜选择1个月或者更短的期权;行权价的选择可以通过买卖价差分析和投资收益回报率等分析工具确定;平仓时间的选择:根据投资者是否需要行权以及标的证券走势而定,可以选择平掉一个或几个期权仓位。

四、价差交易：铁蝶式策略

（一）定义

铁蝶式期权组合和蝶式期权组合策略的区别主要是构建的方法不同。事实上，它是牛市认沽价差期权组合和熊市认购价差期权组合的组合。高行权价的认沽期权和低行权价的认购期权具有相同的行权，这样就能够形成蝴蝶的形状。两种收入策略的组合同样也是一种收入策略。

通常交易者买入铁蝶式期权组合时，首先会在支撑价位下交易牛市认沽价差期权组合，然后当股价反弹至远离阻力价位时，就可以采用熊市认购价差期权组合，从而形成买入铁蝶式期权组合策略。

以 2018 年 3 月 21 日的上证 50ETF 期权为例，投资者王先生预计未来大盘将在区间内小幅震荡，2018 年 3 月 21 日，上证 50ETF 收盘于 2.353 元，王先生买入行权价为 2.35 元/份的认沽期权，付出权利金 550 元，卖出一份行权价为 2.45 元/份的认沽期权，获得权利金1205元，卖出一份行权价为 2.45 元/份的认购期权，获得权利金为 219 元，买入行权价为 2.55 元/份的认沽期权，获得权利金 68 元。以上四个头寸全部是 2018 年 6 月 28 日到期，从而构成了铁蝶式期权组合策略。

铁蝶式期权组合策略初始收入为 806 元，到期时最大损失为 194 元，盈亏平衡点在 2.3694元或 2.5306 元。若在 2018 年 6 月 28 日到期时，50ETF 价格为 2.45 元时，王先生可以实现最大盈利806 元；若在 2018 年 6 月 28 日到期时，50ETF 价格大于 2.55 元或小于 2.35 元，王先生则会损失 194 元。可以说，铁蝶式策略为初始收入型策略，适用于在高波动率情况下，预期未来波动率下降并在区间内窄幅震荡。

（二）盈亏分析

买入铁蝶式期权组合策略难度属于中级，对于后市涨跌判断为中性，对于后市波动率判断为低波动率，具体构建方法是买入一份行权价较低的认沽期权，卖出一份中间行权价的认沽期权，卖出一份中间行权价的认购期权和买入具有较高行权价的认购期权。最大损失有限为初始权利金价差，最大收益有限为一个行权价价差减去初始权利金价差。

（三）策略优劣

买入铁蝶式认购期权策略的优点，主要是在没有成本以及较低的向下风险情况下，能在一定变动范围的股票价格中获利，同潜在收益相比，风险较低且有上限，如果标的证券按预期窄幅震荡，风险收益比率高。

买入铁蝶式认购期权策略的缺点，主要是在只有当期权行权价两侧范围较窄时，才能获得较高的潜在收益，最大收益只有在临近到期日才出现，其策略的进入成本和退出成本较高（例如佣金和买卖价差等），直接影响收益率。

（四）策略小技巧

操作买入、卖出认购认沽期权前，我们必须考虑标的股票技术走势，特别是在到期日前标的证券维持窄幅震荡走势,不存在任何大事件发生。操作上还应注意以下几点。

（1）到期时间的选择:由于标的股票只有在窄幅区间内波动本策略才能获利,为了确保标的证券能够在给定时间内保持在狭小的区间,意味着投资期限应该选择 1 个月或者期限更短的期权。

（2）行权价的选择:策略一共有三个行权价,高行权价、居中行权价和低行权价,居中的取和标的股票十分相近的价格,选择期权为平值期权。行权价较高和较低的期权可以通过买卖差分析和投资收益回报率等分析工具确定。

（3）平仓时间的选择:根据投资者是否需要行权以及标的证券走势而定,可以选择平掉一个或几个期权仓位。例如:标的股票并没有窄幅整理,而不断上涨并已经超出了高行权价,向着投资者不利的方向走,此处可以选择平仓一份牛市认购期权价差组合,剩下一份熊市认购期权价差组合。

我们可以发现买入铁蝶式认购期权策略在建仓时也可以通过价差组合演变过来。例如,投资者已经持有了牛市认购期权价差组合,并且标的证券如投资者所料上涨至阻力位(牛市认购期权价差组合中的高行权价位置),此时判断标的证券将在阻力位附近窄幅整理,投资者可以选择加一份熊市认购期权价差组合,完成蝶式的两翼,如果标的证券的走势和预期相同,投资者这一操作既获取了熊市价差策略时间价值又保护了牛市价差的既得利润。

五、价差交易：鹰式策略

鹰式策略是一种市场中性策略,是针对小幅震荡市场中任何趋势性的策略难以获利时,通过一个牛市价差和一个熊市价差组合构建的区间获利策略。该策略以稍高的成本给予投资者宽于蝶式策略的获利区间。根据所用期权种类的不同,可将鹰式策略分为铁鹰式策略和秃鹰式策略。铁鹰式策略在期初给投资者带来收入,而秃鹰式策略则在期初发生支出。

（一）定义

铁鹰式理解为一个认沽牛市价差和一个更高行权价认购熊市价差的组合,由于认沽牛市价差和认购熊市价差期初都是收入权利金,故而该策略期初收入权利金。

（二）使用场景

预期标的股票或者股指在未来一段时间内不会发生太大变化,维持窄幅区间震荡,或者在事件风险发酵期,各种期权隐含波动率已经达到历史高点时,均可卖出铁鹰式期权组合。卖出铁鹰式期权组合包括买入一份具有低行权价格的虚值认沽期权,出售一份中间价位较低行权价格的虚值认沽期权,出售一份中间价位较高行权价格的虚值认购期权,同时买入一份较高行权价格的虚值认购期权,特别要注意,上述期权的到期日均相同。期初一共为两个期权收入权利金与两个期权支出权利金的净额。

假定在 2018 年 2 月的时候 50ETF 在 2.32 元左右交易,过去一个月没有发生影响公司的重大事件,在未来一段时间预期其不会有太大的变化。一个期权交易员通过买入一张 3 月到期行权价为 2.20 元的认沽期权,支出 40 元(合约单位为 10000);同时卖出一张 3 月到期的行权价为 2.30 元的认沽期权,收入 270 元;卖出另一张 3 月到期的行权价为 2.40 元的认购期权,收入 140 元;买入一张 3 月到期的行权价为 2.50 元的认购期权,支出 20 元。总的收入是 350 元。

到期时,如果 50ETF 价格仍然位于 2.30 元至 2.40 元的区间,那么 4 个期权都会变得一文不值,之前所有收入都会作为该交易员的利润,这也是最大可能收益。若到期时,该 50ETF 价格为 2.20 元,那么除了行权价为 2.30 元的认沽期权之外,其他期权均为虚值。行权价为 2.30 元的认沽期权内在价值为 1000 元,所以交易员必须花 1000 元买入平仓,因此,除去期初收入之后它的最大损失为 650 元。

在 2.50 元时,只有卖出的行权价为 2.40 元的认购期权为实值,每张行权价为 2.40 元的认沽期权内在价值为 1000 元,该策略的盈亏平衡点有两个,一个是 2.30−0.035＝2.265 元;另一个则是 2.40+0.035＝2.435 元。我们看如果到期日股价为 2.265 元,则行权价为 2.30 元的认沽期权为实值,其他期权均为虚值。该实值认沽期权的内在价值为 350 元,刚好与期初收入相抵。

(三)盈亏分析

如图 3.10 所示,卖出铁鹰式策略最大的收益是有限的,其金额为卖出期权的权利金与买入期权的权利金之差,它出现在标的资产价格处于两个卖出期权行权价之间的时候。有意思的是,在这个价位上,所有的期权在到期日价值都为 0。

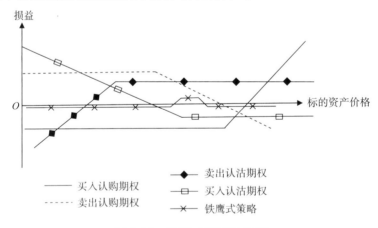

图 3.10　铁鹰式策略盈亏图

最大收益之处并不只是一个点,而是一个区间,在两个行权价之间的任一点其收益均为最大。这个区间越大,则其盈利的概率也就越大,区间越小,其盈利的概率就越小。其最大损失也是有限的,但是显著高于最大盈利。它出现在标的资产价格低于买入的认沽行权价或者高于买入的认购期权行权价的时候。这两种情况下最大损失都等于认购期权价差(认沽期权价差)减去期初组合的净收益。

铁鹰式期权头寸有两个盈亏平衡点,分别是卖出的认购期权行权价加上净权利金,以及卖出的认沽期权行权价加上净权利金。

（四）策略优劣

铁鹰式策略的优点是可以大概率地获得收益,不用关心每天的涨跌。相比跨式和宽跨式策略,铁鹰策略下行风险有限;而相比铁蝶式策略,铁鹰式策略的盈利空间和概率更大。实用中的一个优势在于铁鹰式初始保证金和一个牛市熊市价差常常是相同的,但是铁鹰式期权提供的潜在利润是两者之和,在未来市场标的资产价格没有大幅波动的情况下,这可以显著地增加潜在的资本收益率。另一个优势在于如果标的资产价格处于两个行权价之间且期权临近到期,那么交易员可以持有到期以降低交易费用。

缺点有两个:一是其最大的盈利显著低于上述几类策略。二是该交易有四条腿,手续费比较高,而且买卖价差会对交易质量产生副作用。

（五）策略小技巧

铁鹰式策略对合约标的具有一定要求:(1)对应的期权合约有大量的行权价;(2)合理的高定价基础股票;(3)持仓量和流动性的要求很高;(4)价格不受特定消息的剧烈影响。很多公司股票满足前三条,但不满足第四条。指数则较好地满足以上四个条件,故而铁鹰式策略一般适合用于指数。

铁鹰式策略对合约的行权价、行权价间距、合约到期时间以及流动性也有一定要求。具体如下:①行权价选择也很重要,这取决于对未来走势的判断。一般而言,铁鹰式期权建立在当前价格附近。②关于铁鹰式期权的行权价间距的选择,一般而言,卖出的两个期权行权价间距越大,盈利的概率越大。当然,盈利的概率越大,每次盈利的金额可能就越小。而盈利的概率越小,每次盈利的金额可能就越大。③对于构建合约的到期时间,选择一个中长期到期的期权比较好。由于铁鹰式期权建立在当前价格附近,这就使得在构建的过程中较多使用虚值期权,虚值期权时间价值高,对波动率和时间变动敏感,其时间衰减是在很早就开始的,而且衰减得非常厉害,一般而言,20到40个交易日比较理想。④由于铁鹰式策略同时包含四条腿,一般要求同时成交,所以合约的流动性要好,流动性高的合约交易成本低,定价合理,便于随时对冲风险。从流动性的角度看,选择的时间也要足够长才好。

（六）策略风险管理

在鹰式策略中,价格、仓位和时间是三个最重要的因素。时间即为距到期日的时间,这个时间越长,则收入越高,但相应的波动率风险也就越大;仓位即为整个鹰式策略的位置,在哪个价位设置鹰式策略;价格即为鹰式策略的期初收入,如果鹰式策略的期初收入很高,则要么距到期日的时间很长,要么仓位的 Delta 很高,也就是仓位的两个卖出期权的行权价间距很小,那么整个组合的波动性就会很大。所以要在三者之间进行取舍。

铁鹰式期权的价格是首要的考虑因素,因为我们想要获得一部分的收入而不是全部。保留三分之一或者四分之一的期初收入要比等待足够长的时间来获得一半的收入容易得多。我们的目标是尽可能快地挣到钱并了结仓位。仓位是直接由价格决定的。如果说仓位的 Delta 在 0.1 附近但它不能提供一个最小的收入的话,那么我们要做的是,要么等它到0.1

附近,要么交易一个更远的月份。仓位是没法讨价还价的。

时间是可以灵活变通的。市场并不在乎你是否做了鹰式策略。如果我们想短时间内拿到时间价值或者更高的期初收入,行权价间距设置得太窄,市场是不会同情你的。时间是交易鹰式策略里的唯一常量,当事情朝着不利方向走的时候,时间跟你作对,因为我们没有足够的时间回到有利位置。永远要给交易预留足够的时间以便于在必要的时候做出调整。

（七）策略的调整

交易之前:把握市场行情,尽量保证标的资产价格在一定价格内变动并确定一个明确的支撑位和阻力位范围。在期权到期日之前没有可能造成股价大幅波动的已知事件。

事中管理:鹰式策略在交易的过程中由于标的资产价格的变动,难免会出现需要调整的地方。进行动态对冲的一个基本思路就是尽可能赚得多,亏得少。交易员常用的调整策略有几种:一是调整鹰式策略的行权价,如果标的资产价格往上走,那么将铁鹰式策略往上调整一个行权价,反之往下;二是平掉损失最小的一腿;三是针对损失的部位购买更多的虚值认购和认沽;四是设置止损阈值,对整个策略及时平仓。

事后管理:铁鹰策略的核心是交易隐含波动率而非传统的 Theta 的衰减,故而隐含波动率显著下降就平仓,不要恋战,耐心寻找下一个机会。通过不断地总结经验,积累关键阈值,修正策略,最终一定能步步为营,找到适合自己的交易方式。

六、价差交易：秃鹰式策略

（一）定义

秃鹰式期权策略买进一个低行权价格认购期权,卖出一个中低行权价格认购期权,卖出一个中高行权价格认购期权,买入一个高行权价格认购期权。

（二）使用场景

在市场震荡、后市趋势不明的行情下,对时间精力较为有限,希望在有限风险的情况下获取稳定收益,但又没有专业量化策略支持的投资者而言,秃鹰式期权套利策略是一个比较好的选择。秃鹰式期权策略的构建方法与铁秃鹰式策略有两点主要不同,一是该策略期初是支付权利金(相应地,其时间价值期初为正),二是该策略仅仅使用一种类型的期权(认购/认沽),其金额为两个期权支出权利金与两个期权收入权利金的净额。

假定在 2 月的时候 50ETF 在 2.32 元左右交易,过去一个月没有发生影响公司的重大事件,在未来一段时间预期其不会有太大的变化。一个期权交易员通过买入一张 2018 年 3 月到期的行权价为 2.20 元的认购期权,支出 1320 元(合约单位为 10000);同时卖出一张 3 月到期的行权价为 2.30 元的认购期权,收入 550 元;卖出另一张 3 月到期的行权价为 2.40 元的认购期权,收入 140 元;买入一张 3 月到期的行权价为 2.50 元的认购期权,支出 20 元。总的支出是 650 元。

如果到期时,50ETF 价格为 2.20 元,那么 4 个期权都会变得一文不值,之前所有的支出都会成为该交易员的损失。也就是损失 650 元,这也是最大可能的亏损。如果到期时 50ETF 价格为 2.50 元,行权价为 2.50 元的认购多头将变得一文不值,但是行权价为 2.20 元的认购价值 3000 元,行权价为 2.30 元的认购价值 2000 元,行权价为 2.40 元的认购价值 1000 元,由于前者是多头,后两者是空头,所以刚好盈亏相抵。该投资者的损失为期初投入的 650 元。

如果在 3 月份到期,50ETF 仍然以 2.32 元交易,仅有行权价为 2.20 元的认购和行权价为 2.30 元的认购是实值,前者为多头,价值 1200 元,后者为空头,价值 200 元。多空相抵后剩余 1000 元,扣减期初投入的 650 元还剩下 350 元的净利润。最大的利润相比其他的交易策略可能比较低,但是它有一个很宽的盈利区间,在这个案例中,只要到期日 50ETF 价格在 2.30 元到 2.40 元之间的任一位置,他的盈利都是 350 元。该策略的盈亏平衡点有两个,一个是 2.30-0.035 = 2.265 元;另一个则是 2.40+0.035 = 2.435 元。我们看如果到期日股价为2.265 元,则行权价为 2.20 元的认购期权为实值,其他期权均为虚值。该实值认购期权的内在价值为 650 元,刚好与期初收入相抵。

(三)盈亏分析

买入秃鹰式策略最大的收益是有限的,它出现在标的资产价格处于两个卖出期权行权价之间的时候,等于两个卖出的期权行权价价差减去期初组合的净收益。其最大的损失也是有限的,它出现在标的资产价格低于多头认购期权的行权价,或者高于较高的多头认购期权行权价的时候。这两种情况下最大损失都等于期初支付的净权利金。对于秃鹰式期权头寸而言,有两个盈亏平衡点,分别是卖出的中低期权行权价减去最大收益,以及中高期权行权价加上最大收益。

(四)策略优劣

铁鹰式策略的确取得了更多的注意力,一个重要的原因是:这些交易有 80% 到 95% 的胜率来获得每月的收益,很有吸引力,有许多对冲基金使用铁鹰式期权策略。经纪商也在通过卖方研究来鼓励铁鹰式期权策略的使用,因为这样可以多收许多交易佣金。

秃鹰式套利策略是在弱市震荡行情下,借助期权工具,构建出判断成功率较高、风险可控、获利较为可观稳定的策略。具有指数震荡行情下适用、决策条件简单易用、不依赖波段交易水平、不需要频繁交易、不要求时刻盯盘、主观决策环节较少、降低心理因素干扰、不依赖于专业化测算及交易软件、收益稳定、风险可控等特点。

在期权交易策略层面,相比于宽跨式套利策略,秃鹰式套利策略具有风险有限的特点;而相比于蝶式套利策略,秃鹰式套利策略则扩大了平衡点间的价格范围,能获取更为稳定的收益,当然也相对较为保守。总的来说,秃鹰式套利策略通过不同行权价格期权的认购(认沽)组合,使得风险有限、收益有限,适合稳健保守型投资者。

(五)策略小技巧

在策略建立与实际操作层面,首先是通过对市场价格走势的预判,以及投资者对风险收益的偏好,决定是否采用鹰式套利策略。其次在策略建立阶段,需要选择合适的行权价格与到期日的期权,到期日较短为宜,四个行权价格等距且贴合市场价格震荡走势,同时从风险控制角度考虑,不宜采取行权价格区间过小的策略组合。最后在行权时根据实际情况选择是持有到期还是提前对冲平仓,若市场走势一直符合预判,可持有到期;若出现突发情况导致波动率忽然增大,提前到达最大收益平衡点时,可选择提前对冲平仓。需要强调的是,策略的有效性首先基于区间内震荡的宏观预期,其次是支撑、压力点位的有效性,如对其中任意一点错误判断,则不可进行策略开仓。

(六)策略风险管理

跟铁鹰式组合一样,秃鹰式组合也面临着市场大幅波动的风险。一方面,市场出现单边行情的时候 Delta 风险比较大;另一方面,市场波动率上升的过程中面临着 Vega 的风险。此外,秃鹰式组合还面临着流动性风险,比如无法及时构建或者平仓。对此,要把握市场行情,尽量保证标的资产价格在一定价格内变动并确定一个明确的支撑位和阻力位范围。在期权到期日之前没有可能造成股价大幅波动的已知事件。另外,要谨记秃鹰策略的核心是交易隐含波动率而非传统的 Theta 的衰减,故而隐含波动率显著下降就平仓,不要恋战,耐心寻找下一个机会。

七、跨期交易之日历价差

(一)定义

买入认购日历价差策略的构建方法是卖出到期日较近的认购期权,同时买入相同数量、相同行权价,但到期日较远的认购期权,即用认购期权"卖近买远"。卖出认购日历价差策略的构建方法是买入到期日较近的认购期权,同时卖出相同数量、相同行权价,但到期日较远的认购期权,即用认购期权"买近卖远"。

(二)使用场景

2018 年 5 月 10 日,50ETF 收盘价为 2.025 元,某投资者预期 50ETF 呈上涨趋势,但短时间内会保持较为平稳的运行状态,因此收盘时,该投资者卖出一张行权价为 2.05 元、2018 年 5 月 25 日到期的认购期权,期权合约单位为 10000,收取权利金 413 元,所需保证金2970.2元,同时买入一张行权价为 2.05 元、2018 年 6 月 22 日到期的认购期权,期权合约单位为10000,支付权利金 594 元。

2018 年 5 月 10 日,该投资者买入远月认购期权、卖出近月认购期权,净支出 181 元,占用保证金 2970.2 元。2016 年 5 月 25 日,近月认购期权合约到期,由于50ETF 收盘价为2.029元,小于行权价 2.05 元,该合约是虚值的,买方并不会行权,投资者因此赚取权利金 413 元,远月认购期权合约当天收盘价为 0.0413 元,投资者因此损失 181 元,策略的总收益为 232元。在近月认购期权合约到期时,如果 50ETF 的收盘价不同,策略总收益也不同,如表 3.5 所示。

表 3.5　跨期交易之日历价差收益表

单位:元

近月合约到期时 50ETF 价格	近月认购期权收益	远月认购期权价格	远月认购期权收益	策略总收益
1.90	413	0.0159	−435	−22
1.95	413	0.0201	−393	20
2.00	413	0.0385	−289	204
2.05	413	0.0526	−168	245
2.10	−87	0.0650	56	−31
2.15	−587	0.0758	164	−423

(三) 盈亏分析

对于相同行权价的认购期权,到期日较近的价格低于到期日较远的价格,因此买入认购日历价差策略在构建时为净支出,卖出认购日历价差策略在构建时有净收入。

买入认购日历价差策略在到期日较近的合约到期时损益如图 3.11 所示,若标的资产价格在行权价附近波动,能通过时间价值的损耗获利,其收益是有限的,当标的资产价格等于行权价时,盈利最大。若标的资产显著偏离行权价,该策略就会发生亏损,但亏损有限,最大亏损为构建策略时付出去的权利金。

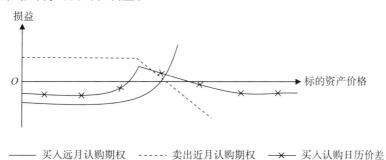

图 3.11　买入认购日历价差策略盈亏图

由于期权是零和博弈,买入认购日历价差与卖出认购日历价差互为对手方,前者在构建策略时付出权利金,故后者在构建策略时收取权利金。

卖出认购日历价差策略在到期日较近的合约到期时的损益如图 3.12 所示,与买方策略的损益图关于横轴对称。当标的资产价格等于行权价时,亏损最大。只有当标的资产偏离行权价时,该策略才有可能盈利,但盈利有限,最大为构建策略时收到的权利金。

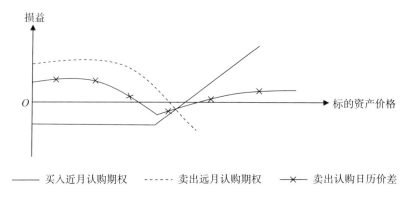

图 3.12 卖出认购日历价差策略盈亏图

（四）策略优劣

1. 认购日历价差策略的优点

（1）能从时间价值的损耗中获利，还有机会从到期日较远的认购期权中进一步获取标的资产价格上涨带来的收益。

（2）能够降低或抵消保证金占用。如果裸卖一个到期月较近的认购合约，可能需要占用很多保证金，但同时买入一个到期月较远的认购合约后，由于组合保证金的存在，就可以降低甚至抵消保证金占用。

（3）风险有限。当裸卖一个认购合约时，如果标的资产大涨，你将面临巨额亏损，风险无限。但同时买入一个到期月较远的认购合约后，该策略的风险就有上限了。

2. 认购日历价差策略的缺点

（1）在到期日较近的合约到期时，如果标的资产价格偏离行权价较大，买方将承担较大亏损。

（2）相对于裸卖认购期权来说，该策略降低了获取更大利润的可能性。

3. 在不同的行情下，构建认购日历价差策略的期权合约的选择方式

该方式存在差异，可参考以下标准：

（1）在一个相对平稳、波动很小的市场里，该策略中期权合约的行权价应尽量接近于标的资产的现价。

（2）在一个趋势向上的市场里，该策略中期权合约可选择较高的行权价。

（3）在一个趋势向下的市场里，该策略中期权合约可选择较低的行权价。

（4）不管在什么行情下，所选择合约的流动性不能太小，以免发生流动性风险。

（五）策略风险管理

认购日历价差策略是一种低波动率策略，赚取的是时间价值，因此在近月合约到期前，行情的任何大幅波动对该策略都不利。买入认购日历价差策略中含有认购期权的义务仓，需缴纳一定的保证金，因此需要留出一定的仓位保证即使出现较大的不利行情也能覆盖保证金的支出。对于不熟悉该策略的投资者而言，仓位则应该更小，坚持"少量试水"原则，例

如每次建仓只用全部资金的 10%～30%,不宜过多。

当策略所带来的收益符合预期时,可选择提前减仓或平仓,避免后市标的资产价格大幅波动带来风险。相对地,如果策略的整体损失达到心里所设定的止损线,也应该及时平仓,以避免更大的损失。卖出认购期权还需缴纳保证金,如果行情大幅上涨,则存在追缴保证金风险和强平风险。

(六)策略的调整

由于相同类型、相同行权价的期权,近月合约的价值一定小于远月合约的价值,故构建买入日历价差策略时是净支出的,如果市场发生定价错误,使得近月合约的价值大于远月合约的价值,则说明近月合约被高估或者远月合约被低估,这时存在无风险套利的机会,构建的买入日历价差策略将是无风险套利的策略。

对于买入认购日历价差中的近月合约到期时,对后市的判断不同,远月的认购合约的权利仓的使用方法也不尽相同,包含但不限于以下操作。

(1)若判断后市将大幅上涨,则可保留远月的认购合约权利仓以获取杠杆性收益。

(2)若判断后市在短期内波动不大,但长期会有较大幅度的上涨,则可以卖出期限更短的认购合约以构建一个新的日历价差策略。

(3)若判断后市在短期内波动不大,但长期会有较大幅度的下跌,可将现有合约进行平仓,并卖出近月认沽合约,买入相同行权价的远月认沽合约以构建认沽日历价差策略。

(4)若判断后市会温和上涨,可卖出与现有认购权利仓相同到期日、行权价更高的认购合约以构建牛市价差策略。

(5)若判断后市会温和下跌,可卖出与现有认购权利仓相同到期日、行权价更低的认购合约以构建熊市价差策略。

(6)若判断后市会大幅下跌,应立即将现有合约平仓,并买入认沽期权以获取杠杆性收益。

对于买入认沽日历价差中的近月合约到期时,对后市的判断不同,远月的认沽合约的权利仓的使用方法也不尽相同,包含但不限于以下操作。

(1)若判断后市将大幅下跌,则可保留远月的认沽合约权利仓以获取杠杆性收益。

(2)若判断后市在短期内波动不大,但长期会有较大幅度的下跌,则可以卖出期限更短的认沽合约以构建一个新的日历价差策略。

(3)若判断后市在短期内波动不大,但长期会有较大幅度的上涨,可将现有合约进行平仓,并卖出近月认购合约,买入相同行权价的远月认购合约以构建认购日历价差策略。

(4)若判断后市会温和下跌,可卖出与现有认沽权利仓相同到期日、行权价更低的认沽合约以构建熊市价差策略。

(5)若判断后市会温和上涨,可卖出与现有认沽权利仓相同到期日、行权价更高的认沽合约以构建牛市价差策略。

(6)若判断后市会大幅上涨,应立即将现有合约平仓,并买入认购期权以获取杠杆性收益。

第三节　场外期权保本策略

一、场外期权

场外期权（over the counter option，一般简称为 OTC option，也可译作"店头市场期权"或"柜台式期权"）是指，在非集中性的交易场所进行的非标准化的金融期权合约的交易。场外期权一方通常根据另一方的特定需求设计场外合约。通常把提出的一方称为甲方。场内期权与场外期权的区别最主要就表现在期权合约是否标准化。其性质基本上与交易所内进行的期权交易无异。两者不同之处主要在于场外期权合约的条款没有任何限制或规范，例如行使价及到期日，均可由交易双方自由厘定，而交易所内的期权合约则是以标准化的条款来交易。场外期权市场的参与者可以因各自独特的需要，量身定做一份期权合约和拟定价格，然后通过场外期权经纪人寻找交易。交易所辖下的场内期权，均是通过交易所进行交易、清算，而且有严格的监管及规范，所以相对比较透明化，例如成交价、成交量、未平仓合约数量等数据。至于场外期权，基本上可以说是单对单的交易，当中所涉及的只有买方、卖方及经纪人共三个参与者，或仅是买卖双方，并没有一个中央交易平台。故此，场外期权市场的透明度较低，只有积极参与活动当中的行内人（例如投资银行及机构投资者）才能较清楚市场行情，一般散户投资者难以得知场外期权的交易情况，比如期权的成交价以及引伸波幅水平等。

二、奇异期权

奇异期权也可以称为"新型期权"（exotic option），奇异期权通常都是在传统期权的基础上加以改头换面，或通过各种组合而形成。奇异期权是指比常规期权（标准的欧式或美式期权）更复杂的衍生证券，这些产品通常是场外交易或嵌入结构债券。比如执行价格不是一个确定的数，而是一段时间内的平均资产价格的期权，或是在期权有效期内如果资产价格超过一定界限，期权就作废。以下为几个较常见的奇异期权。

1.打包合约（packages）

将标准化的欧式看涨期权、欧式看跌期权、远期合约及现货标的资产进行适当的组合，从而形成一种新的组合型合约。这种组合型合约能使投资者实现降低成本、增加收益、抵消风险等目标。

2.非标准化美式期权（non-standard american option）

非标准化美式期权通常也称"百慕大期权"（Bermudan option），是相对于场内交易的标准化美式期权而言的。非标准化美式期权只能在期权有效期的某些特定日期可提前执行，而不是在期权有效期内的任一营业日都可提前执行。有些美式期权在不同时间执行将有着不同的协定价格。

3.复合期权（compound options）

一种期权合约以另一种期权合约作为标的物的期权，它实际上是期权的期权。复合期权是指以金融期权合约本身作为金融期权的标的物的金融期权交易。这种期权通常以利率工具或外汇为基础，投资者通常在波幅较高的时期内购买复合期权，以减轻因标准期权价格上升而带来的损失。复合期权赋予了持有者在某一约定日期以约定价格买入或卖出一份期权的权利。投资者行使复合期权后，便会持有或卖出一份标准的期权。复合期权可作为高杠杆投资的工具，投机者只需较少的资金便可买入复合期权，随后再看是否投入更多的资金来买进复合期权的标的期权，最后再决定是否花钱买进最终的标的金融工具。复合期权有两个执行价格和两个到期日。由于受两个到期日的影响，一个是复合期权的到期日，一个是标的商品期权到期日，所以期权价值的判断非常复杂。复合期权主要有四种类型：基于某个看涨期权的看涨期权；基于某个看涨期权的看跌期权；基于某个看跌期权的看涨期权；基于某个看跌期权的看跌期权。

4. 任选期权（chooser option）

持有者可在期权有效期内的某一时点选择该期权为看涨期权或看跌期权，与传统期权相比，任选期权的购买者具有更大的选择权，而其出售者将承担更大的风险，任选期权的期权费一般较高。

5. 障碍期权（barrier option）

障碍期权的收益取决于标的资产的价格是否在一定的时期内达到一定的水平，可分为敲出期权和敲入期权。障碍期权是一种受一定限制的特殊期权，其目的是减少投资者的风险。一般关于障碍期权的讨论往往只涉及比较简单的情况，即期权障碍是恒定不变的。但期权障碍是会随时间而变化的，在此情况下障碍期权的定价则是金融研究的关键问题。障碍期权是一种附加条件的期权，此类期权是否有效取决于标的资产的市价是否触及确定的界限（barrier）。界限期权可分为触碰生效期权（trigger/knock-in option）及触碰失效期权（knock-out option）：触碰生效期权只有在标的资产的市价触及确定的水准时期权才生效；触碰失效期权在标的资产的市价触及约定水准时即失效。标的资产是指行使期权时可以买进或卖出的资产。障碍期权一般归为两类，即敲出期权和敲入期权。敲出期权是指，当标的资产价格达到一个特定障碍水平时，该期权作废；敲入期权是指，只有当标的资产价格达到一个特定障碍水平时，该期权才有效。

6. 回顾期权（lookback option）

回顾期权实质是一种特殊的欧式期权，回顾式期权是让持有人在期权到期时，能以期权有效期内标的资产曾出现过的最有利价格行使权利。标的资产是指行使期权时可以买进或卖出的资产。回顾式期权赋予持有人更好的获利机会，因此较一般期权昂贵。回顾式期权有两种：一种是行使价在期权到期时才确定——看涨期权（call）的行使价定为有效期内标的资产所触及的最低价格，看跌期权（put）则定为有效期内所触及的最高价格。另一种是行使价在购买期权时已固定，到期时回顾标的资产在期权有限期内所曾触及的价格，看涨期权选择在最高价水平行使，看跌期权则选择在最低价行使。

7. 呼叫期权（shout option）

呼叫期权是一种特殊的欧式期权，这种期权的持有者有权在期权有效期内的某一时间锁定一个最小盈利。在期权到期时，期权持有者获得的收益或者等于通常情况下欧式期权的收益，或者等于呼叫期权的内在价值，持有者会选择两者之中较大的一个。

8. 亚式期权（Asian option）

亚式期权是指收益取决于期权有效期内至少某一段时期之平均价格的期权。亚式期权又称为平均价格期权，是期权的衍生品，是在总结真实期权、虚拟期权和优先认股权等期权实施的经验教训基础上最早由美国银行家信托公司（American Bankers Trust）在日本东京推出的。它是当今金融衍生品市场上交易最为活跃的奇异期权之一，与通常意义上股票期权的差别是对执行价格的限制，其执行价格为执行日的前半年二级市场股票价格的平均价格。与标准期权的区别在于：在到期日确定期权收益时，不是采用标的资产当时的市场价格，而是用期权合同期内某段时间标的资产价格的平均值，这段时间被称为平均期。在对价格进行平均时，采用算术平均或几何平均。亚式期权应用于股票期权报酬有两个作用：避免人为炒作股票价格；减少公司员工进行内幕交易、损害公司利益的行为。

三、利用场外期权构建本金保障策略

将大部分资金投向固收产品、利用剩余小部分资金买入期权，这样构建成的"固收+期权"组合能够实现低风险的杠杆交易，甚至能够稳定保本。以客户投入的 100 万为例，管理人拿去买 3% 年化收益率的固定收益理财，预期获得 3 万元收益，管理人拿出 3 万（或者更少的资金）作为期权费买看涨期权。标的指数涨，同涨；标的指数跌，期权跌，亏期权费，最坏的情况是期权费亏完，如此，依然没能亏到本金，于是形成了保本。该组合杠杆高。期权具有高杠杆特性，如果市场走势与预期一致，那么较小的期权仓位也能创造可观的投资收益。

"固收+场外期权"策略可同时应用于高波动性和低波动性市场，穿越牛市、熊市和震荡市。同时，相比"固收+权益"策略，"固收+场外期权"有更多的应用场景和更多变的创新结构。结构性产品是固定收益资产与衍生工具的组合，管理人通过调节固定收益资产和衍生工具的配置比例，改变投资组合的波动率、杠杆率，从而设计出不同风险等级的结构性产品。"固收+场外期权"产品的三大基本要素：生息资产、期权合约、挂钩标的。其资产配置公式为[P×生息资产+（1−P）×挂钩标的资产的期权合约]（P 表示生息资产在投资组合中的百分比）。其中，生息资产包括标准化及非标债务工具，例如国债、央票、同业存单、债券回购等,风险和收益主要受到利率、久期和信用评级的影响。期权合约的挂钩标的包括指数、利率、汇率、股票、信用、基金等。

（一）保本香草型策略

将大部分资金投向固收产品、利用剩余小部分资金买入香草期权,这样构建成的"固收+期权"组合能够实现低风险的杠杆交易,甚至能够稳定保本。保本香草策略的优点是下跌保本,上涨无限,香草产品的核心优势就是熊市能保住本金,牛市不会踏空。

香草期权(Vanilla option)在标准期权合约中,买方向卖方付费,从而有权在未来某时以约定的价格从卖方买入或向卖方卖出指定标的。期权按履约时间规定可分为欧式期权和美式期权两种,前者只能在到期日执行,后者可以在期满前的任何时间执行。执行时,卖方向买方支付指定标的的市场价格与约定价格之差价(期权的内在价值)。在这个策略中,也是平值看涨期权的意思。保本香草策略的收益情况如图 3.13 所示。

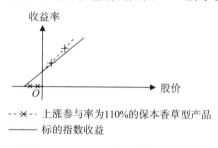

- - ✖ - - 上涨参与率为110%的保本香草型产品
—————— 标的指数收益

图 3.13　保本香草型策略盈亏图

（二）保本鲨鱼鳍策略

将大部分资金投向固收产品、利用剩余小部分资金买入鲨鱼鳍期权,这样构建成的"固收+期权"组合能够实现低风险的杠杆交易,甚至能够稳定保本。

鲨鱼鳍期权又称为敲出期权(knock-out option),属于障碍期权(barrier option)的一种。期权合约会事先设置好标的资产的价格区间,如果在合约约定的时间范围内,标的资产价格始终处于该区间中,这个期权就是一个普通的看涨或看跌期权;一旦标的资产价格跳出了该区间,该期权将自动敲出作废。

根据障碍价格个数的不同,鲨鱼鳍期权可以分为单鲨期权和双鲨期权,单鲨期权只设置了一个障碍价格,以看涨单鲨期权为例,若设定了某一敲出价格,当标的资产价格高于敲出价格时,期权自动敲出;双鲨期权则有两个障碍价格,只要标的资产价格不在两个障碍价格之间,期权就会自动敲出作废。根据敲出价格与标的资产在初始时刻价格的相对大小,鲨鱼鳍期权也有相应的分类:如果敲出价格高于初始价格,则称之为向上敲出期权(up-and-out option);如果障碍水平低于初始价格,称之为向下敲出期权(down-and-out options)。敲入期权(knock-in options)与敲出期权的概念相反,若标的资产价格跳出了事先约定的价格区间,该期权将自动敲入,此时期权开始生效。敲出期权叠加一份对应的敲入期权可以合成一份普通的看涨或者看跌期权。

1. 向上敲出期权

向上敲出期权在普通欧式期权的基础上设置了高于标的初始价格的障碍水平,当资产价格超过障碍水平的时候,期权自动消失。根据投资者对标的未来走势的不同预期,向上敲出期权又可以分为向上敲出看涨期权(up-and-out call)和向上敲出看跌期权(up-and-out put)。

(1)向上敲出看涨期权(up-and-out call):投资者购入一份行权价格为 K 的向上敲出看涨期权,且障碍价格为 B,若标的资产在合约期间价格高于 B,期权自动消失。当 $B \leq K$ 时,向上敲出看涨期权在触碰到障碍价格时就已经消失,即永远无法行权,此时期权价值为 0;当 $B > K$ 时,该期权才有可能行权。假设该期权的权利金为 c,合约到期时标的资产价格为 ST,若在合约期间标的资产价格从未超过障碍价格 B 且到期价格低于行权价格 K,多头方放弃行权,收益为 $-c$,即亏损了期权的权利金;若在合约期间标的资产价格从未超过障碍价格 B 且到期价格高于行权价格 K,到期收益为 ST$-K-c$;若在合约期间标的资产价格超过障碍价格,期权自动消失,投资者的损失同样为期权的权利金。

(2)向上敲出看跌期权(up-and-out put):若投资者购入一份行权价格同样为 K 的向上敲出看跌期权,障碍价格为 B,若标的资产在合约期间价格超过 B,期权自动消失。假设该期权的权利金为 p,合约到期时标的资产价格为 ST,若在合约期间标的资产价格从未超过障碍价格且到期价格低于行权价格 K,期权多头收益为 $K-$ST$-p$;若在合约期间标的资产价格从未超过障碍价格且到期价格高于行权价格 K,期权多头放弃行权,亏损了期权的权利金;若在合约期间标的资产价格超过障碍价格,期权自动消失,投资者的损失同样为权利金。

2. 向下敲出期权

向下敲出期权在普通欧式期权的基础上设置了低于标的初始价格的障碍水平,当资产价格下跌到障碍水平的时候,期权自动消失。根据投资者对标的未来走势的不同预期,向下敲出期权又可以分为向下敲出看涨期权(down-and-out call)和向下敲出看跌期权(down-and-out put)。

(1)向下敲出看涨期权(down-and-out call):若投资者购入一份行权价格为 K 的向下敲出看涨期权,且障碍价格为 B,假设该期权的权利金为 c,合约到期时标的资产价格为 ST。若在合约期间标的资产价格低于障碍价格,期权自动消失,投资者损失期权的权利金;若在合约期间标的资产价格从未低于障碍价格且到期价格低于行权价格,多头方放弃行权,亏损也为期权的权利金 c;若在合约期间标的资产价格从未低于障碍价格且到期价格高于行权价格,收益为 ST$-K-c$。

(2)向下敲出看跌期权(down-and-out put):与之前的分析类似,若投资者购入一份行权价格同样为 K 的向下敲出看跌期权,障碍价格为 B,若标的资产在合约期间价格低于障碍价格 B,期权自动消失。当 $B \geq K$ 时,向下敲出看跌期权在触碰到障碍价格时就已经消失,即永远无法行权,这种情况下期权价值一直为 0;当 $B < K$ 时,该期权才有可能行权。故在此我们同样只讨论 $B < K$ 的情况:假设该期权的权利金为 p,合约到期时标的资产价格为 ST,若在合

约期间标的资产价格从未低于障碍价格且到期价格低于行权价格 K，期权多头收益为 $K-\mathrm{ST}-p$；若在合约期间标的资产价格从未低于障碍价格且到期价格高于行权价格 K，期权多头放弃行权，亏损了支付的权利金；若在合约期间标的资产价格低于障碍价格，期权自动消失，投资者的损失同样为权利金。向下敲出看跌期权也常内嵌于银行理财产品中，被称为"看跌鲨鱼鳍"期权。

3. 双边障碍期权

以上的鲨鱼鳍期权均为单边障碍期权，单边障碍期权只设有一个障碍价格，双边障碍期权与单边障碍期权的最大区别在于障碍价格变成了两个，它设有障碍下限 B_1 和障碍上限 B_2，障碍下限低于标的资产的初始价格，而障碍上限高于标的初始价格（$B_1<S_0<B_2$）。在一个双鲨期权中，在合约期间只要任意一个障碍水平被触及，期权就自动消失。对于障碍下限和上限分别为 B_1 和 B_2，对应的行权价为 K_1 和 K_2 的双鲨期权（参数满足 $B_1<K_1<K_2<B_2$），若在合约期间标的资产价格曾低于 B_1 或者高于 B_2，期权自动消失；若标的资产价格一直处于两个障碍价格之间，双鲨期权的到期收益与两普通期权的多头组合完全相同，相当于一只宽跨式期权。双鲨期权与宽跨式期权组合的形状相似，不同的是宽跨式组合可以由两只行权价不同的期权组合而成，但是双鲨期权则不能用类似的单鲨期权组合而成。

三种保本鲨鱼鳍策略的收益情况如图 3.14、图 3.15 和图 3.16 所示。

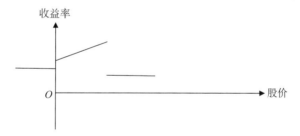

图 3.14　保本看涨单鲨策略盈亏图

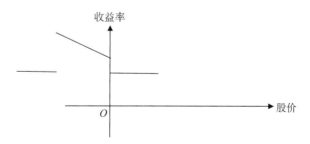

图 3.15　保本看跌单鲨策略盈亏图

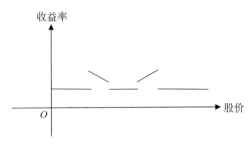

图 3.16　保本双鲨策略盈亏图

（三）保本雪球策略

将大部分资金投向固收产品、利用剩余小部分资金买入雪球期权产品，这样构建成的"固收+期权"组合能够实现低风险的杠杆交易，甚至能够稳定保本。

雪球期权产品是一种挂钩某标的（如中证 500 指数）的金融产品：投资者向券商支付本金，在产品有效期（到期日 T，如 12 个月）内，双方做如下约定。

（1）敲出结束合约

如图 3.17 所示，从产品期初开始，每月月末观察一次标的资产价格，一旦价格在某观察日（如第 3 个月月末）达到或超过某一较高价位（敲出价）。则券商此时向投资者支付一定收益（敲出收益 y，或票息），该收益以某一约定的收益率（如 20% 年收益率）计算（如 $20\% \times 3/12$）。提前完成合约内容，即"敲出"。

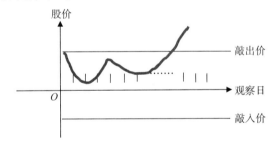

图 3.17　保本雪球策略敲出

（2）持有到期——未敲出亦未敲入

如图 3.18 所示，标的资产价格在到期日前从未超出敲出价（按每月月末观察），亦未达到或低于某一事先约定的低位价（敲入价，按每日观察是否"敲入"行为）。则与上述一样，投资者获得按到期日长度计算的收益（如 $20\% \times 12/12$）。

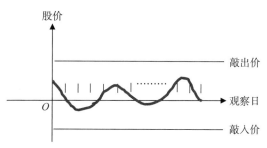

图 3.18 保本雪球策略未敲出亦未敲入

（3）持有到期——曾敲入但从未敲出

如图 3.19 所示，在某一日敲入过（标的资产价格达到或低于敲入价），但后面从未在月观察日敲出。则投资者会造成某一约定的亏损（如 15%×12/12）。

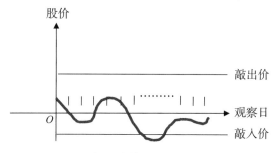

图 3.19 保本雪球策略曾敲入但从未敲出

结合整个保本雪球策略的投资组合，投资者的收益虽然无法和完全雪球期权产品一样高，但是能够保证至少不会亏损本金。收益情况如图 3.20 和图 3.21 所示。

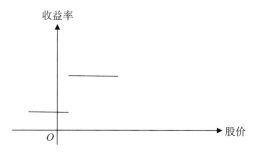

图 3.20 保本雪球策略未触发敲入损益

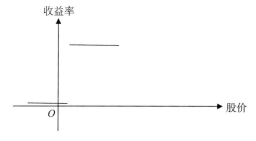

图 3.21 保本雪球策略触发敲入损益

第四章
期权异常波动分析

在前面的章节中我们已经介绍了期权的价值与内在价值、到期日、波动率等因素相关，而价格又围绕价值波动，当在价格偏离价值时，可以进行套利交易，期权套利交易利润产生的来源是期权合约定价差异，幅度相对较小，套利空间一般在 2% 以内。此外在对标的行情有了初步判断后，可以通过构建期权组合策略操作进行交易，也能获得相应可预期的收益。在一些突发风险事件发生时或受经济政策等多重影响叠加时，期权标的合约价值大幅波动，此时期权非线性杠杆效应更为显著，从而使期权价格产生数倍甚至数百倍不等的异常波动。本章我们将对导致期权合约价格异常波动的原因进行分析，总结经验，以期为今后的期权交易提供借鉴。

第一节　风险事件造成的期权异常波动

一、期权交易中的风险事件

期权作为金融衍生品，具有和其他金融衍生品相似的风险，如市场风险、信用风险、营运风险和法律风险。部分风险又有特殊的表现形式，如市场操纵风险。风险案例中，许多场外期权交易的信用风险、欺诈风险和法律风险，可以通过集中、统一的交易和清算来避免。对于场内期权交易而言，重点是对市场风险和营运风险的管理。

（一）市场风险

市场风险又称价格风险，指由标的资产价格变动引起衍生品价格变动的风险。根据影响范围的不同，市场风险可分为单一衍生品的价格波动风险和整个金融市场受影响的系统性风险。

（二）单一品种价格波动风险

在价格大幅波动风险方面，芝加哥商业交易所（CME）的小麦、铜等品种均出现过快速上涨或下跌的行情。在期货价格大幅波动的同时，期权价格同样出现了快速上涨或下跌的行情。交易所采用调整涨跌停板幅度、制定涨跌停板调整机制、调整保证金等方式予以应对。

（三）系统性风险

系统性风险是期权、期货等各类衍生品共同面对的风险,美国期权市场同样经历过2008年金融危机。需要提出的是,危机过后,在出台新的法规、加强市场监管的同时,美国监管机构也通过提高经纪会员净资本金的方式,将客户保证金逐渐集中于几家大的、资本雄厚的期货公司,提高了期货公司抵御系统性风险的能力。

（四）信用风险

信用风险又称违约风险,指由衍生品合约某一方违约引起的风险。根据违约主体的不同,信用风险可分为会员信用风险和客户信用风险。

1.会员信用风险

会员违约主要表现在违规使用客户资金方面,其在期权和期货市场表现一致。2011年曼氏金融挪用客户资金、2012年百利金融挪用客户资金等,对市场投资者的信心造成严重打击。美国监管机构及交易所通过明确规范经纪会员使用客户资金的范围、制定客户资金余额对比机制等方式,应对上述风险问题。国内市场上,保证金监控中心同样对会员和客户的资金情况进行监管。

2.客户信用风险

客户信用风险主要表现在客户发生亏损时出现单方面违约。该风险多发于场外市场,如2008年深南电公司在场外原油期权结构性产品上违约。

（五）营运风险

营运风险指在期权交易过程中可能出现的各种影响期权正常交易的风险。根据主体的不同,营运风险可分为交易所的营运风险、客户的营运风险等。

1.交易所的营运风险

交易所的营运风险可根据风险性质的不同,进一步细分为三类。

其一,违规风险,包括市场操纵等行为。期权市场操纵事件的特点是并非直接操纵期权市场,而是通过操纵期权标的物市场来影响期权价格,进而牟利。如2010年韩国股指市场操纵案、2007年伦敦铝市场疑似操纵案。产生此类风险事件的主要原因是无限仓制度或未对实际控制关系账户进行合并限仓。在伦敦铝市场的案例中,某基金持有40%以上的期货头寸和70%以上的现货仓单。

在期权市场上,与防范期货市场操纵风险的方式一致,均应建立基于实际控制关系账户管理上的限仓制度管理。

其他期货市场操纵案例还包括引发美国期权交易第二次禁令的1932年小麦市场操纵案、2008年美国白银市场疑似操纵案、1996年伦敦铜市场操纵案、2000年美国期权市场操纵结算价案等。

其二,异常交易风险,包括过度投机等行为,如2006年宝钢权证遭恶炒。交易所可采取加强实时监控的方式予以应对。

其三,突发事件风险,包括经纪公司倒闭、系统故障、自然灾害、战争等突发事件风险等。此类风险与防范期货市场突发事件风险的方式一致。

2.客户的营运风险

客户的营运风险主要是内控风险、欺诈风险及适当性风险。

内控风险主要表现为客户的员工进行了未经授权的交易,进而造成重大损失。这种风险在期货和期权市场都存在。如1996年日本住友商社期铜事件、2005年国储铜事件。

欺诈风险主要表现为投资者被虚假宣传欺骗或误导而遭受损失。美国两次禁止期权交易都是由于市场上欺诈行为泛滥。如引起美国期权交易第三次禁令的1978年伦敦期权欺诈案、引起美国期权交易第一次禁令的特惠权欺诈案。

适当性风险主要表现为风险承受能力较低的客户进行复杂的期权结构性产品交易,进而造成重大损失,如2004年中航油事件、2008年中信泰富事件、2008年东方航空事件、2008年深南电事件、2008年星展银行事件。对于此类风险,客户可以通过加强内部控制、避免参与场外期权交易的方式得以规避。在国内期权上市准备中,也可通过研究建立投资者适当性制度、加强对投资者的培训,让投资者充分了解市场风险。

(六)法律风险

法律风险指由于金融衍生品交易合约在法律上无效、合约内容不符合法律法规的规定等原因,给期权市场参与者带来损失的可能性,该风险多发于场外交易。

二、国际期权市场风险案例汇编

(一)市场风险案例

1.价格大幅波动风险案例——2008年美国小麦价格快速上涨事件

受小麦库存大幅下降及美元贬值的影响,美国三个交易所小麦期货价格在2008年年初呈现"幅度大、速度快"的上涨行情。明尼阿波利斯交易所小麦3月合约由2008年年初的10.36美元/蒲式耳涨至2008年2月末的24美元/蒲式耳,涨幅约达132%。其中,该合约于1月出现10个涨停板,于2月出现连续11个涨停板。在此时间段,CBOT小麦3月合约由8.85美元/蒲式耳涨至11.99美元/蒲式耳,涨幅约达35%。堪萨斯城期货交易所小麦3月合约由9.13美元/蒲式耳涨至12.57美元/蒲式耳,涨幅约达38%。此外,上述三家交易所小麦品种其他月份合约也有一定程度的上涨。2008年2月25日,上述三家交易所小麦各月份合约全部涨停,2月26日大部分合约涨停。与期货价格快速上涨趋势一致,上述三家交易所小麦3月合约各期权系列也出现快速上涨行情。

美国商品期货交易委员会(CFTC)和上述三家交易所采取了两项措施。其一是扩大涨跌停板幅度。小麦期货交易涨跌限制由30美分/蒲式耳提高至60美分/蒲式耳。其二是制定涨跌停板放宽机制。如果在一个交易日内,同年交割的两个或两个以上的小麦期货合约达到涨跌停限制,那么下一交易日所有月份小麦期货合约的涨跌停限制将在原有基础上递增 50%。如果连续三个交易日内没有小麦合约达到涨跌停限制,那么将重回 60 美分/蒲式耳。

2.系统性风险案例——2008 年金融危机事件

2007 年至 2009 年的金融危机又称次贷危机,源于 2007 年年初的美国抵押贷款风险。该风险浮出水面后,严重打击了投资者信心,进而引发流动性危机。即使多国央行数次向金融市场注入巨额资金,也未能阻止金融危机的爆发。这场金融危机于 2008 年 9 月开始失控,并导致包括雷曼兄弟、美国国际集团在内的多家大型金融机构倒闭或被政府接管。

CFTC 于 2009 年 5 月 8 日宣布,拟大幅提高对期货佣金商(FCMs)和介绍经纪人(IBs)的经调整净资本的监管要求。其中,对 FCMs 的最低经调整净资本监管要求由 25 万美元提高至 100 万美元,对 IBs 的最低经调整净资本要求由 3 万美元提高至 4.5 万美元。

CFTC 明确提出,为满足新的监管标准,FCMs 需要大幅增加资本金。该机构同时也预测,FCMs 的数量将减少,客户保证金将逐渐集中于少数资本雄厚的 FCMs 手中。

(二)信用风险案例

1.会员信用风险案例——2011 年曼氏金融挪用客户资金事件

由于持有 63 亿美元的欧洲国家主权债券,在 2011 年 10 月 25 日财务报表公布后,曼氏金融被多家评级机构下调信用评级,进而导致其股价下跌、融资困难。为保护公司客户利益,SEC 和 CFTC 要求曼氏金融出售其经纪业务。在出售经纪业务的过程中,曼氏金融被发现挪用客户近 6 亿美元的资金用于其自营业务,并由于经营决策失败而亏损。

鉴于上述情况,SEC 和 CFTC 要求曼氏金融立即破产。曼氏金融于 2011 年 10 月 31 日正式向法院申请破产,成为自 2008 年雷曼兄弟破产以来全球最大的金融机构破产案。2011年 12 月 5 日,CFTC 颁布了期货经纪商和清算所使用客户资金的新规则。其中,允许经纪公司使用客户资金投资本国公债、机构债、公司债和商业票据等证券;禁止经纪公司使用客户资金投资外国政府主权债券,或者利用内部回购协议在不同交易部门之间交换客户资产,如确需投资海外政府债券,则须向监管当局提交豁免申请。

2.客户信用风险案例——2008 年深南电违约事件

2008 年 3 月,深南电公司通过其全资子公司深南能源(新加坡)公司与美国高盛集团全资子公司杰润(新加坡)私营公司(下称"杰润公司")进行原油期货期权结构性产品交易。上述协议签订后,2008 年 3 月至 10 月,由于原油期货价格处于高位,深南电公司每月都能从杰润公司获得收益,共计 240 万美元。而 2008 年 11 月开始,原油期货价格大幅下跌,深南电公司仅在 11 月便需向杰润公司支付 193 万美元的费用,后续可能还要支付巨额费用。

2008 年 11 月,深南电公司宣布终止与杰润公司签订的协议,并将其全资子公司深南能源(新加坡)公司的核心资产出售。虽然杰润公司要求深南电公司支付损失 7996 万美元及利息 373 万美元,但由于深南电公司已将海外资产空壳化,即使杰润公司在海外通过司法途径获胜,但深南电公司已无可处置的资产。此外,海外司法判决需经中国法院的重新确认,才可以在中国境内执行,判决执行难度较大。

（三）营运风险案例

1.交易所的营运风险案例

（1）违规风险案例——2000 年美国期权结算价操纵事件

P-tech 期权合约是在纽约期货交易所（NYFE）上市的数支小期权合约之一，其有成交结算价和无成交结算价由 NYFE 制定。结算委员会中，有三名委员各自负责计算并对外发布 3 个期权合约的结算价，但并未建立相互复核机制。其中一名叫 Eisler 的委员，既是NYFE 结算委员会的委员，又是 FirstWest 公司的主席。而 Eisler 既负责计算 P-tech 期权合约结算价，又通过 FirstWest 公司大量持有 P-tech 期权合约。在上述利益冲突的背景下，Eisler 没有遵循 NYFE 结算价计算原则，而是在计算期权合约结算价时，人为输入虚假的隐含波动率，使得期权结算价向对 FirstWest 公司有利的方向变动，使 FirstWest 公司在交易所的权益严重高估。

2000 年 5 月 15 日，Eisler 委托其他委员使用预先设定的参数计算 P-tech 期权合约结算价，但该委员察觉计算结果异常后，使用正确的隐含波动率进行重新计算，P-tech 期权合约结算价被操纵的丑闻才被曝光。在 P-tech 期权合约结算价恢复正常后，FirstWest 公司由于无法追加超过 600 万美元的保证金而宣告破产。其经纪公司 Klein 公司无法承受该项损失，也宣告破产。

根据美国《商品交易法》的规定，当交易所未能执行法律、CFTC 规则及交易所规章，如果进行交易的主体因此发生了实质上的损失，交易所对此负有责任。经纪公司 Klein 公司据此对 NYFE 提起诉讼。由于 NYFE 未能维护一个公平的结算价，确实间接导致了 Klein 公司的破产，但法院最终裁定，经纪公司 Klein 公司作为清算会员参与市场的行为，不包含在《商品交易法》所规定的交易范围内，Klein 公司无权就其损失向 NYFE 索赔。虽然交易所得以免责，但美国期货业协会等机构都表示对 Klein 公司的支持。该丑闻也对交易所的声誉造成了负面影响。上述丑闻曝光后，CFTC 在对丑闻细节展开调查的同时，也对此案的缘由进行了深入分析，并就交易所、清算所及清算会员的风险管理情况发布了报告。

一是建议清算会员加强对持仓特殊风险的了解。除了市场价格变动风险外，期权价格也受到期货价格预期波动率即隐含波动率的影响。此外，流动性较差的市场会带来较大的风险，在保证金标准制定中通常假设持仓可以在当日被平掉，但在流动性差和单个客户持仓占比较高的市场，持仓并不能以当时的盘面价平掉。

二是建议交易所和清算所加强对清算会员资金的监管，了解其持仓的风险暴露情况。期权风险衡量有两种方法，分别是期货相当算法和理论价格算法。前者算法较为简单，但在深虚值期权转变为平值期权的过程中，其 Delta 变化较大，造成该算法误差较大。因此，CFTC 建议交易所和清算所计算期权理论价值，以便在压力测试时能更好地衡量期权风险。

三是其他方面，包括经纪公司要保证资本充足、交易所和清算所应维护结算价的准确性、对清算会员风险情况进行定期审计等。

（2）异常交易风险案例——2006年宝钢权证遭恶炒事件

我国上市首只股票期权"宝钢JTB1"权证曾遭投机者爆炒而引起社会的广泛关注。"宝钢JTB1"权证于2005年8月上市交易，行权价为4.5元。该权证在上市初期即遭投机者爆炒，而在即将作废的2006年8月初，该权证价值已几乎为零，但由于受到资金炒作，价格重新大幅攀升。之后，"宝钢JTB1"权证的最后一个交易日——2006年8月23日，几乎成为废纸的"宝钢JTB1"权证出现暴跌，幅度达85.78%，换手率高达1164.77%，创下最高成交量纪录。针对上述风险情况，上证所于2006年8月15日限制了其涉嫌炒作账户的盘中交易权限，并于2006年8月17日发布《关于"宝钢JTB1"权证到期的风险提示》。

（3）突发事件风险案例——2011年曼氏金融破产事件

由于挪用巨额客户资金，曼氏金融于2011年10月31日正式向法院申请破产。在曼氏金融申请破产后，CME立即宣布暂停其清算会员资格，并表示将协助客户进行交易持仓的转移。对于已经找到新的担保方的客户，如果客户有移仓要求，那么CME清算所将按照上一结算价对客户进行移仓。同时，CME降低了部分账户的保证金要求，以减弱曼氏金融破产对期货市场造成的影响。CME于11月1日进一步根据紧急资金情况原则，允许此前账户中没有亏损的客户解除曼氏的担保关系，其账户可以转移至其他清算会员处。

2.客户的营运风险案例

（1）内控风险案例——2005年国储铜事件

刘其兵是国家物资储备调节中心（下称"国储调节中心"）进出口处处长，也是国储调节LME交易账户的指令下单人。在国际铜价由1999年5月的1360美元/吨上涨至2004年3月的3057美元/吨的过程中，刘其兵通过境内外期铜套利取得了一定的收益。

随着2004年年初宏观调控措施的实施，国内需求大幅下降，刘其兵开始看空国际铜价，并通过直接建立期货空头头寸以及卖出看涨期权的方式，持有20万至30万吨期铜空单。然而，LME期铜价格在由2004年3月的3057美元/吨小幅上涨至2004年年末的3133美元/吨后，开始加速上涨，2005年9月达到3865美元/吨，2005年12月达到4575美元/吨，2006年5月达到8790美元/吨。LME期铜价格的暴涨导致刘其兵在LME操作的交易账户出现巨额损失。国储调节中心曾以"刘其兵并非其员工，其行为属于个人行为""刘其兵提供伪造的交易授权书"为由，拒绝承担上述损失。经晟恒期货、英国标准银行等多家经纪公司与中国政府有关部门谈判，最终协定为各自承担一半授信额度的损失。

（2）欺诈风险案例——1874年特惠权欺诈事件

19世纪后期，一种叫作特惠权的农产品期货期权交易雏形在芝加哥兴起并盛行，其主要是农产品期货的期权。由于缺乏专门监管机构，特惠权交易十分混乱。大量投机商涌现，诱惑客户参与交易，随后带着诈骗来的权利金跑掉，并在其他地方继续进行同样的诈骗。

1874年，伊利诺斯州立法禁止了所谓的特惠权交易，但伊利诺斯州的禁令并未达到预期效果，交易者仍选择在美国其他地区开展特惠权交易。这是美国期权历史上三次禁令中的第一次禁令，属于禁止区域性期权交易的禁令。

（3）适当性风险案例——2004 年中航油事件

2004 年，在看空原油价格的情况下，中航油作为买家，与高盛新加坡杰润公司签订了基于 WTI 原油价格的结构性期权产品展期三项式，用于对其原油库存的套期保值。该展期三项式由三项式部分和展期部分构成。三项式部分由三个期权合约组成，包括中航油买入行权价格为 33 美元/桶的看跌期权、中航油卖出行权价格为 31 美元/桶的看跌期权以及中航油卖出行权价格为 36 美元/桶的看涨期权。上述三个期权的综合效果为：当原油价格低于 33 美元/桶时，中航油的收益为 33 美元/桶减去原油价格，收益上限为 2 美元/桶；当原油价格高于 36 美元/桶时，中航油的损失为原油价格减去 36 美元/桶，无损失上限；当原油价格为 33~36 美元/桶时，中航油无收益也无损失。展期部分是一个期权合约，即杰润公司在三项式部分到期后有权决定三项式部分是否延期。

2003 年年底，原油价格处于低位，中航油通过签订展期三项式，相当于持有原油空头头寸 200 万桶，稍有盈利。2004 年年初原油价格上涨，中航油于第一季度末出现 580 万美元的亏损。为避免盘面亏损转为实际亏损，中航油选择推迟合约到期日并扩大头寸的挪盘方式，并随着 2004 年原油价格的上涨多次挪盘，头寸规模不断扩大。经过四次挪盘，2004 年第三季度末中航油相当于持有 5200 万桶原油空头头寸。最终，由于原油价格居高不下，中航油资金链断裂，其持有的头寸被逐步平仓，累计损失 5.54 亿美元，并于 2004 年 11 月 29 日申请破产保护。

第二节　多重因素叠加影响下的期权异常波动

一、末日轮行情

除了由于金融衍生品所固有的常规风险所带来的期权价格的异常波动外，还有经济环境货币政策等多重因素叠加下期权合约价格带来的异常波动，我们针对历史期权合约的交易数据进行整理，截至 2021 年 3 月，筛选出历史期权合约当日最高价距开盘价涨幅超过 10 倍的异常波动合约，如图 4.1 所示。

DateTime	StockName	Open	High	Low	Close	Vol	OpenInterest	yes_settlet	Delta	Gamma	Vega	Theta	Rho	IV	Unit	strike price	first date	last date	涨幅
2015/08/26	50ETF购9月3300	0.0017	0.029	0.0017	0.0025	343	4631	0.0019	0.0165	0.0901	0.0221	-0.1225	0.0023	84.5488	10000	3.3	20150417	20150923	1605.88%
2015/08/25	50ETF购8月3300	0.0235	0.2797	0.0033	0.0057	1360	486	0.075	0.1248	2.1871	0.0203	-3.5325	0.0006	95.235	10000	2	20150825	20150826	1090.21%
2015/08/18	50ETF沽8月2350	0.0099	0.1497	0.0058	0.0448	6706	6585	0.0077	-0.3522	2.0534	0.1325	-1.5132	-0.0196	50.6714	10000	2.35	20150731	20150826	1412.12%
2015/07/09	50ETF购7月3400	0.004	0.0888	0.004	0.0094	2782	9343	0.006	0.065	0.3646	0.0668	-0.6218	0.0061	65.9708	10000	3.4	20150528	20150722	2120.00%
2015/07/22	50ETF沽7月2650	0.0005	0.0099	0.0001	0.0001	457	4640	0.0001	NAN	0	NAN	0	NAN	499.9999	10000	2.65	20150629	20150722	1880.00%
2015/07/01	50ETF沽12月2700	0.0022	0.3	0.0022	0.3	25	94	0.2305	-0.4139	0.47	0.736	-0.3082	-0.6852	43.8846	10000	2.7	20150629	20151223	13536.36%
2015/06/24	50ETF沽7月2550	0.0001	0.0018	0.0001	0.0001	221	1281	0.0002	NAN	0	NAN	0	NAN	499.9999	10000	2.55	20150227	20150624	1700.00%
2015/05/05	50ETF沽5月2300	0.0002	0.006	0.0002	0.006	44	623	0.0055	-0.0287	0.1281	0.0751	-0.1202	-0.013	44.6866	10000	2.3	20150209	20150505	2900.00%
2015/04/17	50ETF沽4月2800	0.0003	0.0036	0.0003	0.0004	91	2022	0.0003	-0.0071	0.1163	0.0074	-0.1215	-0.0003	45.4984	10000	2.8	20150324	20150422	1100.00%
2015/04/16	50ETF沽4月2750	0.0001	0.0017	0.0001	0.0003	456	1419	0.0018	-0.0055	0.0935	0.0063	-0.0801	-0.0003	41.735	10000	2.75	20150324	20150422	1600.00%
2015/04/10	50ETF购6月2950	0.0127	0.198	0.0127	0.196	67	125	0.1822	0.5342	0.8102	0.529	-0.5088	0.282	36.8599	10000	2.95	20150408	20150624	1459.06%
2015/04/10	50ETF购6月2250	0.0106	0.1347	0.0106	0.1289	17	167	0.1378	-0.0157	0.7428	0.491	-0.4174	-0.235	37.3235	10000	2.8	20150408	20150624	1170.75%
2015/04/10	50ETF沽6月3000	0.0201	0.232	0.0201	0.2115	26	34	0.245	-0.51	0.8608	0.5308	-0.4069	-0.3512	34.8138	10000	3	20150409	20150624	1054.23%

DateTime	StockName	Open	High	Low	Close	Vol	OpenInterest	yes_settlet	Delta	Gamma	Vega	Theta	Rho	IV	Unit	strike price	first date	last date	涨幅
2016/08/15	50ETF购8月2350	0.003	0.0361	0.0029	0.0204	90703	41719	0.0025	0.427	5.9331	0.1439	-0.5405	0.0241	18.0235	10000	2.35	20160713	20160824	1103.33%
2016/07/27	50ETF沽7月2200	0.0004	0.0229	0.0001	0.0001	34767	2783	0.0006	NAN	0	NAN	0	NAN	499.9999	10000	2.2	20160530	20160727	5625.00%

DateTime	StockName	Open	High	Low	Close	Vol	OpenInterest	yes_settlet	Delta	Gamma	Vega	Theta	Rho	IV	Unit	strike price	first date	last date	涨幅
2017/12/27	50ETF沽12月2850	0.0007	0.0425	0.0005	0.0321	53156	2702	0.001	-1	NAN	0	NAN	0	499.9999	10000	2.85	20171128	20171227	5971.43%
2017/12/27	50ETF购12月2900	0.0012	0.0501	0.0003	0.0388	31318	4411	0.0009	-1	NAN	0	NAN	0	499.9999	10000	2.847	20171128	20171227	4075.00%
2017/11/21	50ETF购11月3100	0.0001	0.0054	0.0001	0.0012	37795	14722	0.0002	0.0736	3.8035	0.0223	-0.9379	0.0006	23.0141	10000	3.1	20171114	20171122	5300.00%
2017/08/08	50ETF购9月2250	0.0012	0.015	0.0001	0.0013	954	29344	0.0012	-0.0157	0.1744	0.0391	-0.043	-0.0059	22.7545	10000	2.25	20170126	20170927	1500.00%
2017/08/02	50ETF购9月2250	0.001	0.1048	0.0008	0.0013	1700	29959	0.0012	-0.0144	0.1471	0.0391	-0.029	-0.0062	23.2469	10000	2.25	20170126	20170927	10380.00%
2017/03/09	50ETF购3月2250	0.0001	0.0016	0.0001	0.0011	3451	33118	0.001	-0.046	1.6782	0.0427	-0.0762	-0.0039	12.9987	10000	2.25	20170126	20170322	1500.00%

DateTime	StockName	Open	High	Low	Close	Vol	OpenInterest	yes_settlet	Delta	Gamma	Vega	Theta	Rho	IV	Unit	strike price	first date	last date	涨幅
2018/10/24	50ETF购10月2600	0.0009	0.0105	0.0001	0.0001	145910	74794	0.0027	0	NAN	0	NAN	0	499.9999	10000	2.6	20180823	20181024	1066.67%
2018/10/24	50ETF购10月2700	0.0008	0.0098	0.0008	0.0035	123427	76124	0.0009	0.0988	2.2927	0.0335	-1.2087	0.0014	15.8992	10000	2.7	20180823	20181024	1076.92%
2018/09/26	50ETF购9月2650	0.0013	0.0153	0.0007	0.0121	163098	28185	0.0012	0	NAN	0	NAN	0	499.9999	10000	2.65	20180212	20180926	1076.92%
2018/09/21	50ETF购9月2650	0.0011	0.0126	0.0007	0.0121	119585	54130	0.001	0.3647	7.6723	0.1158	-0.686	0.013	499.9999	10000	2.65	20180212	20180926	1045.45%
2018/06/27	50ETF沽6月2450	0.0004	0.005	0.0001	0.0001	57858	21664	0.0015	0	NAN	0	NAN	0	499.9999	10000	2.45	20180417	20180627	1150.00%
2018/02/09	50ETF沽3月2650	0.0051	0.0602	0.0051	0.0315	32537	20330	0.0039	-0.1482	0.5983	0.2326	-0.3404	-0.0575	38.427	10185	2.455	20170814	20180328	1080.39%
2018/02/08	50ETF沽2月2650	0.0037	0.0037	0.0001	0.0034	8580	10302	0.0019	-0.0442	5.5097	0.0643	-0.1543	-0.0073	26.6478	10000	2.65	20180102	20180228	3600.00%
2018/01/17	50ETF购1月2950	0.0001	0.002	0.0001	0.0013	16692	9095	0.0009	-0.033	0.7405	0.0313	-0.0935	-0.002	23.3581	10185	2.896	20171123	20180124	1300.00%
2018/01/02	50ETF沽3月2500	0.003	0.0542	0.0023	0.0023	578	22294	0.0032	-0.0232	0.213	0.0769	-0.0293	-0.0162	18.3482	10185	2.455	20170814	20180328	1706.67%

DateTime	StockName	Open	High	Low	Close	Vol	OpenInterest	yes_settlet	Delta	Gamma	Vega	Theta	Rho	IV	Unit	strike price	first date	last date	涨幅
2019/12/31	50ETF购12月3400	0.0003	0.0051	0.0002	0.0002	2835	2272	0.0003	0.0048	0.1029	0.0062	-0.0429	0.0003	30.1124	10000	3.4	20191216	20191225	1600.00%
2019/06/25	50ETF购6月2850	0.0004	0.006	0.0002	0.0008	122200	74188	0.0007	-0.0462	2.3192	0.0148	-0.7354	-0.0004	37.3201	10000	2.85	20190226	20190626	1110.00%
2019/06/25	50ETF购6月2900	0.002	0.0242	0.0016	0.007	122200	64823	0.0024	-0.2987	9.4419	0.053	-2.314	-0.0024	24.053	10000	2.9	20190226	20190626	1110.00%
2019/06/20	50ETF购6月3200	0.0002	0.0045	0.0002	0.0015	48163	52894	0.0019	0.0313	0.5629	0.0267	-0.2691	0.0015	33.0188	10000	3.2	20190404	20190626	1864.71%
2019/06/20	50ETF购6月3300	0.0017	0.0334	0.0015	0.016	148369	84311	0.0018	0.3023	4.1327	0.1321	-0.9091	0.0144	22.291	10000	3	20190226	20190626	1864.71%
2019/06/06	50ETF购6月3300	0.0007	0.0117	0.0004	0.0033	182662	112920	0.0006	0.0761	1.462	0.0542	-0.4293	0.0036	25.826	10000	3.1	20190408	20190626	1571.43%
2019/06/03	50ETF购6月3300	0.0002	0.0026	0.0002	0.0006	24610	40094	0.0004	0.0122	0.2214	0.012	-0.1394	0.0006	37.9127	10000	3.3	20190408	20190626	1200.00%
2019/03/14	50ETF沽3月2350	0.0015	0.033	0.0015	0.0317	992	8316	0.0327	-0.1437	0.5635	0.3278	-0.1535	-0.12	27.747	10000	2.35	20190124	20190925	2313.33%
2019/03/13	50ETF沽3月2350	0.0015	0.0362	0.0015	0.0357	625	5344	0.0322	-0.13	0.4194	0.4194	-0.0935	-0.208	25.4343	10000	2.25	20190124	20190925	2313.33%
2019/02/26	50ETF购6月2750	0.0001	0.2812	0.0001	0.2085	1340	2315	0.2766	0.5727	0.938	6.6136	-0.2996	0.4451	29.93	10202	2.696	20181025	20190626	1300.00%
2019/02/25	50ETF购3月2900	0.0001	0.0014	0.0001	0.0001	3552	22914	0.0002	-0.0013	0.0164	0.0006	-0.2073	0	184.4038	10000	2.05	20190103	20190327	1300.00%
2019/02/25	50ETF购2月2700	0.011	0.1263	0.008	0.1263	351173	27718	0.0038	0.8432	1.9954	0.0501	-2.6711	0.0123	57.1374	10000	2.7	20190221	20190327	1048.18%
2019/02/25	50ETF购3月2750	0.0226	0.2594	0.0221	0.1358	67254	45137	0.0162	0.5547	1.2789	0.319	-0.7643	0.1172	38.2763	10202	2.794	20180925	20190327	1047.79%
2019/02/22	50ETF购2月2750	0.0027	0.0884	0.0022	0.0846	189898	28889	0.0018	0.734	2.9599	0.0685	-3.3552	0.0109	53.232	10000	2.75	20190221	20190327	3174.07%

DateTime	StockName	Open	High	Low	Close	Vol	OpenInterest	yes_settlet	Delta	Gamma	Vega	Theta	Rho	IV	Unit	strike price	first date	last date	涨幅
2021/02/24	50ETF沽2月3800	0.0011	0.0403	0.0003	0.015	294066	5206	0.0023	-1	NAN	0	NAN	0	499.9999	10000	3.8	20201224	20210224	3563.64%
2020/11/10	50ETF沽12月2750	0.0015	0.0515	0.0012	0.0018	1081	7584	0.0018	-0.0127	0.0832	0.039	-0.054	-0.0054	33.0817	10145	2.711	20200423	20201224	3333.33%
2020/03/25	50ETF沽3月3200	0.0015	0.0015	0.0002	0.0001	3947	30162	0.0001	0	NAN	0	NAN	0	499.9999	10163	3.149	20190725	20200325	1400.00%
2020/03/09	50ETF沽3月2600	0.0022	0.03	0.0022	0.0098	10645	25047	0.0017	-0.0851	0.6427	0.0933	-0.427	-0.0111	40.4691	10163	2.558	20190807	20200325	1263.64%
2020/01/22	50ETF沽1月2950	0.0003	0.0045	0.0001	0.0001	23624	27357	0.0005	0	NAN	0	NAN	0	499.9999	10163	2.952	20191128	20200122	1400.00%
2020/01/22	50ETF沽1月2950	0.0001	0.0013	0.0001	0.0001	2080	11022	0.0002	0	NAN	0	NAN	0	499.9999	10163	2.903	20191128	20200122	1200.00%

图 4.1　异常波动合约

注：DateTime 日期时间、StockName 股票名称、Open 开盘价、High 最高价、Low 最低价、Close 收盘价、Vol 成交量、Openinterest 持仓量、yes_settle 是否结算、IV 乘数、Unit 单位、strike price 行权价、first date 首次交易日期、last date 最后交易日期；期权的风险要素通常用希腊字母表示，包括：Delta 值、Gamma 值、Vega 值、Theta 值、Rho 值等，下同。

通过观察我们可以发现，这些当日最高价距离开盘价涨幅超 10 倍的异常波动的合约中，有 70%的合约为当月合约，一般为合约到期当天或临近合约到期日。这种行情俗称末日轮行情。

二、末日轮行情案例分析

（一）50ETF 沽 2015 年 6 月 2900 合约

由图 4.2 可以看出该期权合约在到期日及临近到期日的市场表现：在 2015 年 6 月 19 日，50ETF 沽 6 月 2900 期权价格从 0.0041 元涨到 0.0372 元，涨幅接近 10 倍。从图 4.3 至图 4.6 可以看到该期权合约在 2015 年 6 月 19 日及前一交易日波动率情况及其标的 50ETF 行情，同时该期权到期日为 2015 年 6 月 24 日，此时距离期权合约到期日还剩 5 个交易日。

DateTime	StockName	Open	High	Low	Close	Vol	OpenInterest	yes_setllet	Delta	Gamma	Vega	Theta	Rho	IV	Unit	strike price	first date	last date
2015/6/16	50ETF沽6月2900	0.0045	0.0048	0.0015	0.003	1724	6086	0.0045	-0.0457	0.6145	0.0448	-0.3391	-0.0032	33.5324	10000	2.9	20150408	20150624
2015/6/17	50ETF沽6月2900	0.0039	0.0069	0.0016	0.0016	1061	5663	0.003	-0.0271	0.4113	0.0275	-0.2458	-0.0017	34.5725	10000	2.9	20150408	20150624
2015/6/18	50ETF沽6月2900	0.0027	0.0053	0.001	0.0047	1662	5293	0.0029	-0.0901	1.466	0.0634	-0.5416	-0.0046	28.4217	10000	2.9	20150408	20150624
2015/6/19	50ETF沽6月2900	0.0041	0.0372	0.0031	0.0372	2903	5078	0.0047	-0.6687	6.4737	0.122	-0.6976	-0.0268	16.6561	10000	2.9	20150408	20150624
2015/6/23	50ETF沽6月2900	0.04	0.0744	0.0031	0.0042	3817	4120	0.0372	-0.1242	3.0351	0.0319	-2.5175	-0.001	43.3511	10000	2.9	20150408	20150624
2015/6/24	50ETF沽6月2900	0.0036	0.0036	0.0001	0.0001	1054	4293	0.0042	0	NAN	0	NAN	0	499.9999	10000	2.9	20150408	20150624

图 4.2 50ETF 沽 2015 年 6 月 2900 合约临近到期日行情

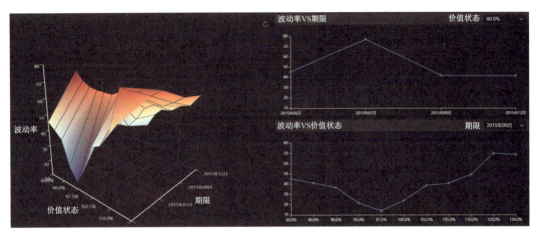

图 4.3 2015 年 6 月 19 日 50ETF 沽 6 月 2900 合约波动率

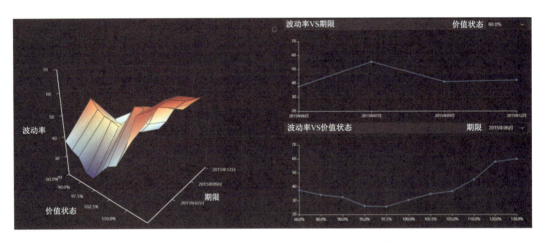

图 4.4 2015 年 6 月 18 日 50ETF 沽 6 月 2900 合约波动率

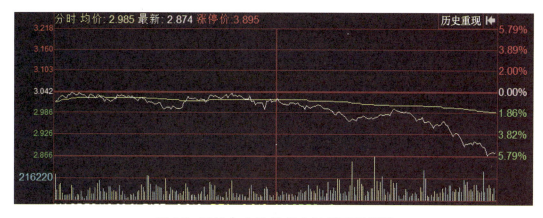

图 4.5　2015 年 6 月 19 日上证 50ETF 行情

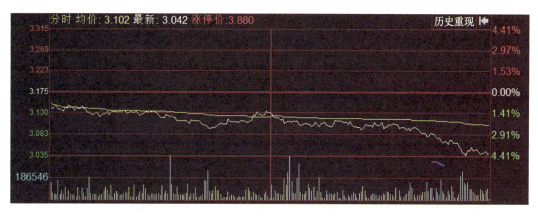

图 4.6　2015 年 6 月 18 日上证 50ETF 行情

经分析,造成本轮末日轮行情的主要因素有以下几点。

1.市场流动性紧张

市场流动性水平出现季节性紧张,经济企稳预期和流动性陷阱引发市场担心货币政策转向。协议存款的回购,银行间资金价格和各个利率指标都已明显体现。同时近期新股上市节奏加快,也加强了短期流动性的压力。IPO 申购对资金冻结已经上升到接近 7 万亿的规模。

2.国家对杠杆及场外配置的监管强度加强

监管政策向预防金融风险方向调整。监管方向正在转变为对于杠杆和场外配资的限制。证监会发布对于配资加强监管的规定,两融准入门槛收紧。在叫停证券公司代售伞形信托之后,特别强调券商不得通过网上证券交易接口为场外配资提供便利,市场的配资交易占比即开始逐步下降,部分高杠杆投资者出现爆仓和踩踏。融资买入比例指标已经从之前的 14% 下降到前一周的 9%。

3.美联储加息预期强烈

美联储加息预期引发股市调整和全球资本流出新兴市场。2015 年 6 月美联储议息会议,耶伦明确"渐进式"加息市场预测,美联储将于 2015 年 9 月首次加息,年内有 2 次加息。受美联储加息预期影响,短期内国际资本从新兴市场流出,印度、印尼、巴西、俄罗斯、韩国、新加坡等股指均出现了 10%左右的回调。

4.宏观经济状况不佳

国家统计局网站在 2015 年 6 月 17 日刊发文章《5 月数据系列分析之一:为有源头"活水"来——从工业增速微反弹看宏观调控继续显效》称,在资金面上,工业企业面临的问题则要复杂许多。中国人民银行(简称央行)年内两次降准、降息虽然在一定程度上降低了企业的还贷成本,但是融资难的问题并没有明显缓解。

(二)50ETF 沽 2015 年 8 月 2150 合约

由图 4.7 可以看出该期权合约在到期日及临近到期日的市场表现:在 2015 年 8 月 24 日,50ETF 沽 8 月 2150 合约价格从 0.0268 元涨到 0.2109 元,涨幅接近 8 倍。从图 4.8 至图 4.11 可以看到该期权合约在 2015 年 8 月 24 日及前一交易日波动率情况及其标的 50ETF 行情,同时该期权到期日为 2015 年 8 月 26 日,此时距离期权合约到期日还剩 2 个交易日。

datetime	StockName	Open	High	Low	Close	Vol	openInterest	yes_settlet	Delta	Gamma	Vega	Theta	Rho	IV	Unit	strike price	first date	last date
2015/8/24	50ETF沽8月2150	0.0268	0.2198	0.0165	0.2109	3661	939	0.0172	-0.5689	1.0413	0.0595	-13.5064	-0.0075	249.0752	10000	2.15	20150824	20150826
2015/8/25	50ETF沽8月2150	0.2263	0.3	0.1231	0.2056	1473	252	0.2109	-1	0	0	0.043	-0.0059	26.89	10000	2.15	20150824	20150826
2015/8/26	50ETF沽8月2150	0.2289	0.2513	0.1001	0.2076	444	388	0.264	-1	NAN	0	NAN	0	499.9999	10000	2.15	20150824	20150826

图 4.7 50ETF 沽 2015 年 8 月 2150 合约临近到期日行情

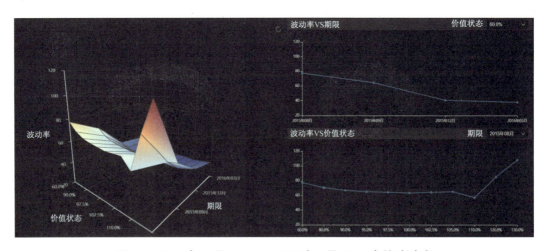

图 4.8 2015 年 8 月 24 日 50ETF 沽 8 月 2150 合约波动率

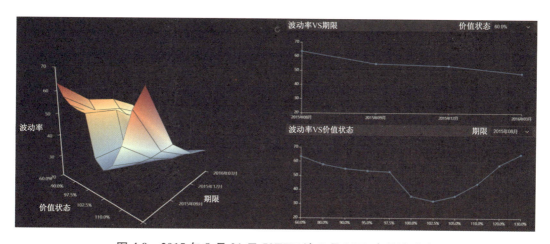

图 4.9 2015 年 8 月 21 日 50ETF 沽 8 月 2150 合约波动率

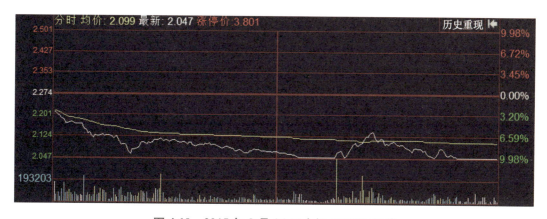

图 4.10 2015 年 8 月 24 日上证 50ETF 行情

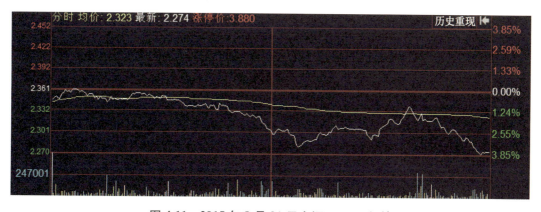

图 4.11 2015 年 8 月 21 日上证 50ETF 行情

经分析,造成本轮末日轮行情的主要因素有以下几点。

1. 外围市场恐慌

国外市场恐慌,2015 年 8 月 21 日欧美股市暴跌,美股创近年来最大单日跌幅,道琼斯工业指数总跌幅超过 3%,恐慌指数单日上涨 27.9%,然而周末并未有实质性利好出台。

2.美联储预期加息

亚特兰大联储主席 Dennis Lockhart 周一表示,他预计美联储仍将于"今年某个时候"加息,但未表明是否会等到全球市场动荡结束后再采取行动。

3.大盘量能不足

大盘量能持续萎缩,资金大幅出逃。前一交易日两市量能已不足万亿元。A 股市场资金供给一直不足。7 月份股票账户市值超千万元用户大降 28%、前一周银证转账净流出 831 亿元,连续四周净流出。

4.国家管理层计划退出市场,造成市场情绪更加恐慌

前一周证金公司向汇金公司转让股票的举动表明管理层计划退出市场,让市场自由运作,也意味着如果深跌,管理层短期很难再度出手相救,这造成市场情绪更加恐慌。

5.中国经济数据萎靡

中国 8 月财新制造业采购经理指数(PMI)初值 47.1,预期 48.2,前值 47.8。连续第六个月低于 50.0 的临界值,创 2009 年 3 月以来最低,经济形势不乐观。

6.石油价格暴跌

2015 年 8 月 22 日纽约油价累计下跌 4.8%,连续第八周下跌,是自 1986 年以来持续下跌时间最长的一次,中国石油和中国石化拖累股指暴跌。

7.人民币汇率暴跌

2015 年 8 月 11 日,中国人民银行决定完善人民币兑美元汇率中间价的报价机制,人民币汇率暴跌,人民币出现了一轮比较大的贬值。

(三)50ETF 沽 2016 年 1 月 2000 合约

由图 4.12 可以看出该期权合约在到期日及临近到期日的市场表现:在 2016 年 1 月 26 日,50ETF 沽 1 月 2000 合约价格从 0.0036 元涨到 0.0403 元,涨幅 11 倍左右。图 4.13 至图 4.16 可以看到该期权合约在 2016 年 1 月 26 日及前一交易日波动率情况及其标的 50ETF 行情,同时该期权到期日为 2016 年 1 月 27 日,此时距离期权合约到期日还剩 1 个交易日。

datetime	StockName	Open	High	Low	Close	Vol	openInterest	yes_settlet	Delta	Gamma	Vega	Theta	Rho	IV	Unit	strike price	first date	last date
2016/1/14	50ETF沽1月2000	0.0361	0.0457	0.0166	0.0191	12712	5095	0.0272	-0.1971	1.654	0.1116	-0.6472	-0.0156	41.7237	10000	2	20160114	20160127
2016/1/15	50ETF沽1月2000	0.0199	0.0388	0.0187	0.0278	14213	7249	0.0191	-0.2955	2.4033	0.1296	-0.7449	-0.021	38.2803	10000	2	20160114	20160127
2016/1/18	50ETF沽1月2000	0.037	0.04	0.0176	0.0247	10654	7066	0.0278	-0.285	2.5261	0.1104	-0.9161	-0.0152	41.3481	10000	2	20160114	20160127
2016/1/19	50ETF沽1月2000	0.0287	0.0287	0.0085	0.0105	5856	7183	0.0252	-0.1484	1.7375	0.073	-0.6984	-0.0072	42.2412	10000	2	20160114	20160127
2016/1/20	50ETF沽1月2000	0.0112	0.0212	0.0098	0.0147	8657	8208	0.0105	-0.2099	2.3938	0.0834	-1.2051	-0.0087	41.5638	10000	2	20160114	20160127
2016/1/21	50ETF沽1月2000	0.016	0.0256	0.0059	0.025	7887	8026	0.0147	-0.3346	3.3173	0.0954	-1.2051	-0.0116	41.9053	10000	2	20160114	20160127
2016/1/22	50ETF沽1月2000	0.0171	0.0223	0.0051	0.009	9141	7886	0.025	-0.1951	3.3782	0.0667	-0.8158	-0.0056	33.7495	10000	2	20160114	20160127
2016/1/25	50ETF沽1月2000	0.0072	0.0078	0.0033	0.0034	4413	7854	0.009	-0.1199	3.5073	0.0306	-1.0356	-0.0014	37.2818	10000	2	20160114	20160127
2016/1/26	50ETF沽1月2000	0.0036	0.0487	0.0036	0.0403	12188	4063	0.0034	-1	0	0	0.03	-0.0055	4.9047	10000	2	20160114	20160127
2016/1/27	50ETF沽1月2000	0.0371	0.0753	0.0251	0.0451	9586	821	0.042	-1	NAN	0	NAN	0	499.9999	10000	2	20160114	20160127

图 4.12　50ETF 沽 2016 年 1 月 2000 合约临近到期日行情

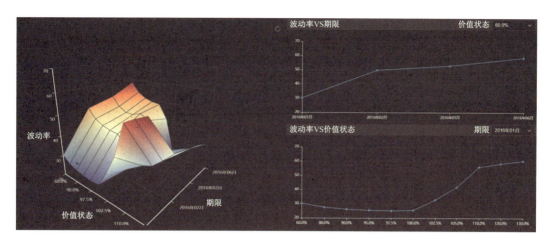

图 4.13　2016 年 1 月 26 日 50ETF 沽 1 月 2000 合约波动率

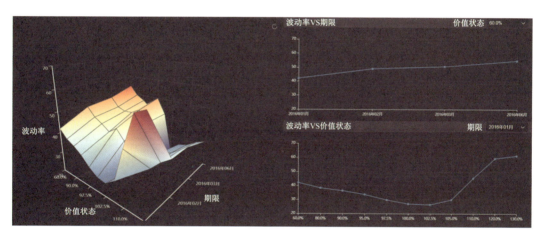

图 4.14　2016 年 1 月 25 日 50ETF 沽 1 月 2000 合约波动率

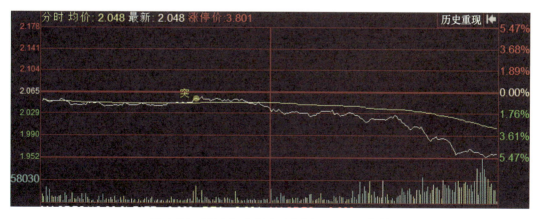

图 4.15　2016 年 1 月 26 日上证 50ETF 行情

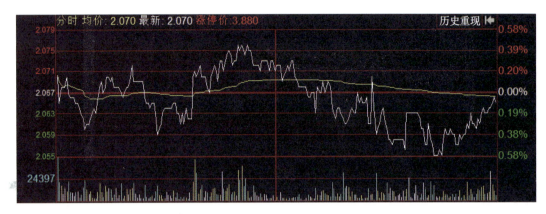

图 4.16　2016 年 1 月 25 日上证 50ETF 行情

经分析，造成本轮末日轮行情的主要因素有以下几点。

1.外围市场低迷，原油价格再次走低，全球进入困难时刻

2.索罗斯公开看空美股和亚洲货币，造成市场恐慌

金融大鳄索罗斯在达沃斯论坛上公开看空美股和亚洲货币。1 月 21 日，他公开表示，在做空美股的同时，他也在做空亚洲货币。2016 年元旦以来，港币就一直在经受做空的寒流，港元对美元从年初时开盘价 7.7506 一路下行，到 20 日盘中，已经跌至 7.8295 港元对 1 美元，接近联系汇率制 7.85 的限制，创 2007 年以来新低；同日，恒生指数也跌至 42 个月以来新低。同期前后，人民币也一度猛跌。

3.市场流动性持续降低

两市融资余额十七连降，显示投资者参与热情不高，市场观望情绪浓厚。

(四)50ETF 沽 2018 年 10 月 2500 合约

由图 4.17 可以看出该期权合约在到期日及临近到期日的市场表现：在 2018 年 10 月 23 日，50ETF 沽 10 月 2500 合约价格从 0.0018 元涨到 0.0168 元，涨幅接近 10 倍。从图 4.18 至图 4.21 可以看到该期权合约在 2018 年 10 月 23 日及前一交易日波动率情况及其标的 50ETF 行情，同时该期权到期日为 2018 年 1 月 24 日，此时距离期权合约到期日还剩 1 个交易日。

datetime	StockName	Open	High	Low	Close	Vol	openInterest	yes_setllet	Delta	Gamma	Vega	Theta	Rho	IV	Unit	strike price	first date	last date
2018/10/12	50ETF沽10月2500	0.0825	0.0838	0.0464	0.0528	152763	57621	0.0898	-0.505	3.1615	0.1804	-0.7458	-0.0431	27.9024	10000	2.5	20180823	20181024
2018/10/15	50ETF沽10月2500	0.0483	0.071	0.0477	0.0685	166084	54026	0.0528	-0.6077	3.1949	0.1486	-0.914	-0.0386	31.1026	10000	2.5	20180823	20181024
2018/10/16	50ETF沽10月2500	0.0636	0.0706	0.0366	0.062	182032	55609	0.0685	-0.6061	3.5066	0.1405	-0.9397	-0.0341	30.0416	10000	2.5	20180823	20181024
2018/10/17	50ETF沽10月2500	0.039	0.0898	0.0368	0.0543	214565	62020	0.062	-0.575	3.7185	0.1344	-1.0545	-0.0284	30.7216	10000	2.5	20180823	20181024
2018/10/18	50ETF沽10月2500	0.0631	0.0947	0.0617	0.0944	135740	52946	0.0543	-0.767	2.904	0.0948	-0.9503	-0.0321	33.9542	10000	2.5	20180823	20181024
2018/10/19	50ETF沽10月2500	0.1112	0.1137	0.032	0.0363	111134	54533	0.0944	-0.5359	4.9807	0.1158	-1.1363	-0.0188	27.3614	10000	2.5	20180823	20181024
2018/10/22	50ETF沽10月2500	0.0221	0.0255	0.0015	0.0017	149866	52215	0.0363	-0.5597	1.8126	0.0599	-0.7071	-0.0009	34.0435	10000	2.5	20180823	20181024
2018/10/23	50ETF沽10月2500	0.0018	0.0227	0.0014	0.0168	126956	42041	0.0017	-0.4156	7.0866	0.0513	-3.9007	-0.0029	41.8702	10000	2.5	20180823	20181024
2018/10/24	50ETF沽10月2500	0.0166	0.0166	0.0001	0.0001	120067	26351	0.0168	0	NAN	0	NAN	0	499.9999	10000	2.5	20180823	20181024

图 4.17　50ETF 沽 2018 年 10 月 2500 合约临近到期日行情

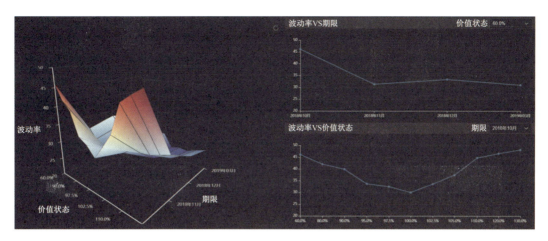

图 4.18   2018 年 10 月 23 日 50ETF 沽 10 月 2500 合约波动率

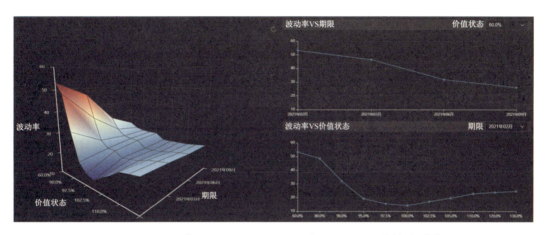

图 4.19   2018 年 10 月 22 日 50ETF 沽 10 月 2500 合约波动率

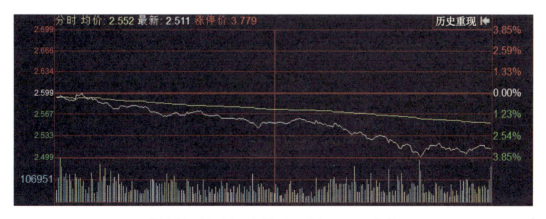

图 4.20   2018 年 10 月 23 日上证 50ETF 行情

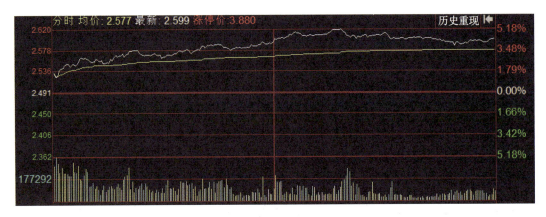

图 4.21　2018 年 10 月 22 日上证 50ETF 行情

经分析,造成本轮末日轮行情的主要因素有以下几点。

1.人民币汇率持续弱势拖累股市

2.白酒股暴跌,拉跌大盘指数和 50ETF 指数

白酒股成当日重灾区,洋河股份几近跌停,成交额创上市以来次高;贵州茅台跌超 7%;权重股受茅台大跌影响集体下挫。

3.宏观工业经济不乐观

2018 年 10 月 23 日周二,工业和信息化部副部长辛国斌在国新办举行的新闻发布会上定调表示,汽车行业的低增长恐怕要成为未来发展的一个常态。辛国斌在答记者问中表示,考虑到我国的汽车产销基数已经很大,2017 年达到了 2940 万辆的产销规模,这种高速增长恐怕难以持续。产销高速增长的时期可能已经过去了,低增长恐怕是未来发展的一个常态,进而造成汽车行业及其上下游股票大幅跳水,进一步拖累股市。

(五)50ETF 购 2019 年 2 月 2800 合约

由图 4.22 可以看出该期权合约在到期日及临近到期日的市场表现:在 2019 年 2 月 25 日,50ETF 购 2 月 2800 合约价格从 0.0006 元涨到 0.0581 元,涨幅约达 96 倍。从图 4.23 至图 4.26 可以看到该期权合约在 2019 年 2 月 25 日及前一交易日波动率情况及其标的 50ETF 行情,同时该期权到期日为 2019 年 2 月 27 日,此时距离期权合约到期日还剩 2 个交易日。

datetime	StockName	Open	High	Low	Close	Vol	openInterest	yes_setlet	Delta	Gamma	Vega	Theta	Rho	IV	Unit	strike price	first date	last date
2019/2/21	50ETF购2月2800	0.0003	0.0005	0.0002	0.0002	2766	1021	0.0003	0.0069	0.2134	0.0063	-0.0529	0.0003	27.362	10000	2.8	20190221	20190227
2019/2/22	50ETF购2月2800	0.0002	0.0004	0.0001	0.0003	1166	1380	0.0002	0.0115	0.3922	0.0092	-0.0846	0.0004	25.0141	10000	2.8	20190221	20190227
2019/2/25	50ETF购2月2800	0.0006	0.0581	0.0002	0.0581	128748	35754	0.0003	0.5607	3.1645	0.0822	-4.5062	0.0083	59.7769	10000	2.8	20190221	20190227
2019/2/26	50ETF购2月2800	0.0593	0.06	0.0021	0.0048	220764	48708	0.0581	0.1436	3.435	0.0323	-2.7297	0.0011	46.1639	10000	2.8	20190221	20190227
2019/2/27	50ETF购2月2800	0.004	0.0092	0.0001	0.0001	126701	45157	0.0048	0	NAN	0	NAN	0	499.9999	10000	2.8	20190221	20190227

图 4.22　50ETF 购 2019 年 2 月 2800 合约临近到期日行情

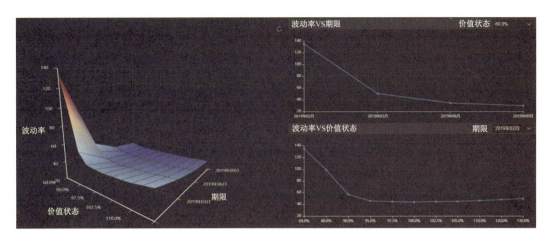

图 4.23　2019 年 2 月 25 日 50ETF 购 2 月 2800 合约波动率

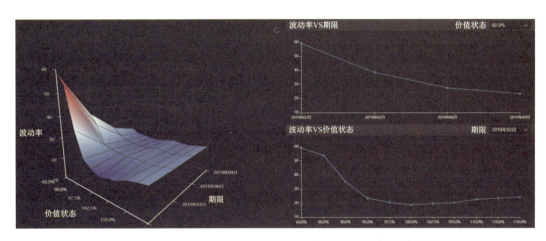

图 4.24　2019 年 2 月 22 日 50ETF 购 2 月 2800 合约波动率

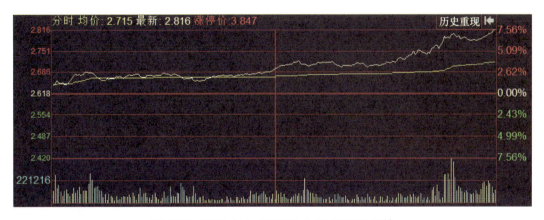

图 4.25　2019 年 2 月 25 日上证 50ETF 行情

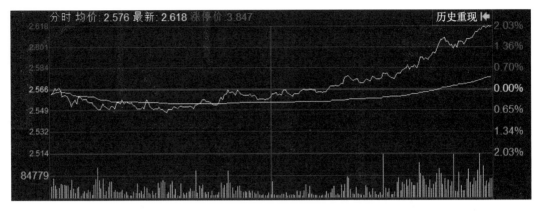

图 4.26　2019 年 2 月 22 日上证 50ETF 行情

经分析，造成本轮末日轮行情的主要因素有以下几点。

1.中美贸易谈判传来利好，美国将延后对中国加征关税的措施

据来自中国政府网的相关消息"第七轮中美经贸高级别磋商结束"，该消息指出，中美全面经济对话中方牵头人刘鹤与美国贸易代表莱特希泽、财政部部长姆努钦在华盛顿举行第七轮中美经贸高级别磋商。双方进一步落实两国元首阿根廷会晤达成的重要共识，围绕协议文本开展谈判，在技术转让、知识产权保护、非关税壁垒、服务业、农业以及汇率等方面的具体问题上取得实质性进展。在此基础上，双方将按照两国元首指示做好下一步工作。中美贸易谈判取得实质性进展的消息刺激股市提振市场人气，2019 年 2 月 24 日美国总统特朗普在其推特账户上宣布，美国将延后原定于 3 月 1 日对中国产品加征关税的措施。股市受此消息影响跳空大涨。

2.技术面上，上证指数突破年线

上证指数跳空突破年线，技术面上亦呈现强劲的上升势头。短线资金面维持宽松格局，人民币也保持强势升值趋势。

3.金融板块特别是券商板块暴涨，尾盘券商放量大涨 9.72%，带动上证 50ETF 指数上涨

2019 年 2 月 22 日周五下午中央政治局就完善金融服务、防范金融风险举行第十三次集体学习，这也对金融板块的整体走强和 A 股持续大涨带来积极的影响。国家领导人在主持学习时强调，要深化对国际国内金融形势的认识，正确把握金融本质，深化金融供给侧结构性改革，平衡好稳健增长和防风险的关系，精准有效处置重点领域风险，深化金融改革开放，增强金融服务实体经济能力，推动我国金融业健康发展。

4.减税降费政策为实体企业和资本市场都带来持续性的利好

2019 年 2 月 21 日晚间，一份中国证券业协会发出的《关于就资本市场减税降费措施征集意见的通知》成为市场热议的焦点。减税降费是深化供给侧结构性改革的重要措施，对减轻企业负担、激发经济增长有重要作用。对资本市场而言，无论是实质性影响还是市场情绪都在改善。

5.货币政策预期宽松

2019 年 2 月 25 日,中国银行保险监督管理委员会副主席王兆星在国务院新闻发布会上表示,结构性去杠杆达到预期目标,我国经济的宏观杠杆率已改变过去年均增加 10 多个百分点的势头,去年以来趋于稳定。银行保险领域的野蛮生长现象得到遏制。人社部基金监督局局长唐霁松近日表示,养老金入市规模仅 15%,这一占比过小,应当推动养老基金投资运营规模不断扩大,逐步扩大养老基金投资范围。

(六)50ETF 购 2019 年 6 月 2950 合约

由图 4.27 可以看出该期权合约在到期日及临近到期日的市场表现:在 2019 年 6 月 20 日,50ETF 购 6 月 2950 合约价格从 0.0038 元涨到 0.312 元,涨幅约达 81 倍。从图 4.28 至图 4.31 可以看到该期权合约在 2019 年 6 月 20 日及前一交易日波动率情况及其标的 50ETF 行情,同时该期权到期日为 2019 年 6 月 26 日,此时距离期权合约到期日还剩 4 个交易日。

datetime	StockName	Open	High	Low	Close	Vol	openInterest	yes_setlet	Delta	Gamma	Vega	Theta	Rho	IV	Unit	strike price	first date	last date
2019/6/19	50ETF购6月2950	0.009	0.014	0.003	0.004	182948	142651	0.0022	0.11	2.544	0.075	-0.368	0.006	18.718	10000	2.95	20190226	20190626
2019/6/20	50ETF购6月2950	0.004	0.057	0.004	0.031	520963	104517	0.0039	0.531	5.51	0.151	-0.896	0.025	19.06	10000	2.95	20190226	20190626
2019/6/21	50ETF购6月2950	0.035	0.049	0.026	0.034	275820	103997	0.0312	0.523	4.952	0.138	-1.192	0.021	23.27	10000	2.95	20190226	20190626
2019/6/24	50ETF购6月2950	0.032	0.038	0.017	0.021	220514	101992	0.0339	0.592	9.508	0.085	-1.472	0.01	18.64	10000	2.95	20190226	20190626
2019/6/25	50ETF购6月2950	0.02	0.022	0.003	0.005	302951	94146	0.0213	0.229	7.392	0.046	-2.273	0.002	26.805	10000	2.95	20190226	20190626
2019/6/26	50ETF购6月2950	0.002	0.005	1E-04	1E-04	96083	87361	0.0054						500	10000	2.95	20190226	20190626

图 4.27　50ETF 购 2019 年 6 月 2950 合约临近到期日行情

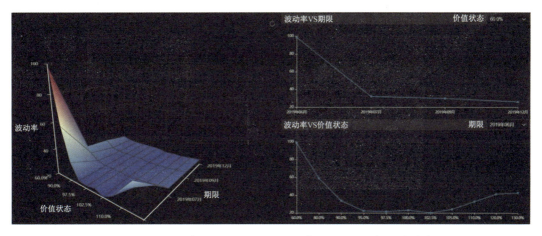

图 4.28　2019 年 6 月 20 日 50ETF 购 6 月 2950 合约波动率

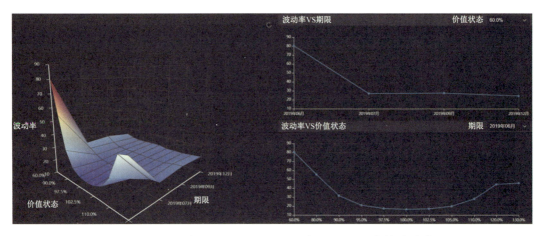

图 4.29 2019 年 6 月 19 日 50ETF 购 6 月 2950 合约波动率

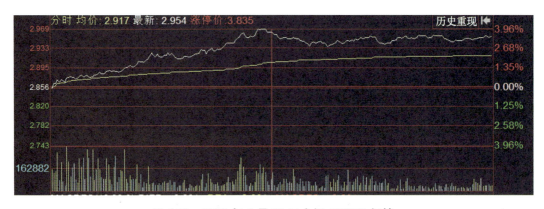

图 4.30 2019 年 6 月 20 日上证 50ETF 行情

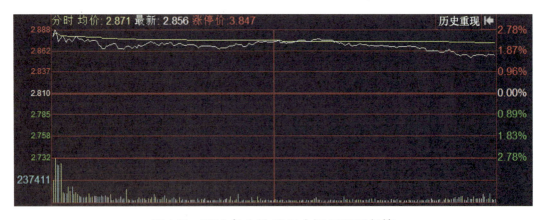

图 4.31 2019 年 6 月 19 日上证 50ETF 行情

经分析,造成本轮末日轮行情的主要因素有以下几点。

1.政策利好

2019 年 6 月以来,逆周期调节政策发力,允许地方政府专项债作为重大项目资本金,对宏观经济产生一定的托底作用。

2.科创板落地预期优秀,促进金融板块的爆发

科创板并试点注册制改革进度超预期,落地不确定因素减少。首家科创板 IPO 企业已开始询价发行,首批科创板企业上市交易在即。科创板开市在即以及证监会拟放松创业板借壳上市的政策,将给券商的投行业务带来大量机会,非银金融板块迎来利好。从上证 50 的成份股表现看,金融股尤其是券商股功不可没——2019 年 6 月 17 日刚刚调入上证 50 指数的中信建投涨停,中国人保上涨 8.07%,华泰证券、海通证券、中信证券的涨幅也都超过 6%。大盘此轮调整自 4 月 22 日开始,但对市场风险偏好更为敏感的券商板块自 4 月 4 日起便开始调整,较长时间的调整令其在行情到来之际率先暴涨。

3.中美贸易转好

2019 年 6 月 18 日,中美两国领导人通电话传达出两国经贸关系有望好转的迹象,双方经贸团队为 G20 会晤做好准备。同时中国领导人出访朝鲜也对市场人气起到提振作用。

4.市场预期美国即将开启降息周期

2019 年 6 月 20 日,美联储在会议声明中修改了部分关于经济情况和预期的表述,对经济前景的乐观看法"不确定性有所增强",释放出明显的鸽派信号,同时欧洲也出现降息信号。鸽派占据大多数,市场预期美国即将开启降息周期,人民币汇率大涨,利多国内股市。30 年期美国国债到期收益率首破 2.5%,10 年期美债跌破 2%,中国国债紧跟走强,10 年国债到期收益率下降至 3.24%。

5.富时指数纳入 A 股和 MSCI 指数扩大纳入 A 股的比例

证券时报网的消息"富时罗素正式纳 A,纳入个股调整至 1005 只"的相关报道促进了 2019 年 6 月 20 日 A 股市场的爆发。6 月 21 日盘后,A 股正式纳入富时罗素全球指数,并于 6 月 24 日开盘时正式生效。继 MSCI 后,国际知名指数编制公司富时罗素也正式将 A 股纳入其指数体系,这是我国资本市场高水平双向开放的又一重大突破。受益于富时指数纳入 A 股和 MSCI 指数扩大纳入 A 股的比例,北上资金 6 月份持续净流入 A 股。截至 6 月 20 日,北上资金累计净流入逾 378 亿元,6 月份仅一天出现净流出。北上资金投资的股票标的以银行、券商、保险、必选消费等权重板块的股票为主,与上证 50ETF 的成份股相关性较高。同时,龙头白马股成为增持对象,贵州茅台、中国平安等个股的净买入均超 10 亿元。龙头白马股为代表的核心资产表现出色。五粮液、中国平安、招商银行在 2019 年 6 月 20 日盘中股价均创历史新高,贵州茅台也接近前期历史最高点。核心资产发力,进而促进 50ETF 的上涨。

6.国内宏观经济环境良好,货币政策预期宽松

从我国经济发展的实际情况看,2019 年 6 月 20 日的政策利率仍然处于较高水平,存款准备金率相对较高,汇率总体保持稳定,货币政策仍有空间。对于 A 股市场来说,一旦货币政策空间打开,一方面货币供应增加,无风险利率下行提升风险资产估值,从分母端驱动市场修复;另一方面,市场流动性改善,有利于上市公司融资,进而促进企业盈利改善,从分子端驱动市场回暖。同时,中国 10 年期国债比美国 10 年期国债利率高约 1.2 个百分点,提供了操作空间。

（七）50ETF 购 2020 年 7 月 3400 合约

由图 4.32 可以看出该期权合约在到期日及临近到期日的市场表现：在 2020 年 7 月 2 日，50ETF 购 7 月 3400 合约价格从 0.0008 元涨到 0.0076 元，涨幅接近 9 倍。从图 4.33 至图 4.36可以看到该期权合约在 2020 年 7 月 2 日及前一交易日波动率情况及其标的 50ETF 行情，同时该期权到期日为 2020 年 7 月 22 日，此时距离期权合约到期日还剩 14 个交易日。

datetime	StockName	Open	High	Low	Close	Vol	openInterest	yes_settlet	Delta	Gamma	Vega	Theta	Rho	IV	Unit	strike price	first date	last date
2020/7/2	50ETF购7月3400	0.0008	0.0086	0.0008	0.0076	70487	31975	0.0004	0.085	0.7775	0.113	-0.288	0.014	27.5527	10000	3.4	20200702	20200722
2020/7/3	50ETF购7月3400	0.0137	0.021	0.008	0.0169	164651	64934	0.0076	0.1634	1.2257	0.1793	-0.4842	0.0262	27.672	10000	3.4	20200702	20200722
2020/7/6	50ETF购7月3400	0.0396	0.1749	0.0338	0.1735	532822	75638	0.0169	0.6025	1.1284	0.2801	-1.5325	0.084	47.0607	10000	3.4	20200702	20200722
2020/7/7	50ETF购7月3400	0.2507	0.257	0.0882	0.095	286968	80232	0.1735	0.5207	1.7088	0.2748	-1.1553	0.0689	33.8061	10000	3.4	20200702	20200722
2020/7/8	50ETF购7月3400	0.0938	0.1613	0.08	0.115	357006	87403	0.095	0.6	1.7314	0.2608	-1.1531	0.0749	33.0544	10000	3.4	20200702	20200722
2020/7/9	50ETF购7月3400	0.125	0.1363	0.1	0.1208	284880	84718	0.115	0.6219	1.727	0.2482	-1.2053	0.0723	33.7219	10000	3.4	20200702	20200722
2020/7/10	50ETF购7月3400	0.1028	0.1099	0.055	0.0658	383953	101091	0.1208	0.4598	2.0424	0.2427	-1.1953	0.0488	31.7748	10000	3.4	20200702	20200722
2020/7/13	50ETF购7月3400	0.0661	0.119	0.048	0.0689	451584	100164	0.0658	0.5545	2.6264	0.212	-1.2333	0.045	28.0534	10000	3.4	20200702	20200722

图 4.32　50ETF 购 2020 年 7 月 3400 合约临近到期日行情

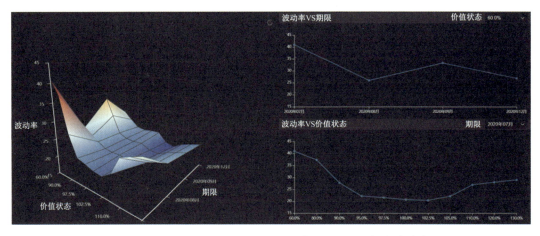

图 4.33　2020 年 7 月 2 日 50ETF 购 7 月 3400 合约波动率

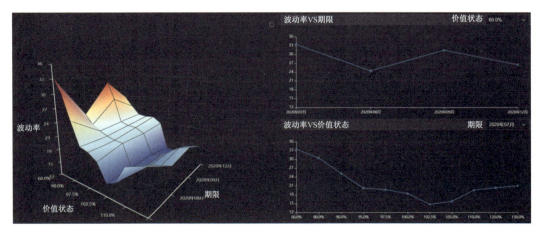

图 4.34　2020 年 7 月 1 日 50ETF 购 7 月 3400 合约波动率

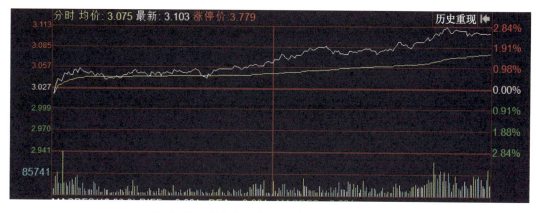

图 4.35　2020 年 7 月 2 日上证 50ETF 行情

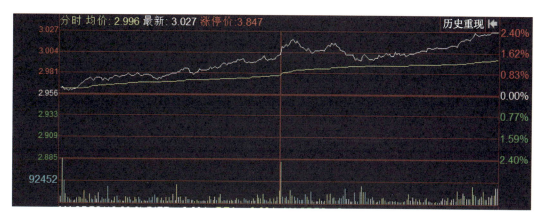

图 4.36　2020 年 7 月 1 日上证 50ETF 行情

经分析,造成本轮末日轮行情的主要因素有以下几点。

1.美联储释放流动性宽松的预期

2020 年 7 月 2 日(周四)2:00,美联储公布 6 月 10—11 日的货币政策会议纪要。美联储在会议上维持利率不变,美联储官员认为未来需要实施"高度宽松"的政策。在全球流动性保持宽裕的背景下,美元指数继续回落,在中美息差驱动之下,跨境资本向新兴市场流动,人民币资产具备升值空间。市场还通过美联储点阵图分析得出结论,美联储零利率政策要持续到 2022 年年底,其间美元难以大幅上涨,美元溢出还会持续,全球流动性难以出现危机。

2.市场热烈讨论两大券商

中信证券和中信建投合并消息,激发起券商板块的情绪,券商板块引领市场,两市总成交量创 2020 年新高。

券商板块掀涨停潮,金融股及地产股全线启动,带动底部周期股上涨,两市总成交量过万亿,较前一交易日增加 19.0%,创 2646 点以来的天量,市场情绪被激发,大市值股出现赚钱效应,吸引场外资金加速入场,场内资金交易活跃,市场情绪有所提升,市场信心保持稳定。

3.人民购买基金产品热度高涨,为市场提供了充足的流动性

2020 年,为稳增长,央行年初以来通过连续降准,向市场注入了流动性,通过下调 MLF 利率及 LPR,达到结构性降息目的,加之人民币兑美元跌破"7",为实现资金的保值增值,居民资金从银行流出,转战各投资场所,由于近两年权益类股票基金大幅增值,甚至出现抢购局面,吸引部分居民储蓄资金购买,此类资金通过购买权益类股票基金间接流入 A 股市场。

4.美元持续走低,外资大量进入 A 股市场

2020 年 5 月 25 日以来,美元持续走低,曾连续下跌 13 个交易日。与之对应的是北上资金连续 14 个交易日持续净流入,6 月以来,北上资金更是连续大幅流入,在前一交易日更是大幅净流入达 171.15 亿元,北上资金流入 A 股市场呈趋势加速态势。

5.债券市场资金转战 A 股市场

2020 年 4 月中下旬以来,国内债券市场终结了连续两年多的牛市,出现转折性拐点并出现趋势性震荡回落走势。债券市场走熊的原因,一是供需发生改变,二是债券收益率创历史新低,债券市场部分资金流出,转战仍处于底部的 A 股市场。

6.场外大资金大幅流入 A 股

通过沪深两市成交量增速对比,发现 2020 年 7 月 22 日沪市成交量增速大于深市,这是近两年来罕见的现象,这意味着资金主战场从深市向沪市转移,沪市基本以大市值的金融及周期股为主,这类股票多数还处于底部,非大资金入市是难以推动的,这是沪市走势落后于深市的原因所在,但从历史规律看,一旦大资金入市,资金主战场就会转移到沪市,只有大市值股才适合大资金进出,所以从大金融联袂启动看,有可能是 2014 年流入 A 股的场外大资金再度重返市场,进而使得大市值股推动 50ETF 指数上涨。

7.国内央行继续维持宽松政策,下调再贷款、再贴现利率

央行决定于 2020 年 7 月 1 日起下调再贷款、再贴现利率。资金面宽松,Shibor 多数下行,隔夜品种下行 22.2BP 报 1.7450%。国务院常务会议要求综合运用降准、再贷款等工具,保持市场流动性合理充裕,加大力度解决融资难,缓解企业资金压力,全年人民币贷款新增和社会融资新增规模均超过上年,宽松政策仍是主基调。

8.国内经济持续复苏

国内经济也在稳步恢复,中国制造及非制造业 PMI 连续 4 个月扩张,官方制造业 PMI 从 50.6 回升到 50.9,非制造业 PMI 从 53.6 回升到 54.4,采购、生产、需求、库存和价格指标的组合也显示经济继续稳步复苏。

9.中欧第三十轮投资谈判预期良好

商务部表示,按照中欧双方领导人在第二十二次会晤中达成的共识,本周中欧双方工作团队正在以视频方式举行第三十轮投资协定谈判,重点围绕相关规则方面的文本议题以及清单出价进行磋商。下一步,双方将继续全力推进谈判,落实年内达成协议的目标,早日惠及双方企业和投资者。

10.美国疫情二次暴发,新冠新增确诊病例再创新高,提升了资金对中国经济快速复苏的信心

2020 年 7 月 1 日,美国新冠新增确诊病例再创新高,日增 5.19 万例,二次暴发风险提升,相较之下,国内新冠疫情的快速平息,提升了资金对于中国经济领先全球恢复的信心,推升外资对 A 股资产的偏好,在一定程度上带来了北上资金的大规模流入。

11.上证指数时隔 13 年再次迎来修订,提振市场信心

(八)50ETF 沽 2020 年 7 月 3200 合约及 300ETF 沽 2020 年 7 月 4500 合约

由图 4.37 可以看出 50ETF 沽 2020 年 7 月 3200 合约在到期日及临近到期日的市场表现:2020 年 7 月 16 日,该期权价格从 0.0066 元涨到 0.0534 元,涨幅约达 7 倍,从图 4.38 至图 4.41 可以看到该期权合约在 2020 年 7 月 16 日及前一交易日波动率情况及其标的 50ETF 行情,同时该期权到期日为 2020 年 7 月 22 日,此时距离期权合约到期日还剩 4 个交易日。

datetime	StockName	Open	High	Low	Close	Vol	openInterest	yes_setllet	Delta	Gamma	Vega	Theta	Rho	IV	Unit	strike price	first date	last date
2020/7/13	50ETF沽7月3200	0.017	0.0171	0.0056	0.0058	100035	106782	0.0168	-0.0783	0.9079	0.0784	-0.4735	-0.0067	30.0265	10000	3.2	20200603	20200722
2020/7/14	50ETF沽7月3200	0.007	0.013	0.0052	0.01	93796	108668	0.0058	-0.1218	1.2405	0.1011	-0.7449	-0.0092	32.5605	10000	3.2	20200603	20200722
2020/7/15	50ETF沽7月3200	0.0059	0.0116	0.0048	0.0089	92783	105470	0.01	-0.1271	1.51	0.0966	-0.7427	-0.0083	29.7363	10000	3.2	20200603	20200722
2020/7/16	50ETF沽7月3200	0.0066	0.055	0.0061	0.0534	357780	73578	0.0089	-0.4721	2.7954	0.1636	-1.6998	-0.0258	34.6341	10000	3.2	20200603	20200722
2020/7/17	50ETF沽7月3200	0.0435	0.05	0.0165	0.0209	394714	72642	0.0534	-0.3577	4.4025	0.1411	-1.1377	-0.0161	22.4365	10000	3.2	20200603	20200722
2020/7/20	50ETF沽7月3200	0.012	0.0177	0.0019	0.0025	192726	74838	0.0209	-0.064	1.4115	0.0309	-1.0117	-0.0012	36.0016	10000	3.2	20200603	20200722

图 4.37　50ETF 沽 2020 年 7 月 3200 合约临近到期日行情

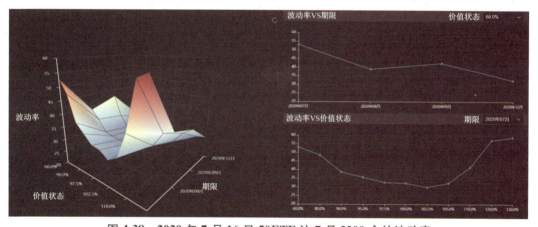

图 4.38　2020 年 7 月 16 日 50ETF 沽 7 月 3200 合约波动率

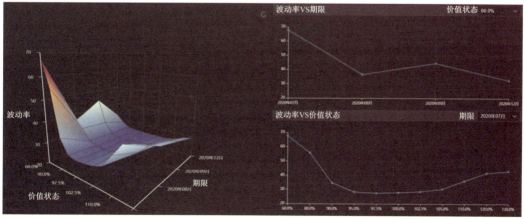

图 4.39　2020 年 7 月 15 日 50ETF 沽 7 月 3200 合约波动率

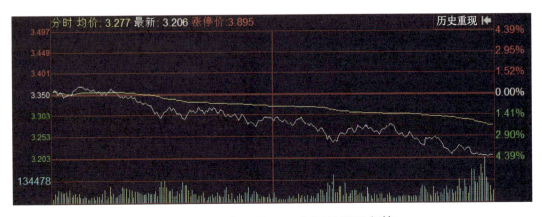

图 4.40　2020 年 7 月 16 日上证 50ETF 行情

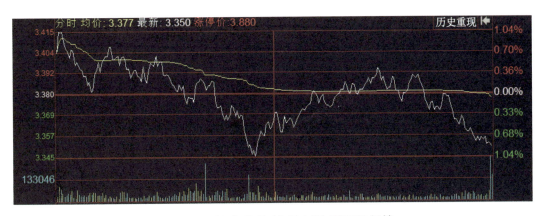

图 4.41　2020 年 7 月 15 日上证 50ETF 行情

由图 4.42 可以看出 300ETF 沽 2020 年 7 月 4500 合约在到期日及临近到期日的市场表现：在 2020 年 7 月 16 日，300ETF 沽 2020 年 7 月 4500 合约价格从 0.0071 元涨到 0.056 元，涨幅接近七倍。从图 4.43 至图 4.46 可以看到该期权合约在 2020 年 7 月 2 日及前一交易日波动率情况及其标的 300ETF 行情，同时该期权到期日为 2020 年 7 月 22 日，此时距离期权合约到期日还剩 4 个交易日。

DateTime	StockName	Open	High	Low	Close	Vol	OpenInterest	yes_setllet	Delta	Gamma	Vega	Theta	Rho	IV	Unit	strike price	first date	last date
2020/7/14	300ETF沽2020年7月4500	0.0053	0.0141	0.0051	0.0071	42440	61836	0.005	-0.0119	0.1948	0.0002	-0.0003	0	0.3167	10000	4.5	2020/6/19	2020/7/22
2020/7/15	300ETF沽2020年7月4500	0.005	0.0139	0.0046	0.0079	45241	55503	0.0071	-0.0226	0.3617	0.0004	-0.0005	0	0.301	10000	4.5	2020/6/19	2020/7/22
2020/7/16	300ETF沽2020年7月4500	0.0071	0.056	0.0049	0.056	207521	42535	0.0079	-0.3258	2.7021	0.0023	-0.0033	-0.0003	0.3288	10000	4.5	2020/6/19	2020/7/22
2020/7/17	300ETF沽2020年7月4500	0.04	0.052	0.017	0.0207	295155	42437	0.056	-0.216	2.0927	0.0017	-0.0034	-0.0002	0.2554	10000	4.5	2020/6/19	2020/7/22
2020/7/20	300ETF沽2020年7月4500	0.0115	0.0149	0.0013	0.0018	94121	35780	0.0207	-0.0105	0.2745	0.0001	-0.0005	0	0.3008	10000	4.5	2020/6/19	2020/7/22
2020/7/21	300ETF沽2020年7月4500	0.001	0.0011	0.0001	0.0004	15550	26811	0.0018	-0.0018	0.069	0	-0.0001	0	0.3008	10000	4.5	2020/6/19	2020/7/22

图 4.42　300ETF 沽 2020 年 7 月 4500 合约临近到期日行情

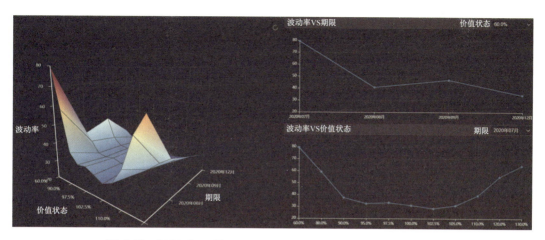

图 4.43 2020 年 7 月 16 日 300ETF 沽 7 月 4500 合约波动率

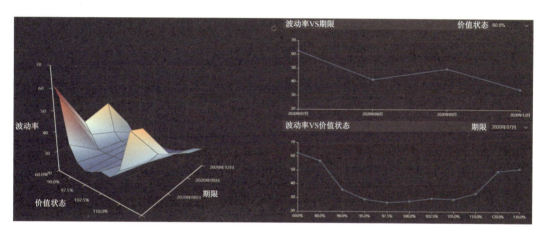

图 4.44 2020 年 7 月 15 日 300ETF 沽 7 月 4500 合约波动率

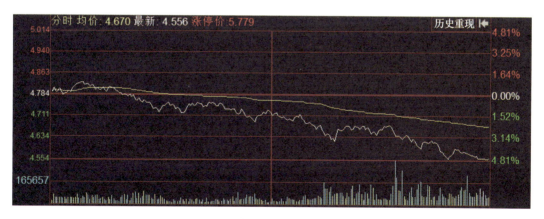

图 4.45 2020 年 7 月 16 日 300ETF 行情

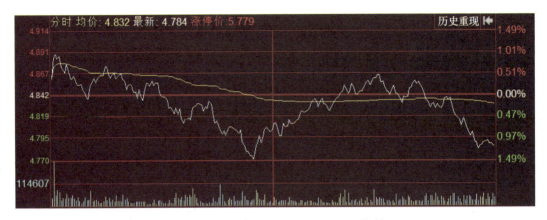

图 4.46　2020 年 7 月 15 日 300ETF 行情

经分析,造成本轮末日轮行情的主要因素有以下几点。

1.监管层发出给股市降温的信号

监管层打击场外配资,国家队减持,监管层给股市降温的信号较为明显。

2.白酒板块和半导体板块大跌崩盘

贵州茅台被媒体质问以及英国禁止华为 5G 设备的消息面,引爆了白酒和半导体板块。贵州茅台大幅暴跌 7.9%,带崩大盘指数。

3.市场氛围恐慌

美国宣称可能将港元剔除美元结算,金融战可能开启,中美关系出现不确定性,造成市场氛围有点恐慌。

（九）50ETF 沽 2021 年 2 月 3900 合约及 300ETF 购 2021 年 2 月 5675A 合约

由图 4.47 可以看出 50ETF 沽 2021 年 2 月 3900 合约在到期日及临近到期日的市场表现:2021 年 2 月 22 日,该期权价格从 0.0024 元涨到 0.0394 元,涨幅超 15 倍。从图 4.48 至图 4.51 可以看到该期权合约在 2021 年 2 月 22 日及前一交易日波动率情况及其标的 50ETF 行情,同时该期权到期日为 2021 年 2 月 24 日,此时距离期权合约到期日仅剩 2 个交易日。

datetime	StockName	Open	High	Low	Close	Vol	openInterest	yes_settlet	Delta	Gamma	Vega	Theta	Rho	IV	Unit	stnke price	first date	last date
2021/2/8	50ETF沽2月3900	0.0958	0.1132	0.0743	0.081	212519	64305	0.1055	-0.5426	2.2931	0.3218	-0.7499	-0.0957	21.3215	10000	3.9	20201224	20210224
2021/2/9	50ETF沽2月3900	0.0766	0.0883	0.0433	0.0433	264915	86864	0.081	-0.3871	2.4579	0.3057	-0.702	-0.0644	19.506	10000	3.9	20201224	20210224
2021/2/10	50ETF沽2月3900	0.038	0.0437	0.0199	0.0235	299847	101668	0.0433	-0.2363	1.855	0.2422	-0.6532	-0.0373	21.1488	10000	3.9	20201224	20210224
2021/2/18	50ETF沽2月3900	0.0053	0.0145	0.0026	0.0092	196101	113282	0.0235	-0.1572	2.1806	0.1236	-0.7974	-0.0105	21.4702	10000	3.9	20201224	20210224
2021/2/19	50ETF沽2月3900	0.0112	0.0156	0.0034	0.0037	230115	120575	0.0092	-0.0991	2.2253	0.0816	-0.4926	-0.0055	16.7446	10000	3.9	20201224	20210224
2021/2/22	50ETF沽2月3900	0.0024	0.0441	0.0024	0.0394	435255	79080	0.0037	-0.6705	6.1106	0.1038	-1.9166	-0.0144	20.66	10000	3.9	20201224	20210224
2021/2/23	50ETF沽2月3900	0.0449	0.05	0.0076	0.0249	465192	61801	0.0394	-0.6245	8.8676	0.0772	-2.9247	-0.0067	21.0312	10000	3.9	20201224	20210224
2021/2/24	50ETF沽2月3900	0.018	0.1643	0.015	0.1643	314174	6699	0.0249	-1 NAN		0 NAN		0	499.9999	10000	3.9	20201224	20210224

图 4.47　50ETF 沽 2021 年 2 月 3900 合约临近到期日行情

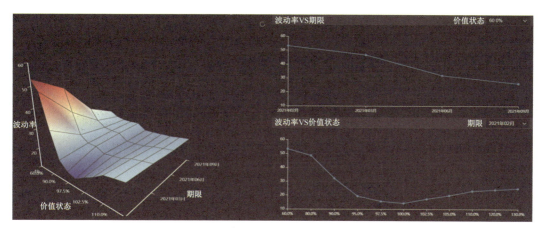

图 4.48　2021 年 2 月 22 日 50ETF 沽 2 月 3900 合约波动率

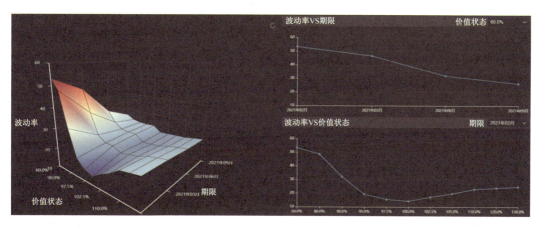

图 4.49　2021 年 2 月 19 日 50ETF 沽 2 月 3900 合约波动率

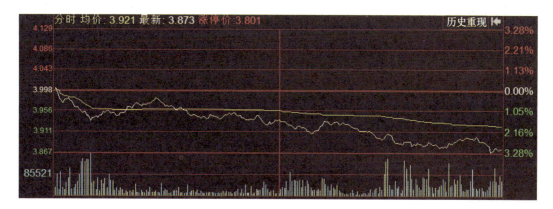

图 4.50　2021 年 2 月 22 日上证 50ETF 行情

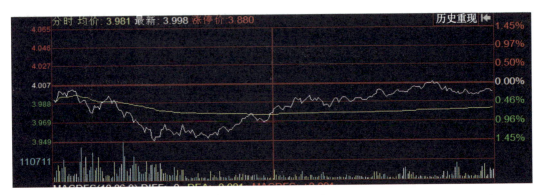

图 4.51　2021 年 2 月 19 日上证 50ETF 行情

由图 4.52 可以看出 300ETF 沽 2021 年 2 月 5675 合约在到期日及临近到期日的市场表现：在 2021 年 2 月 22 日，300ETF 购 2021 年 2 月 5675 合约价格从 0.0069 元涨到 0.0854 元，涨幅超过 10 倍。从图 4.53 至图 4.56 可以看到该期权合约在 2021 年 2 月 22 日及前一交易日波动率情况及其标的 300ETF 行情，同时该期权到期日为 2021 年 2 月 24 日，此时距离期权合约到期日仅剩 2 个交易日。

datetime	StockName	Open	High	Low	Close	Vol	openInterest	yes_settlet	Delta	Gamma	Vega	Theta	Rho	IV	Unit	strike price	first date	last date
2021/2/18	300ETF沽2021年2月5675A	0.01	0.0353	0.002	0.0256	101121	34076	0.0406	-0.2605	2.2041	0.0026	-0.0033	-0.0003	0.1928	10132	5.675	2020/12/24	2021/2/24
2021/2/19	300ETF沽2021年2月5675A	0.0299	0.0528	0.0095	0.0097	140155	36923	0.0256	-0.1795	1.9001	0.0019	-0.0029	-0.0002	0.1643	10132	5.675	2020/12/24	2021/2/24
2021/2/22	300ETF沽2021年2月5675A	0.0069	0.0926	0.0069	0.0854	181701	37549	0.0097	-0.8127	2.8663	0.0014	-0.0039	-0.0004	0.1006	10132	5.675	2020/12/24	2021/2/24
2021/2/23	300ETF沽2021年2月5675A	0.1095	0.1328	0.0494	0.1024	165484	19423	0.086	-0.8824	2.3727	0.0008	-0.0037	-0.0003	0.1636	10132	5.675	2020/12/24	2021/2/24
2021/2/24	300ETF沽2021年2月5675A	0.0926	0.299	0.08	0.2542	53007	0	0.1024	-1	0.0009	0	0.0004	-0.0002	0.4668	10132	5.675	2020/12/24	2021/2/24

图 4.52　300ETF 沽 2021 年 2 月 5675 合约临近到期日行情

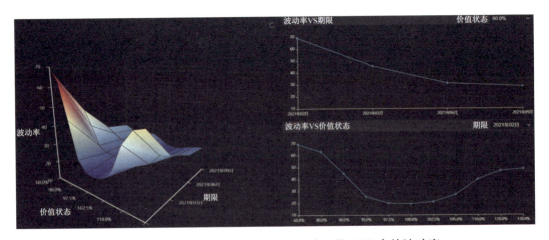

图 4.53　2021 年 2 月 22 日 300ETF 沽 2 月 5675 合约波动率

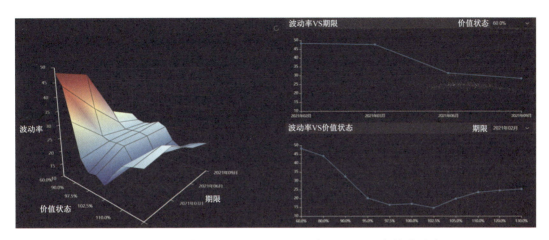

图 4.54　2021 年 2 月 19 日 300ETF 沽 2 月 5675 合约波动率

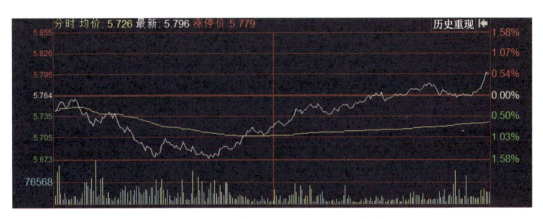

图 4.55　2021 年 2 月 22 日 300ETF 行情

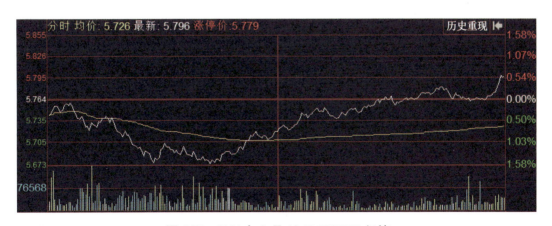

图 4.56　2021 年 2 月 19 日 300ETF 行情

经分析,造成本轮末日轮行情的主要因素有以下几点。

1.资金调仓换股,之前抱团的蓝筹龙头股瓦解,核心资产大幅回撤

此前市场氛围是由于资金抱团蓝筹龙头股,因此上证 50 和沪深 300 回调较为明显。前

期上涨显著的白酒、家电、汽车等热门板块等，由于估值上升较快，都出现了大幅调整。

2.美债收益率上行

（十）50ETF购2021年5月3600合约及300ETF购2021年5月5250合约

由图4.57可以看出50ETF购2021年5月3600合约在到期日及临近到期日的市场表现：2021年5月25日，该期权价格从0.0009元涨到0.0417元，涨幅高达45.33倍。标的50ETF当日上涨4.18%，从图4.58至图4.61可以看到该期权合约在2021年5月25日及前一交易日波动率情况及其标的300ETF行情，同时该期权到期日为2021年5月26日，此时距离期权合约到期日仅剩1个交易日。

datetime	StockName	Open	High	Low	Close	Vol	openInterest	yes_settlet	Delta	Gamma	Vega	Theta	Rho	IV	Unit	strike price	first date	last date
2021/5/18	50ETF购2021年5月3600	0.0195	0.021	0.0101	0.0145	254687	231147	0.0165	0.2924	2.7976	0.0019	-0.0024	0.0002	0.1796	10000	3.6	2021/3/25	2021/5/26
2021/5/19	50ETF购2021年5月3600	0.0118	0.0125	0.0053	0.0064	174062	238282	0.0145	0.21	2.5516	0.0015	-0.0021	0.0002	0.1669	10000	3.6	2021/3/25	2021/5/26
2021/5/20	50ETF购2021年5月3600	0.0052	0.009	0.004	0.0057	128752	234811	0.0064	0.226	2.833	0.0015	-0.0023	0.0001	0.1576	10000	3.6	2021/3/25	2021/5/26
2021/5/21	50ETF购2021年5月3600	0.0072	0.0096	0.0011	0.0016	182049	223951	0.0057	0.1084	1.9134	0.0008	-0.0015	0.0001	0.1653	10000	3.6	2021/3/25	2021/5/26
2021/5/24	50ETF购2021年5月3600	0.0013	0.0018	0.0005	0.0006	66347	199958	0.0016	0.0524	1.6083	0.0003	-0.0012	0	0.1807	10000	3.6	2021/3/25	2021/5/26
2021/5/25	50ETF购2021年5月3600	0.0009	0.0472	0.0007	0.0417	591246	87916	0.0006	0.7379	5.7505	0.0009	-0.0048	0.0001	0.1777	10000	3.6	2021/3/25	2021/5/26
2021/5/26	50ETF购2021年5月3600	0.047	0.0705	0.0358	0.0509	363421	10365	0.0417	0.875	4.8527	0.0004	-0.0046	0.0001	0.2266	10000	3.6	2021/3/25	2021/5/26

图4.57　50ETF购2021年5月3600合约临近到期日行情

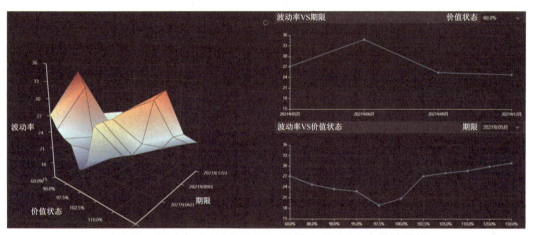

图4.58　2021年5月25日50ETF购5月3600合约波动率

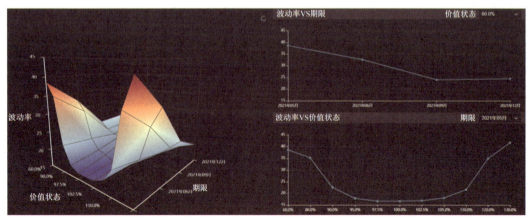

图4.59　2021年5月24日50ETF购5月3600合约波动率

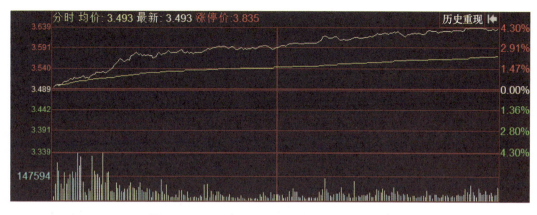

图 4.60　2020 年 5 月 25 日上证 50ETF 行情

图 4.61　2020 年 5 月 24 日上证 50ETF 行情

　　由图 4.62 可以看出 300ETF 沽 2021 年 5 月 5250 合约在到期日及临近到期日的市场表现：在 2021 年 5 月 25 日，300ETF 购 2021 年 5 月 5250 合约价格从 0.0055 元涨到 0.0833 元，涨幅达 14 倍。标的 300ETF 当日上涨 3.18%，从图 4.63 至图 4.66 可以看到该期权合约在 2021 年 5 月 25 日及前一交易日波动率情况及其标的 300ETF 行情，同时该期权到期日为 2021 年 5 月 26 日，此时距离期权合约到期日仅剩 1 个交易日。

datetime	StockName	Open	High	Low	Close	Vol	openInterest	yes_settlet	Delta	Gamma	Vega	Theta	Rho	IV	Unit	strike price	first date	last date
2021/5/18	300ETF购2021年5月5250	0.045	0.0472	0.0248	0.0341	367672	224940	0.0377	0.3903	2.0106	0.0031	-0.0042	0.0005	0.1779	10000	5.25	2021/3/25	2021/5/26
2021/5/19	300ETF购2021年5月5250	0.0299	0.0306	0.0203	0.0211	412625	224356	0.0341	0.3502	2.1026	0.0028	-0.0042	0.0004	0.1579	10000	5.25	2021/3/25	2021/5/26
2021/5/20	300ETF购2021年5月5250	0.0213	0.0299	0.0151	0.0202	429546	228726	0.0211	0.3702	2.2878	0.0027	-0.0046	0.0004	0.1494	10000	5.25	2021/3/25	2021/5/26
2021/5/21	300ETF购2021年5月5250	0.025	0.032	0.007	0.007	431680	191794	0.0202	0.2341	2.0309	0.0025	-0.0039	0.0002	0.1536	10000	5.25	2021/3/25	2021/5/26
2021/5/24	300ETF购2021年5月5250	0.0073	0.0099	0.0037	0.0045	162975	150395	0.007	0.2052	2.7772	0.0013	-0.0049	0.0001	0.1575	10000	5.25	2021/3/25	2021/5/26
2021/5/25	300ETF购2021年5月5250	0.0055	0.0988	0.005	0.0833	510659	43332	0.0045	0.8195	3.0417	0.001	-0.006	0.0002	0.19	10000	5.25	2021/3/25	2021/5/26
2021/5/26	300ETF购2021年5月5250	0.0912	0.1034	0.0534	0.0534	154217	4506	0.0833	0.8993	2.8427	0.0005	-0.0058	0.0001	0	10000	5.25	2021/3/25	2021/5/26

图 4.62　300ETF 购 2021 年 5 月 5250 合约临近到期日行情

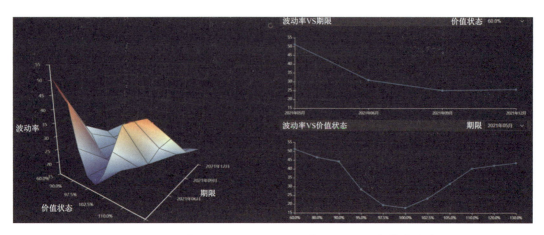

图 4.63　2021 年 5 月 25 日 300ETF 购 5 月 5250 合约波动率

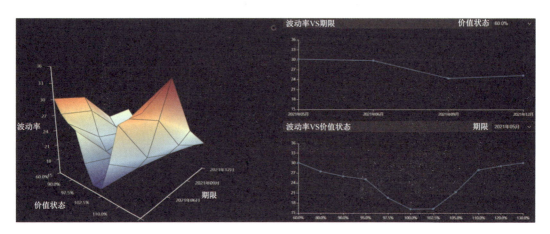

图 4.64　2021 年 5 月 24 日 300ETF 购 5 月 5250 合约波动率

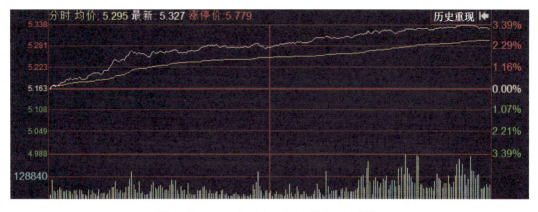

图 4.65　2020 年 5 月 25 日 300ETF 行情

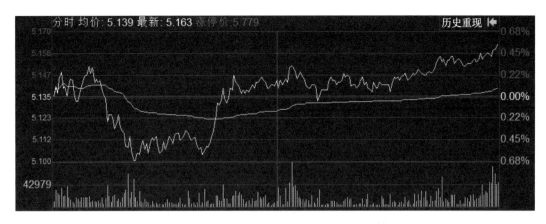

图 4.66　2020 年 5 月 24 日 300ETF 行情

经分析,造成本轮末日轮行情的主要因素有以下几点。

1.券商板块暴涨,起到了引领市场的作用,大金融板块跟涨

证券 ETF 的涨幅都超过了 4%。券商股上涨的原因:一是券商股已经跌了许久,估值水平较低,基金配置少。二是关于引入 T+0 交易机制的传闻不断。三是近期又有关于调整印花税的说法。四是大金融,比如保险股,近小半年一直在调整,价格相对便宜;银行股经历 2020 年末一波反弹之后,亦持续走低。

2.高端白酒暴涨,贵州茅台大涨 6%,带动 50ETF 指数和 300ETF 指数大幅上涨

2020 年 5 月 25 日的前一段时间,二三线的白酒股已经涨了不少,有的已经创出历史新高。但贵州茅台在这段时间内并没有跟涨。5 月 25 日贵州茅台大涨 6%,成交突破 146 亿元,为上证指数贡献了近 15%的涨幅。仁怀市政府发布《仁怀市国民经济和社会发展第十四个五年规划和二〇三五年远景目标纲要》,公布了 2035 年的远景目标:推动茅台"两个 10 万吨"目标早日实现。政府发话将倾力支持茅台集团及其子公司技改扩能,助力其成为全省首家"世界 500 强"企业。全力支持茅台集团继续做大做强,按照"三翻番、双巩固、双打造"计划,到 2025 年,茅台集团营业收入将达到 2000 亿元。

3.北上资金创历史新高,大力推动指数上涨

据 Wind 数据显示,北上资金全天大幅净买入 217.23 亿元,超越 2019 年 11 月 26 日创造的 214.3 亿元,刷新历史高点。其中沪股通净买入额达 168 亿元,大幅超越 2020 年 2 月 3 日创造的 135.9 亿元,同样刷新历史高点。

4.大宗商品价格受到政策限制,有利于企业继续经营发展,提高居民消费水平,且能够缓解股市对于滞涨的担忧

国常会 8 天内两次调控大宗商品,国常会重点讨论给大宗商品过快上涨的降温措施,煤炭钢铁等价格短期受到重挫。2021 年以来,随着大宗商品价格持续上行,A 股市场对通胀上行以及货币收紧担忧升温,无风险收益率(中国 10 年期国债收益率)高位震荡,压制了股票市场的整体行情,股票市场持续了近三个月的盘整。5 月份以来,在流动性合理充裕、中央加

大大宗商品保供稳价力度的背景下，大宗商品价格呈现破位下跌行情，大宗商品价格已经基本见顶，市场对通胀预期和货币收紧的担忧消退。国务院高层在浙江宁波考察时强调，要高度关注世界经济周期性变化以及国际大宗商品价格波动，用市场化办法做好大宗商品进口、储运、交易，增强应对未来世界经济周期性波动、稳定产业链供应链的能力。要想方设法做好大宗商品的保供稳价工作，合理引导市场预期。既要适当储备、进行调控，又要打击囤积居奇，以支持企业应对成本上升等经营困难，努力防止大宗商品价格上涨向居民消费价格传导。

5.人民币升值且升值预期增强，促使外资加快流入，带动核心资产企稳上涨

2021 年 5 月 25 日在岸人民币兑美元 16:30 收盘报 6.4078，较上一交易日涨 215 个基点，并创近 3 年新高；离岸人民币兑美元盘中一度升破 6.4 关口。5 月 23 日央行副行长刘国强指出汇率双向波动成为常态，在中国出口未有明显承压前，央行对汇率波动的容忍度大幅提升。所以人民币上涨空间仍然较大，对国内外投资者信心均有所提振。

6.百年国庆庆典临近

历史经验，此段国庆时间市场将维持运行环境平稳、友好。

7. 房地产上涨动能下降，部分资金从房产流入股市

深圳房价降温的新闻有所传播，有利于减少类似于春节前后房地产和股市争夺资金的现象。

8.国内整顿币圈，有利于减少资金分流，部分资金从币圈流入股市

新华社 2021 年 5 月 25 日刊发题为"挖矿耗能巨大，价格暴涨暴跌——虚拟货币乱象调查"的文章。文章称，从挖矿到交易再到融资，"币圈"乱象横生，监管整治已出重拳，投资者应远离虚拟货币交易炒作活动。内蒙古出台打击惩戒虚拟货币"挖矿"行为八项措施。比特币期货最近三周跌幅 38%，创最近一年最大月跌幅。

9.市场流动性较为宽松

国内流动性稳健充裕，政策没有收紧预期；美联储虽然有关于缩减购债规模的讨论，但是也表示短期内不会调整货币政策。近期货币市场的利率持续低于央行公开市场操作的政策利率，市场流动性较为宽松。

三、末日轮行情的交易策略

我们都知道，期权的权利金由时间价值和内在价值两部分组成。当期权临近到期时，权利金中的时间价值较低，特别是虚值期权合约仅有时间价值。若标的物价格大幅波动，使虚值合约变成实值期权后，其权利金的内在价值从零快速上升，带来权利金呈几何倍数上升。

那么谁是末日轮的推手呢？在期权常用的风险参数中有一个希腊字母 Gamma，它是期权价格变动相对于标的物价格变动的二阶导数，反映标的物价格变动 1 个单位 Delta 的变化量。Delta 值，又称对冲值，是衡量标的物价格每变动 1 个单位，期权价格的变动幅度。如果

把 Delta 理解为权利金变化的速度,那么 Gamma 就是权利金变化的加速度。因此,标的物大幅波动会引起权利金大幅涨跌,从而产生末日轮现象。

期权交易由买卖双方组成,末日轮会造成权利金大幅上涨,所以交易首选是使用买方策略。只有标的物大幅波动,造成虚值合约快速变成实值合约时,才会发生末日轮行情。当市场发布重要经济数据、USDA 报告、贸易摩擦等信息时,通常会令市场出现较大幅度的波动,或者标的物突破重要技术支撑或压力位形成单边行情。此时,可以顺势买入相应方向的虚值期权,以期获得末日轮行情带来的大幅收益。

当然,通常在数据或消息发布前,我们不知道是利好还是利空,也不知道标的物在重要技术位是否获得支撑或压力,但认为一定会引起标的物大幅波动时,则可以利用期权的不对称性特点,通过买入两个虚值期权组成宽跨式策略参与交易,博取正确方向带来的大幅盈利。

如何选择期权虚值额呢?需要投资者根据对标的物的基本面、技术面分析,评估预测标的物会波动到的价格,在此范围内买入虚值期权。如果无法精确预测目标价格,则一般选择虚一档、二档的合约,当然越虚的合约,一旦转为实值期权,其涨幅越大。不过,过虚的合约如果未能在到期前变成实值期权,则只能归零,损失全部权利金。因此,行权价格的选择在交易中非常重要,这也要求投资者通过对标的物的精准判断,提高交易收益。末日轮行情几十倍、上百倍的涨幅带来巨额收益,但在实盘交易中投资者还需要注意规避风险。

第一,末日轮并不是每次合约到期都会发生,其概率很小,交易中存在胜率低的问题。为规避胜率低的风险,投资者可以降低试错成本。这里建议,每次交易前认真做好分析,使用资金控制在总资产的 5% 以内,减少单次试错成本,增加试错次数。当判断错误时,在权利金归零前及时止损,挽回剩余本金,绝不可硬扛。

第二,大幅盈利后及时调仓或者止盈。当交易获得大幅盈利后,如果预期行情继续延续,可以调仓到新的虚值合约,这样不仅可以享受高 Gamma 带来的收益加速增长,还可以将本金甚至部分盈利提前落袋为安。调仓中一般保持此前交易的手数,多余盈利资金落袋,避免收益回吐风险。如果预期行情减速甚至回调,则应该立即平仓止盈。比如,前文中所讲的涨幅 192 倍的 50ETF 期权合约在 3 天后到期时归零,盘中 300 多倍的棉花期权收盘时也仅剩 100 余倍,包括 7 月到期的股指期权与股票 ETF 期权也是如此。当标的物行情停滞,则波动率会快速下降,期权权利金应声回落,投资收益也会锐减,甚至全部回吐,并带来本金的损失。

第三,期权交易中的卖出方应在临近到期及时了结头寸换月,或通过用标的物等方法对冲风险,减少末日轮行情带来的巨大风险。期权临近到期,权利金中的时间价值已所剩无几,如果仍坚持等待权利金归零,则所承受的风险远大于收益,往往得不偿失。当然,有的投资者喜欢在末日轮后期、波动率较高的时候卖出虚值期权,博取期权到期时权利金快速归零的收益。此交易策略未尝不可,但一定要做好止损准备,切莫因小失大。

期权的末日轮行情的确能带来丰厚的收益,但要防范其风险,减少试错成本,发挥期权优势。愿投资者在实践中不断探索,提高交易绩效。

第五章
期权交易的思考

第一节　股市走向判断

一、样本的选择

交易期权对于标的物方向的判断特别重要,怎么才能准确地判断股票指数的方向呢?就拿市场上比较主流的通过均线预测股市未来走势的方法进行验证,我们通过50ETF和300ETF均线交易进行回测。

二、N日均价的定义

N日均价为前$N-1$日的收盘价加上今日收盘价除以N。突破N日均价为一段时间的收盘价一直低于N日均价,今日收盘价首次突破N日均价;跌破N日均价为一段时间的收盘价一直高于N日均价,今日收盘价首次跌破N日均价。

三、交易规则

突破N日均价时以当日接近收盘价的价格进行买入,持有到跌破N日均价时以当日接近收盘价的价格卖出。所以在此买卖交易的价格均使用当日收盘价。

四、计算公式

(1)交易次数=进行完整的买入后卖出交易的总次数

（2）复利总收益 $=\dfrac{最后一日资产净值}{初始资产净值}-1$

（3）平均正收益 $=\dfrac{所有正收益的累加}{交易获得正收益的总次数}$

（4）平均负收益 $=\dfrac{所有负收益的累加}{交易获得负收益的总次数}$

（5）平均收益 $=\dfrac{所有交易次数的收益总和}{总交易次数}$

（6）盈利概率 $=\dfrac{获得正收益的交易次数}{总次数}$

（7）盈亏比 $=\dfrac{平均正收益}{平均负收益}$

（8）最大回撤 $=$ 选定周期内任一历史时点往后推，产品净值走到最低点时的收益率回撤幅度的最大值

（9）If average×1.045>price>average×1.002，then buy，

If average×0.987<price<average×0.9995，then sell，

意味着价格突破 100.2%×N 日均线且小于 104.5%×N 日均线才进行买入，价格跌破 99.95%×N 日均线且大于 98.7%×N 日均线才进行卖出。

五、调整策略

乖离率是指股价与平均移动线之间的偏离程度，通过百分比的形式表示股价与平均移动线之间的差距。如果股价在均线之上，则为正值；如果股价在均线之下，则为负值。从投资者心理角度分析，因为均线可以代表平均持仓成本。股价离均线太远，就会随时有短期反转的可能，乖离率的绝对值越大，股价向均线靠近的可能性就越大。因为正乖离率超过一定数值时，显示短期内多头获利较大，获利回吐的可能性也大；负乖离率超过一定数值时，说明空头回补的可能性较大。所以当价格突破 N 日均线且过度大于 N 日价格时，可能会存在回调的情况，所以不进行买入；当价格跌破 N 日均线且过度低于 N 日价格时，可能会存在其他投资者补仓的情况，造成股价回升，所以不进行卖出。

同时，突破 N 日均线可能会存在假突破的情况，也就是突破一下然后马上又回调，所以在这里对突破和跌破 N 日均线多增加了个参数，就是突破 N 日均线的百分之几或者跌破 N 日均线的百分之几。

所以当日收盘价突破或跌破 N 日均线，但是又偏离 N 日均线过远的话，不进行买卖交易，因为可能会立即出现回调或者回升的现象。只有当价格真突破或真跌破 N 日均线且并没有偏离 N 日均线过多才进行买入或者卖出的交易。

六、结论

（1）根据 N 日均线进行交易，一般情况下，N 越大，盈利概率会越小，盈亏比会越大。

（2）结合乖离率的限制和破 N 日均线的调整，整体的收益比原本只是突破或跌破 N 日均线就交易的收益高，而且最大回撤也较小，整体盈利水平表现比较优秀。

简单地说就是通过均线判断走势是不太靠谱的，股权期权通过均线来判断走势，从而作为交易的依据是不靠谱的，所以靠猜方向来交易期权是行不通的，下面的回测结果供参考。

七、交易策略表现

（一）回测结果

表 5.1 描述了上证 50ETF 和沪深 300ETF 在 4 段不同时间的策略整体表现情况。

表 5.1　上证 50ETF 和沪深 300ETF 在 4 段不同时间的策略整体表现

50ETF2005-02-23至2021-11-29均线	五日均价	十日均价	二十日均价	三十日均价	六十日均价	一百日均价	二百日均价
复利总收益	3.6740	2.5252	5.3185	6.5540	8.4612	6.7260	8.4671
最大回撤	0.3955	0.4108	0.4398	0.3245	0.4716	0.5691	0.3764
年化收益	0.0949	0.0769	0.1145	0.1263	0.1413	0.1278	0.1414
50ETF2005-02-23至2021-11-29策略调整	五日均价	十日均价	二十日均价	三十日均价	六十日均价	一百日均价	二百日均价
复利总收益	9.9840	5.3687	8.3621	6.9187	9.2477	8.3342	8.7645
最大回撤	0.3740	0.5355	0.4052	0.3174	0.4532	0.5181	0.3696
年化收益	0.1514	0.1151	0.1406	0.1294	0.1467	0.1404	0.1434
300ETF2012-05-28至2021-11-29均线	五日均价	十日均价	二十日均价	三十日均价	六十日均价	一百日均价	二百日均价
复利总收益	1.2651	0.2050	0.6251	0.8295	0.7183	1.1336	0.8639
最大回撤	0.2510	0.3775	0.3434	0.2931	0.3387	0.4029	0.3860
年化收益	0.0899	0.0198	0.0524	0.0656	0.0586	0.0830	0.0677
300ETF2012-05-28至2021-11-29策略调整	五日均价	十日均价	二十日均价	三十日均价	六十日均价	一百日均价	二百日均价
复利总收益	1.9773	0.8354	1.6688	0.9450	1.9770	1.6036	1.4346
最大回撤	0.1593	0.2342	0.1951	0.3759	0.2077	0.4378	0.3473
年化收益	0.1217	0.0660	0.1089	0.0725	0.1217	0.1060	0.0982
50ETF2015-02-09至2021-11-29均线	五日均价	十日均价	二十日均价	三十日均价	六十日均价	一百日均价	二百日均价
复利总收益	0.6499	0.1927	0.2571	0.1746	0.0566	0.2796	0.4396
最大回撤	0.2456	0.2897	0.2668	0.3122	0.2892	0.2591	0.2193
年化收益	0.0742	0.0255	0.0332	0.0233	0.0079	0.0359	0.0534
50ETF2015-02-09至2021-11-29策略调整	五日均价	十日均价	二十日均价	三十日均价	六十日均价	一百日均价	二百日均价
复利总收益	1.2305	0.3041	1.0585	1.2221	0.4845	0.7364	0.5189
最大回撤	0.2362	0.2909	0.2148	0.3008	0.1853	0.1535	0.2835
年化收益	0.1214	0.0387	0.1086	0.1208	0.0581	0.082	0.0615
300ETF2019-12-23至2021-11-29均线	五日均价	十日均价	二十日均价	三十日均价	六十日均价	一百日均价	二百日均价
复利总收益	0.1864	-0.0060	-0.0623	-0.0035	0.0772	0.1648	0.0425
最大回撤	0.1593	0.1895	0.1835	0.177	0.2069	0.2145	0.1512
年化收益	0.0892	0.0030	-0.0317	-0.0017	0.0379	0.0793	0.0210
300ETF2019-12-23至2021-11-29策略调整	五日均价	十日均价	二十日均价	三十日均价	六十日均价	一百日均价	二百日均价
复利总收益	0.2281	0.1702	0.0845	0.1952	0.0829	0.2209	0.0349
最大回撤	0.1598	0.0961	0.1466	0.1266	0.1895	0.2244	0.1006
年化收益	0.1082	0.0818	0.0414	0.0932	0.0406	0.1049	0.0173

注："复利总收益""最大回撤""年化收益"的数值表示倍数，下同。

1.上证 50ETF 2005—2021 均线回测结果

根据 50ETF 2005—2021 的数据进行均价交易的回测,结果显示,采用二百日均价进行交易的复利总收益最高为 8.4671,采用三十日均价进行交易的最大回撤最低为 0.3245。

2.上证 50ETF 2005—2021 调整后均线加乖离率回测结果

根据 50ETF 2005—2021 的数据进行策略调整交易回测,结果显示,采用五日均价进行交易的复利总收益最高为 9.9840,采用三十日均价进行交易的最大回撤最低为 0.3174。

3.沪深 300ETF 2012—2021 均线回测结果

根据 300ETF2012—2021 的数据进行均价交易的回测,结果显示,采用五日均价进行交易的复利总收益最高达到 1.2651,采用五日均价进行交易的最大回撤最低为 0.2510。

4.沪深 300ETF 2012—2021 调整后均线加乖离率回测结果

根据 300ETF 2015—2021 的数据进行策略调整交易回测,结果显示,采用五日均价进行交易的复利总收益最高为 1.9773,采用五日均价进行交易的最大回撤最低为 0.1593。

5.上证 50ETF 2015—2021 均线回测结果

根据 50ETF 2005—2021 的数据进行均价交易的回测,结果显示,采用五日均价进行交易的复利总收益最高为 0.6499,采用二百日均价的交易的最大回撤最低为 0.2193。

6.上证 50ETF 2015—2021 调整后均线加乖离率回测结果

根据 50ETF 2015—2021 的数据进行策略调整交易回测,结果显示,采用五日均价进行交易的复利总收益最高为 1.2305,采用一百日均价进行交易的最大回撤最低为 0.1535。

7.沪深 300ETF 2019—2021 均线回测结果

根据 300ETF 2012—2021 的数据进行均价交易的回测,结果显示,采用五日均价进行交易的复利总收益最高为 0.1864,采用二百日均价进行交易的最大回撤最低为 0.1512。

8.沪深 300ETF 2019—2021 调整后均线加乖离率回测结果

根据 300ETF 2012—2021 的数据进行策略调整交易的回测,结果显示,采用五日均价进行交易的复利总收益最高达到 0.2281,采用十日均价进行交易的最大回撤最低为 0.0961。

(二)均线交易回测结果统计

1.上证 50ETF2005-02-23 至 2021-11-29 均线回测结果

(1)五日均价

根据五日均价进行交易的回测结果如表 5.2 所示。

表 5.2 根据五日均价进行交易的回测结果

交易次数/次	504
复利总收益	3.6740
平均正收益	0.0341
平均负收益	−0.0160

续表

平均收益	0.0037
盈利概率	0.3889
盈亏比	2.1372
最大回撤	0.3955
年化收益	0.0949
年收益回撤比	0.2401
总收益回撤比	9.2906

注："平均正收益""平均负收益""平均收益""盈利概率"的数值表示倍数，下同。

根据五日均价进行交易的净值曲线如图 5.1 所示。

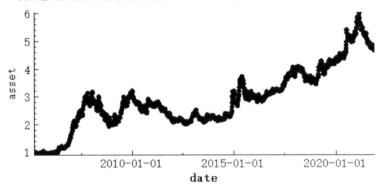

图 5.1　根据五日均价进行交易的净值曲线

（2）十日均价

根据十日均价进行交易的回测结果如表 5.3 所示。

表 5.3　根据十日均价进行交易的回测结果

交易次数/次	330
复利总收益	2.5252
平均正收益	0.0516
平均负收益	−0.0177
平均收益	0.0053
盈利概率	0.3303
盈亏比	2.9186

续表

最大回撤	0.4108
年化收益	0.0769
年收益回撤比	0.1873
总收益回撤比	6.1472

根据十日均价进行交易的净值曲线如图 5.2 所示。

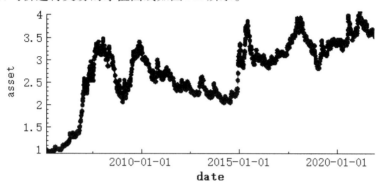

图 5.2　根据十日均价进行交易的净值曲线

（3）二十日均价

根据二十日均价进行交易的回测结果如表 5.4 所示。

表 5.4　根据二十日均价进行交易的回测结果

交易次数/次	225
复利总收益	5.3185
平均正收益	0.0878
平均负收益	−0.0171
平均收益	0.0111
盈利概率	0.2667
盈亏比	5.120
最大回撤	0.4398
年化收益	0.1145
年收益回撤比	0.2604
总收益回撤比	12.0917

根据二十日均价进行交易的净值曲线如图 5.3 所示。

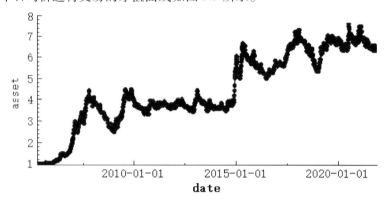

图 5.3 根据二十日均价进行交易的净值曲线

（4）三十日均价

根据三十日均价进行交易的回测结果如表 5.5 所示。

表 5.5 根据三十日均价进行交易的回测结果

交易次数/次	181
复利总收益	6.5540
平均正收益	0.0966
平均负收益	−0.0160
平均收益	0.0145
盈利概率	0.2707
盈亏比	6.045
最大回撤	0.3245
年化收益	0.1263
年收益回撤比	0.3893
总收益回撤比	20.2005

根据三十日均价进行交易的净值曲线如图 5.4 所示。

图 5.4　根据三十日均价进行交易的净值曲线

（5）六十日均价

根据六十日均价进行交易的回测结果如表 5.6 所示。

表 5.6　根据六十日均价进行交易的回测结果

交易次数/次	112
复利总收益	8.4612
平均正收益	0.2145
平均负收益	−0.0174
平均收益	0.0302
盈利概率	0.2054
盈亏比	12.3203
最大回撤	0.4716
年化收益	0.1413
年收益回撤比	0.2997
总收益回撤比	17.9419

根据六十日均价进行交易的净值曲线如图 5.5 所示。

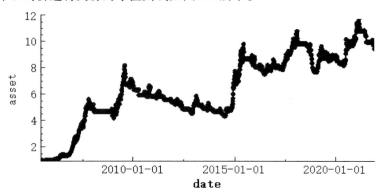

图 5.5　根据六十日均价进行交易的净值曲线

（6）一百日均价

根据一百日均价进行交易的回测结果如表 5.7 所示。

表 5.7　根据一百日均价进行交易的回测结果

交易次数/次	89
复利总收益	6.7260
平均正收益	0.3748
平均负收益	−0.0178
平均收益	0.0440
盈利概率	0.1573
盈亏比	21.0994
最大回撤	0.5691
年化收益	0.1278
年收益回撤比	0.2246
总收益回撤比	11.8181

根据一百日均价进行交易的净值曲线如图 5.6 所示。

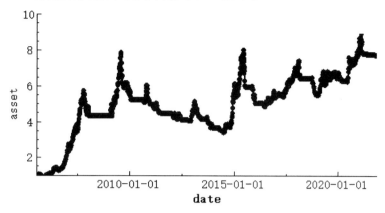

图 5.6 根据一百日均价进行交易的净值曲线

（7）二百日均价

根据二百日均价进行交易的回测结果如表 5.8 所示。

表 5.8 根据二百日均价进行交易的回测结果

交易次数/次	40
复利总收益	8.4671
平均正收益	0.7449
平均负收益	−0.0181
平均收益	0.1159
盈利概率	0.175
盈亏比	41.2105
最大回撤	0.3764
年化收益	0.1414
年收益回撤比	0.3755
总收益回撤比	22.4922

根据二百日均价进行交易的净值曲线如图5.7所示。

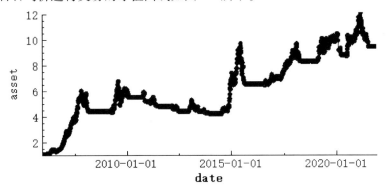

图 5.7　根据二百日均价进行交易的净值曲线

2.上证 50ETF 2005-02-23 至 2021-11-29 均线加乖离率回测结果

（1）五日均价

If average×1.05>price>average×1.002,

If average×0.983<price<average×0.999,

根据五日均价进行交易的回测结果如表5.9所示。

表 5.9　根据五日均价进行交易的回测结果

交易次数/次	472
复利总收益	9.9840
平均正收益	0.0360
平均负收益	−0.0155
平均收益	0.0058
盈利概率	0.4110
盈亏比	2.3208
最大回撤	0.3740
年化收益	0.1514
年收益回撤比	0.4048
总收益回撤比	26.6948

根据五日均价进行交易的净值曲线如图 5.8 所示。

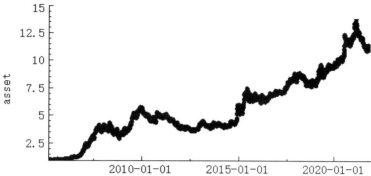

图 5.8　根据五日均价进行交易的净值曲线

（2）十日均价

If average×1.03>price>average×1.000，

If average×0.99<price<average×0.999，

根据十日均价进行交易的回测结果如表 5.10 所示。

表 5.10　根据十日均价进行交易的回测结果

交易次数/次	256
复利总收益	5.3687
平均正收益	0.0633
平均负收益	−0.0219
平均收益	0.0101
盈利概率	0.375
盈亏比	2.8823
最大回撤	0.5355
年化收益	0.1151
年收益回撤比	0.2149
总收益回撤比	10.0260

根据十日均价进行交易的净值曲线如图5.9所示。

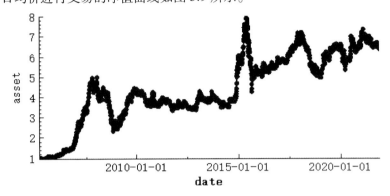

图 5.9 根据十日均价进行交易的净值曲线

（3）二十日均价

If average×1.035>price>average×1.000，

If average×0.97<price<average×1，

根据二十日均价进行交易的回测结果如表5.11所示。

表 5.11 根据二十日均价进行交易的回测结果

交易次数/次	223
复利总收益	8.3621
平均正收益	0.0886
平均负收益	−0.0158
平均收益	0.0131
盈利概率	0.2735
盈亏比	5.6205
最大回撤	0.4052
年化收益	0.1406
年收益回撤比	0.3471
总收益回撤比	20.6395

根据二十日均价进行交易的净值曲线如图 5.10 所示。

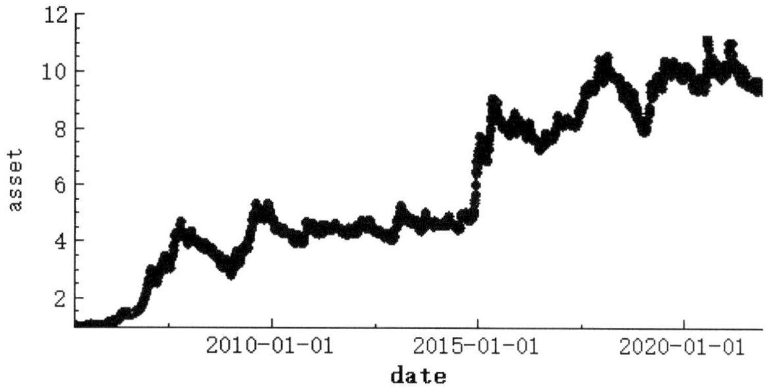

图 5.10　根据二十日均价进行交易的净值曲线

（4）三十日均价

If average×1.014>price>average×1，

If average×0.96<price<average×1，

根据三十日均价进行交易的回测结果如表 5.12 所示。

表 5.12　根据三十日均价进行交易的回测结果

交易次数/次	181
复利总收益	6.9187
平均正收益	0.0966
平均负收益	−0.0156
平均收益	0.0147
盈利概率	0.2707
盈亏比	6.1771
最大回撤	0.3174
年化收益	0.1294
年收益回撤比	0.4079
总收益回撤比	21.8011

根据三十日均价进行交易的净值曲线如图 5.11 所示。

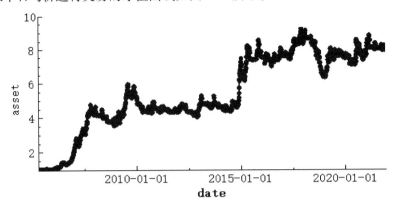

图 5.11　根据三十日均价进行交易的净值曲线

（5）六十日均价

If average×1.04>price>average×1，

If average×0.965<price<average×1，

根据六十日均价进行交易的回测结果如表 5.13 所示。

表 5.13　根据六十日均价进行交易的回测结果

交易次数/次	112
复利总收益	9.2477
平均正收益	0.2156
平均负收益	−0.0167
平均收益	0.0310
盈利概率	0.2054
盈亏比	12.9056
最大回撤	0.4532
年化收益	0.1467
年收益回撤比	0.3237
总收益回撤比	20.4049

根据六十日均价进行交易的净值曲线如图 5.12 所示。

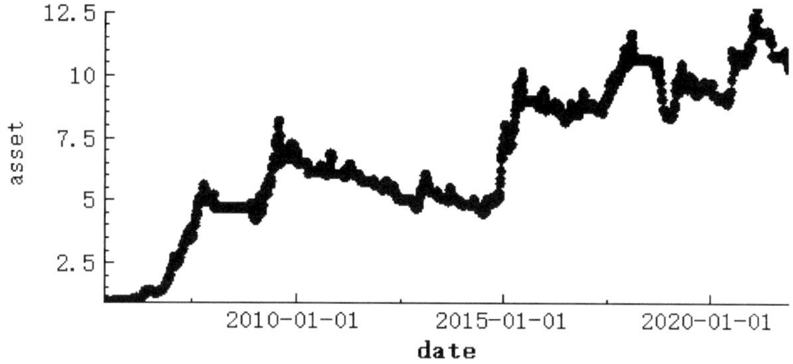

图 5.12　根据六十日均价进行交易的净值曲线

（6）一百日均价

If average×1.03>price>average×1.001,

If average×0.96<price<average×1,

根据一百日均价进行交易的回测结果如表 5.14 所示。

表 5.14　根据一百日均价进行交易的回测结果

交易次数/次	80
复利总收益	8.3342
平均正收益	0.3796
平均负收益	−0.0179
平均收益	0.0517
盈利概率	0.175
盈亏比	21.2217
最大回撤	0.5181
年化收益	0.1404
年收益回撤比	0.2710
总收益回撤比	16.0846

根据一百日均价进行交易的净值曲线如图 5.13 所示。

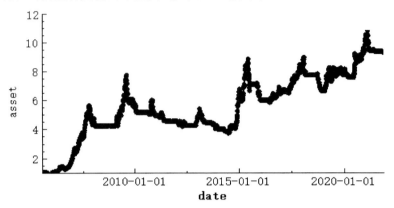

图 5.13　根据一百日均价进行交易的净值曲线

（7）二百日均价

If average×1.05>price>average×1.001，

If average×0.97<price<average×0.999，

根据二百日均价进行交易的回测结果如表 5.15 所示。

表 5.15　根据二百日均价进行交易的回测结果

交易次数/次	38
复利总收益	8.7645
平均正收益	0.7511
平均负收益	−0.0196
平均收益	0.1229
盈利概率	0.1842
盈亏比	38.2524
最大回撤	0.3696
年化收益	0.1434
年收益回撤比	0.3881
总收益回撤比	23.7152

根据二百日均价进行交易的净值曲线如图 5.14 所示。

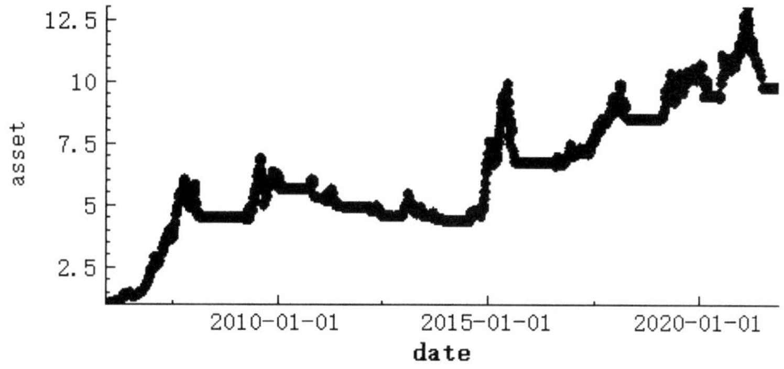

图 5.14 根据二百日均价进行交易的净值曲线

3.沪深 300ETF 2012-05-28 至 2021-11-29 均线回测结果

（1）五日均价

根据五日均价进行交易的回测结果如表 5.16 所示。

表 5.16 根据五日均价进行交易的回测结果

交易次数/次	290
复利总收益	1.2651
平均正收益	0.0259
平均负收益	−0.0118
平均收益	0.0033
盈利概率	0.4
盈亏比	2.1872
最大回撤	0.2510
年化收益	0.0899
年收益回撤比	0.3581
总收益回撤比	5.0404

根据五日均价进行交易的净值曲线如图 5.15 所示。

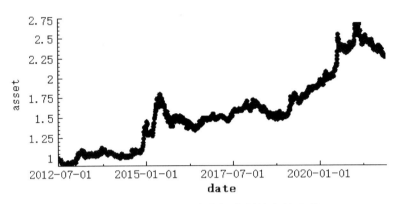

图 5.15　根据五日均价进行交易的净值曲线

（2）十日均价

根据十日均价进行交易的回测结果如表 5.17 所示。

表 5.17　根据十日均价进行交易的回测结果

交易次数/次	204
复利总收益	0.2050
平均正收益	0.0403
平均负收益	−0.0146
平均收益	0.0016
盈利概率	0.2941
盈亏比	2.7482
最大回撤	0.3775
年化收益	0.0198
年收益回撤比	0.0525
总收益回撤比	0.5430

根据十日均价进行交易的净值曲线如图 5.16 所示。

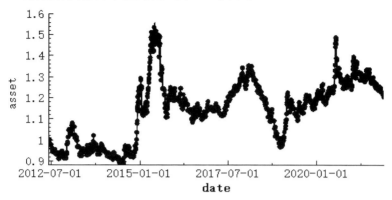

图 5.16 根据十日均价进行交易的净值曲线

（3）二十日均价

根据二十日均价进行交易的回测结果如表 5.18 所示。

表 5.18 根据二十日均价进行交易的回测结果

交易次数/次	131
复利总收益	0.6251
平均正收益	0.0665
平均负收益	−0.0156
平均收益	0.0051
盈利概率	0.2519
盈亏比	4.2607
最大回撤	0.3434
年化收益	0.0524
年收益回撤比	0.1527
总收益回撤比	1.8201

根据二十日均价进行交易的净值曲线如图 5.17 所示。

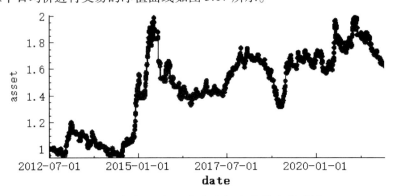

图 5.17　根据二十日均价进行交易的净值曲线

（4）三十日均价

根据三十日均价进行交易的回测结果如表 5.19 所示。

表 5.19　根据三十日均价进行交易的回测结果

交易次数/次	104
复利总收益	0.8295
平均正收益	0.0743
平均负收益	−0.0168
平均收益	0.0078
盈利概率	0.2692
盈亏比	4.4297
最大回撤	0.2931
年化收益	0.0656
年收益回撤比	0.2240
总收益回撤比	2.8297

根据三十日均价进行交易的净值曲线如图 5.18 所示。

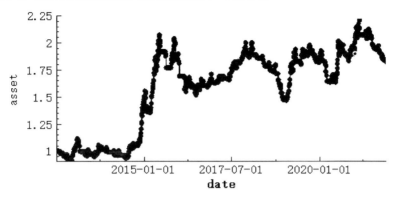

图 5.18　根据三十日均价进行交易的净值曲线

（5）六十日均价

根据六十日均价进行交易的回测结果如表 5.20 所示。

表 5.20　根据六十日均价进行交易的回测结果

交易次数/次	74
复利总收益	0.7183
平均正收益	0.1170
平均负收益	−0.0172
平均收益	0.0118
盈利概率	0.2162
盈亏比	6.7924
最大回撤	0.3387
年化收益	0.0586
年收益回撤比	0.1731
总收益回撤比	2.1204

根据六十日均价进行交易的净值曲线如图 5.19 所示。

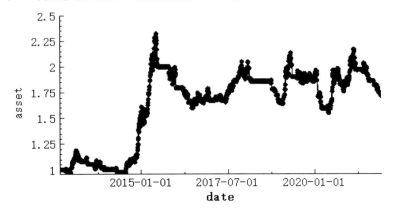

图 5.19　根据六十日均价进行交易的净值曲线

（6）一百日均价

根据一百日均价进行交易的回测结果如表 5.21 所示。

表 5.21　根据一百日均价进行交易的回测结果

交易次数/次	42
复利总收益	1.1336
平均正收益	0.1455
平均负收益	−0.0218
平均收益	0.0265
盈利概率	0.2857
盈亏比	6.6746
最大回撤	0.4029
年化收益	0.0830
年收益回撤比	0.2061
总收益回撤比	2.8139

根据一百日均价进行交易的净值曲线如图 5.20 所示。

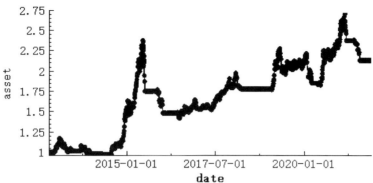

图 5.20 根据一百日均价进行交易的净值曲线

（7）二百日均价

根据二百日均价进行交易的回测结果如表 5.22 所示。

表 5.22 根据二百日均价进行交易的回测结果

交易次数/次	23
复利总收益	0.8639
平均正收益	0.1528
平均负收益	−0.0182
平均收益	0.0339
盈利概率	0.3043
盈亏比	8.4188
最大回撤	0.3860
年化收益	0.0677
年收益回撤比	0.1755
总收益回撤比	2.2383

根据二百日均价进行交易的净值曲线如图 5.21 所示。

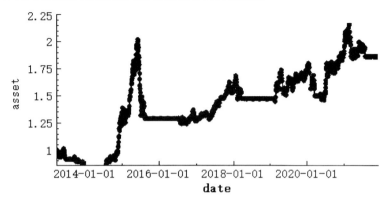

图 5.21　根据二百日均价进行交易的净值曲线

4.沪深 300ETF 2012-05-28 至 2021-11-29 均线加乖离率回测结果

（1）五日均线结合乖离率

If average×1.04>price>average×1，

If average×0.975<price<average×1，

根据五日均价进行交易的回测结果如表 5.23 所示。

表 5.23　根据五日均价进行交易的回测结果

交易次数/次	286
复利总收益	1.9773
平均正收益	0.0264
平均负收益	-0.0107
平均收益	0.0043
盈利概率	0.4021
盈亏比	2.4709
最大回撤	0.1593
年化收益	0.1217
年收益回撤比	0.7642
总收益回撤比	12.4157

根据五日均价进行交易的净值曲线如图 5.22 所示。

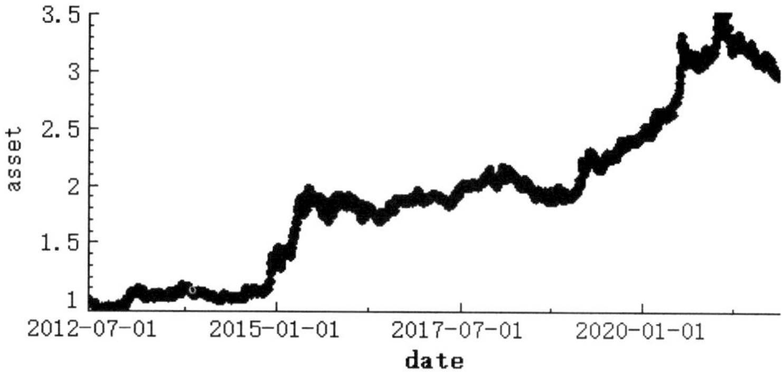

图 5.22　根据五日均价进行交易的净值曲线

（2）十日均线结合乖离率

If average×1.025>price>average×1.000，

If average×0.97<price<average×0.999，

根据十日均价进行交易的回测结果如表 5.24 所示。

表 5.24　根据十日均价进行交易的回测结果

交易次数/次	187
复利总收益	0.8354
平均正收益	0.0406
平均负收益	−0.0134
平均收益	0.0040
盈利概率	0.3209
盈亏比	3.0340
最大回撤	0.2342
年化收益	0.0660
年收益回撤比	0.2819
总收益回撤比	3.5675

根据十日均价进行交易的净值曲线如图 5.23 所示。

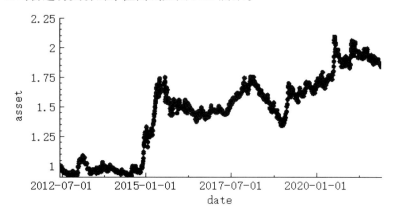

图 5.23　根据十日均价进行交易的净值曲线

（3）二十日均线结合乖离率

If average×1.015>price>average×1.001，

If average×0.978<price<average×1，

根据二十日均价进行交易的回测结果如表 5.25 所示。

表 5.25　根据二十日均价进行交易的回测结果

交易次数/次	118
复利总收益	1.6688
平均正收益	0.0737
平均负收益	−0.0127
平均收益	0.0100
盈利概率	0.2627
盈亏比	5.7962
最大回撤	0.1951
年化收益	0.1089
年收益回撤比	0.5579
总收益回撤比	8.5524

根据二十日均价进行交易的净值曲线如图5.24所示。

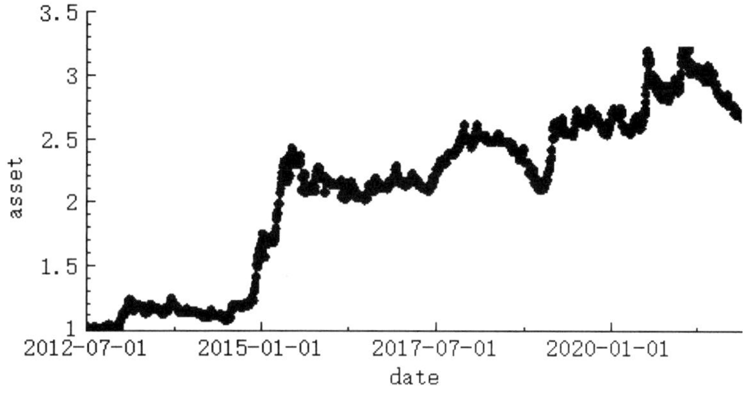

图 5.24　根据二十日均价进行交易的净值曲线

（4）三十日均线结合乖离率

If average×1.03>price>average×1,

If average×0.988<price<average×0.999,

根据三十日均价进行交易的回测结果如表5.26所示。

表 5.26　根据三十日均价进行交易的回测结果

交易次数/次	87
复利总收益	0.9450
平均正收益	0.0907
平均负收益	−0.0200
平均收益	0.0106
盈利概率	0.2759
盈亏比	4.5422
最大回撤	0.3759
年化收益	0.0725
年收益回撤比	0.1930
总收益回撤比	2.5140

根据三十日均价进行交易的净值曲线如图 5.25 所示。

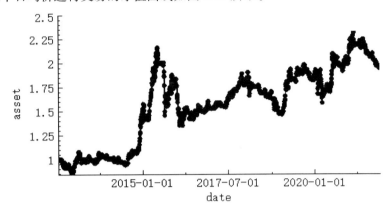

图 5.25　根据三十日均价进行交易的净值曲线

（5）六十日均线结合乖离率

If average×1.01>price>average×1，

If average×0.99<price<average×0.999，

根据六十日均价进行交易的策略结果如表 5.27 所示。

表 5.27　根据六十日均价进行交易的回测结果

交易次数/次	52
复利总收益	1.9770
平均正收益	0.1591
平均负收益	−0.0131
平均收益	0.0299
盈利概率	0.25
盈亏比	12.1202
最大回撤	0.2077
年化收益	0.1217
年收益回撤比	0.5858
总收益回撤比	9.5167

根据六十日均价进行交易的净值曲线如图 5.26 所示。

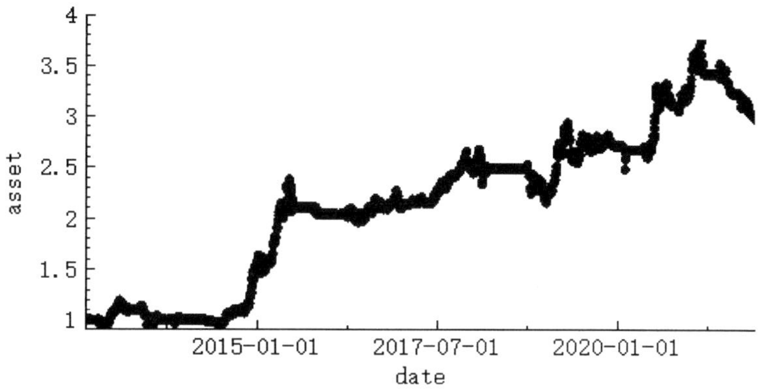

图 5.26 根据六十日均价进行交易的净值曲线

（6）一百日均线结合乖离率

If average×1.02>price>average×1,

If average×0.99<price<average×1,

根据一百日均价进行交易的回测结果如表 5.28 所示。

表 5.28 根据一百日均价进行交易的回测结果

交易次数/次	37
复利总收益	1.6036
平均正收益	0.1251
平均负收益	−0.0122
平均收益	0.0323
盈利概率	0.3243
盈亏比	10.2703
最大回撤	0.4378
年化收益	0.1060
年收益回撤比	0.2421
总收益回撤比	3.6628

根据一百日均价进行交易的净值曲线如图 5.27 所示。

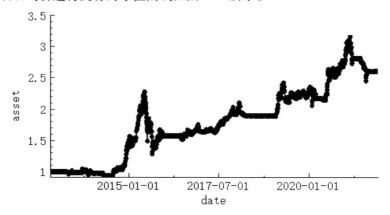

图 5.27　根据一百日均价进行交易的净值曲线

（7）二百日均线结合乖离率

If average×1.025>price>average×1，

If average×0.983<price<average×1，

根据二百日均价进行交易的回测结果如表 5.29 所示。

表 5.29　根据二百日均价进行交易的回测结果

交易次数/次	22
复利总收益	1.4346
平均正收益	0.2169
平均负收益	−0.0117
平均收益	0.0507
盈利概率	0.2727
盈亏比	18.6177
最大回撤	0.3473
年化收益	0.0982
年收益回撤比	0.2827
总收益回撤比	4.1308

根据二百日均价进行交易的净值曲线如图 5.28 所示。

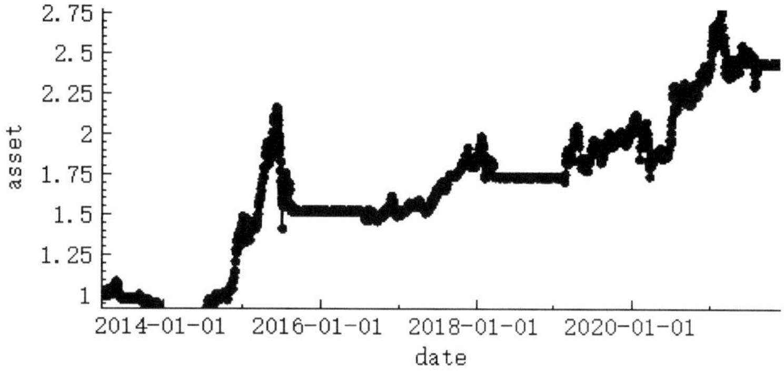

图 5.28　根据二百日均价进行交易的净值曲线

5.上证 50ETF 2015-02-09 至 2021-11-29 均线回测结果

（1）五日均线

根据五日均价进行交易的回测结果如表 5.30 所示。

表 5.30　根据五日均价进行交易的回测结果

交易次数/次	206
复利总收益	0.6499
平均正收益	0.0252
平均负收益	−0.0134
平均收益	0.0028
盈利概率	0.4175
盈亏比	1.8754
最大回撤	0.2456
年化收益	0.0742
年收益回撤比	0.3020
总收益回撤比	2.6468

根据五日均价进行交易的净值曲线如图 5.29 所示。

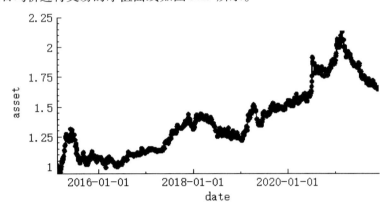

图 5.29　根据五日均价进行交易的净值曲线

（2）十日均线

根据十日均价进行交易的回测结果如表 5.31 所示。

表 5.31　根据十日均价进行交易的回测结果

交易次数/次	141
复利总收益	0.1927
平均正收益	0.0358
平均负收益	−0.0145
平均收益	0.0019
盈利概率	0.3262
盈亏比	2.4673
最大回撤	0.2897
年化收益	0.0255
年收益回撤比	0.0880
总收益回撤比	0.6650

根据十日均价进行交易的净值曲线如图 5.30 所示。

图 5.30　根据十日均价进行交易的净值曲线

(3)二十日均线

根据二十日均价进行交易的回测结果如表 5.32 所示。

表 5.32　根据二十日均价进行交易的回测结果

交易次数/次	104
复利总收益	0.2571
平均正收益	0.0488
平均负收益	−0.0133
平均收益	0.0030
盈利概率	0.2596
盈亏比	3.6730
最大回撤	0.2668
年化收益	0.0332
年收益回撤比	0.1246
总收益回撤比	0.9638

根据二十日均价进行交易的净值曲线如图 5.31 所示。

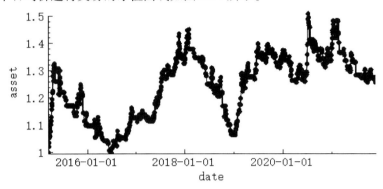

图 5.31　根据二十日均价进行交易的净值曲线

（4）三十日均线

根据三十日均价进行交易的回测结果如表 5.33 所示。

表 5.33　根据三十日均价进行交易的回测结果

交易次数/次	80
复利总收益	0.1746
平均正收益	0.0468
平均负收益	−0.0141
平均收益	0.0027
盈利概率	0.2750
盈亏比	3.3255
最大回撤	0.3122
年化收益	0.0233
年收益回撤比	0.0745
总收益回撤比	0.5592

根据三十日均价进行交易的净值曲线如图 5.32 所示。

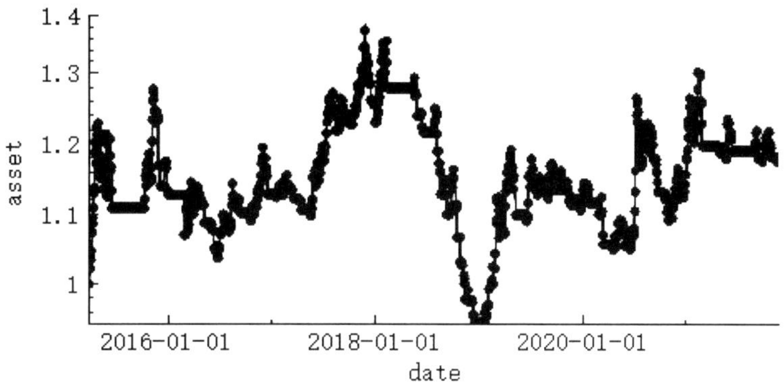

图 5.32 根据三十日均价进行交易的净值曲线

（5）六十日均线

根据六十日均价进行交易的回测结果如表 5.34 所示。

表 5.34 根据六十日均价进行交易的回测结果

交易次数/次	50
复利总收益	0.0566
平均正收益	0.0912
平均负收益	−0.0169
平均收益	0.0026
盈利概率	0.1800
盈亏比	5.3995
最大回撤	0.2892
年化收益	0.0079
年收益回撤比	0.0273
总收益回撤比	0.1959

根据六十日均价进行交易的净值曲线如图 5.33 所示。

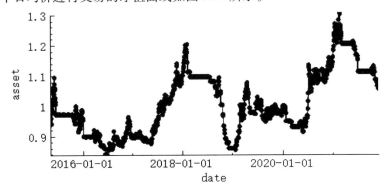

图 5.33　根据六十日均价进行交易的净值曲线

（6）一百日均线

根据一百日均价进行交易的回测结果如表 5.35 所示。

表 5.35　根据一百日均价进行交易的回测结果

交易次数/次	28
复利总收益	0.2796
平均正收益	0.1593
平均负收益	−0.0206
平均收益	0.0115
盈利概率	0.1786
盈亏比	7.7364
最大回撤	0.2591
年化收益	0.0359
年收益回撤比	0.1384
总收益回撤比	1.0793

根据一百日均价进行交易的净值曲线如图 5.34 所示。

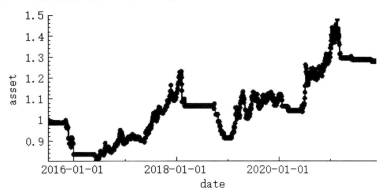

图 5.34　根据一百日均价进行交易的净值曲线

（7）二百日均线

根据二百日均价进行交易的回测结果如表 5.36 所示。

表 5.36　根据二百日均价进行交易的回测结果

交易次数/次	14
复利总收益	0.4396
平均正收益	0.1936
平均负收益	−0.0144
平均收益	0.0301
盈利概率	0.2143
盈亏比	13.4110
最大回撤	0.2193
年化收益	0.0534
年收益回撤比	0.2437
总收益回撤比	2.0048

根据二百日均价进行交易的净值曲线如图 5.35 所示。

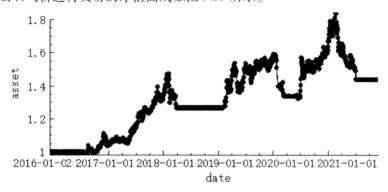

图 5.35　根据二百日均价进行交易的净值曲线

6.上证 50ETF 2015-02-09 至 2021-11-29 均线加乖离率回测结果

（1）五日均线结合乖离率

If average×1.035>price>average×1.001，

If average×0.99<price<average×1，

根据五日均价进行交易的回测结果如表 5.37 所示。

表 5.37　根据五日均价进行交易的回测结果

交易次数/次	181
复利总收益	1.2305
平均正收益	0.0264
平均负收益	−0.0127
平均收益	0.0049
盈利概率	0.4475
盈亏比	2.0821
最大回撤	0.2362
年化收益	0.1214
年收益回撤比	0.5141
总收益回撤比	5.2100

根据五日均价进行交易的净值曲线如图5.36所示。

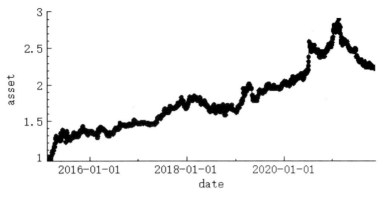

图5.36　根据五日均价进行交易的净值曲线

（2）十日均线结合乖离率

If average×1.03>price>average×1.003，

If average×0.95<price<average×1，

根据十日均价进行交易的回测结果如表5.38所示。

表5.38　根据十日均价进行交易的回测结果

交易次数/次	116
复利总收益	0.3041
平均正收益	0.0381
平均负收益	−0.0154
平均收益	0.0030
盈利概率	0.3448
盈亏比	2.4704
最大回撤	0.2909
年化收益	0.0387
年收益回撤比	0.1329
总收益回撤比	1.0454

根据十日均价进行交易的净值曲线如图 5.37 所示。

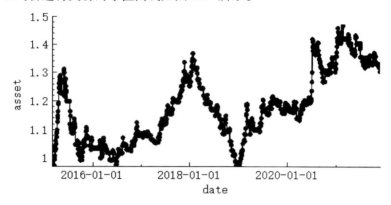

图 5.37 根据十日均价进行交易的净值曲线

（3）二十日均线结合乖离率

If average×1.035>price>average×1，

If average×0.995<price<average×1，

根据二十日均价进行交易的回测结果如表 5.39 所示。

表 5.39 根据二十日均价进行交易的回测结果

交易次数/次	178
复利总收益	1.0585
平均正收益	0.0493
平均负收益	−0.0124
平均收益	0.0107
盈利概率	0.3718
盈亏比	3.9677
最大回撤	0.2148
年化收益	0.1086
年收益回撤比	0.5057
总收益回撤比	4.9273

根据二十日均价进行交易的净值曲线如图 5.38 所示。

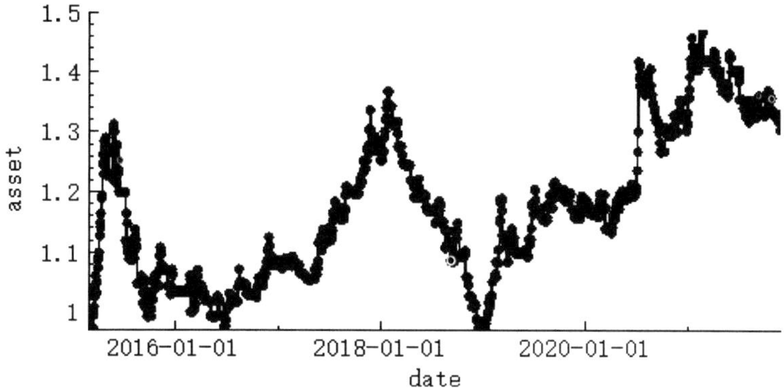

图 5.38 根据二十日均价进行交易的净值曲线

（4）三十日均线结合乖离率

If average×1.08>price>average×1,

If average×0.999<price<average×1,

根据三十日均价进行交易的回测结果如表 5.40 所示。

表 5.40 根据三十日均价进行交易的回测结果

交易次数/次	17
复利总收益	1.2221
平均正收益	0.0784
平均负收益	−0.0344
平均收益	0.0518
盈利概率	0.7647
盈亏比	2.2750
最大回撤	0.3008
年化收益	0.1208
年收益回撤比	0.4017
总收益回撤比	4.0634

根据三十日均价进行交易的净值曲线如图 5.39 所示。

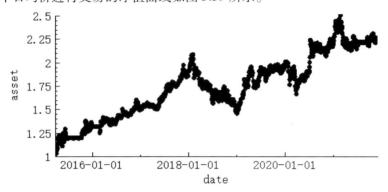

图 5.39　根据三十日均价进行交易的净值曲线

（5）六十日均线结合乖离率

If average×1.08>price>average×1，

If average×0.96<price<average×1，

根据六十日均价进行交易的回测结果如表 5.41 所示。

表 5.41　根据六十日均价进行交易的回测结果

交易次数/次	37
复利总收益	0.4845
平均正收益	0.1016
平均负收益	−0.0121
平均收益	0.0125
盈利概率	0.2162
盈亏比	8.3924
最大回撤	0.1853
年化收益	0.0581
年收益回撤比	0.3134
总收益回撤比	2.6152

根据六十日均价进行交易的净值曲线如图 5.40 所示。

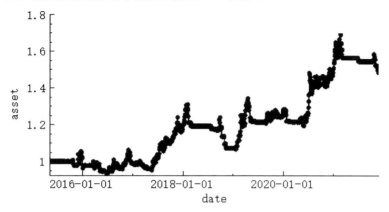

图 5.40　根据六十日均价进行交易的净值曲线

（6）一百日均线结合乖离率

If average×1.01>price>average×1，

If average×0.99<price<average×1，

根据一百日均价进行交易的回测结果如表 5.42 所示。

表 5.42　根据一百日均价进行交易的回测结果

交易次数/次	22
复利总收益	0.7364
平均正收益	0.1385
平均负收益	−0.0127
平均收益	0.0285
盈利概率	0.2727
盈亏比	10.9197
最大回撤	0.1535
年化收益	0.0820
年收益回撤比	0.5345
总收益回撤比	4.7984

根据一百日均价进行交易的净值曲线如图 5.41 所示。

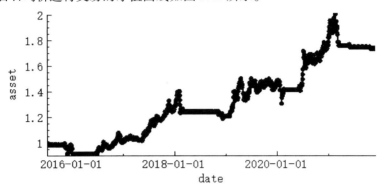

图 5.41　根据一百日均价进行交易的净值曲线

（7）二百日均线结合乖离率

If average×1.01>price>average×1，

If average×0.99<price<average×1，

根据二百日均价进行交易的回测结果如表 5.43 所示。

表 5.43　根据二百日均价进行交易的回测结果

交易次数/次	12
复利总收益	0.5189
平均正收益	0.2227
平均负收益	−0.0092
平均收益	0.0488
盈利概率	0.2500
盈亏比	24.1534
最大回撤	0.2835
年化收益	0.0615
年收益回撤比	0.2171
总收益回撤比	1.8304

根据二百日均价进行交易的净值曲线如图 5.42 所示。

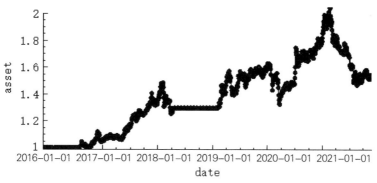

图 5.42 根据二百日均价进行交易的净值曲线

7.沪深 300 2019-12-23 至 2021-11-29 均线回测结果

（1）五日均线

根据五日均价进行交易的回测结果如表 5.44 所示。

表 5.44 根据五日均价进行交易的回测结果

交易次数/次	65
复利总收益	0.1864
平均正收益	0.0277
平均负收益	-0.0098
平均收益	0.0031
盈利概率	0.3385
盈亏比	2.8329
最大回撤	0.1593
年化收益	0.0892
年收益回撤比	0.5603
总收益回撤比	1.1706

根据五日均价进行交易的净值曲线如图 5.43 所示。

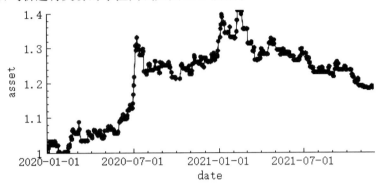

图 5.43　根据五日均价进行交易的净值曲线

（2）十日均线

根据十日均价进行交易的回测结果如表 5.45 所示。

表 5.45　根据十日均价进行交易的回测结果

交易次数/次	46
复利总收益	−0.0060
平均正收益	0.0302
平均负收益	−0.0116
平均收益	0.0003
盈利概率	0.2826
盈亏比	2.6153
最大回撤	0.1895
年化收益	0.0030
年收益回撤比	−0.0158
总收益回撤比	−0.0315

根据十日均价进行交易的净值曲线如图 5.44 所示。

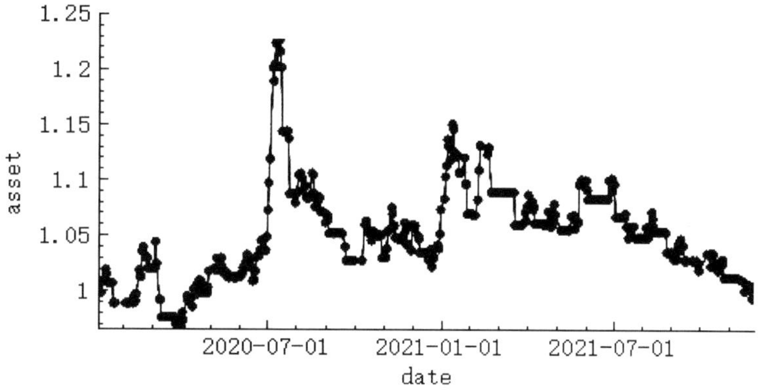

图 5.44 根据十日均价进行交易的净值曲线

（3）二十日均线

根据二十日均价进行交易的回测结果如表 5.46 所示。

表 5.46 根据二十日均价进行交易的回测结果

交易次数/次	35
复利总收益	−0.0623
平均正收益	0.0491
平均负收益	−0.0118
平均收益	−0.0014
盈利概率	0.1714
盈亏比	4.1584
最大回撤	0.1835
年化收益	−0.0317
年收益回撤比	−0.1726
总收益回撤比	−0.3397

根据二十日均价进行交易的净值曲线如图 5.45 所示。

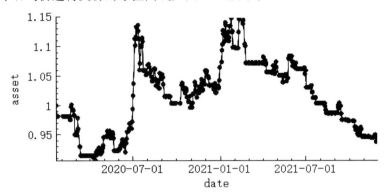

图 5.45　根据二十日均价进行交易的净值曲线

（4）三十日均线

根据三十日均价进行交易的回测结果如表 5.47 所示。

表 5.47　根据三十日均价进行交易的回测结果

交易次数/次	30
复利总收益	−0.0035
平均正收益	0.0666
平均负收益	−0.0125
平均收益	0.0007
盈利概率	0.1667
盈亏比	5.3219
最大回撤	0.1770
年化收益	−0.0017
年收益回撤比	−0.0098
总收益回撤比	−0.0197

根据三十日均价进行交易的净值曲线如图 5.46 所示。

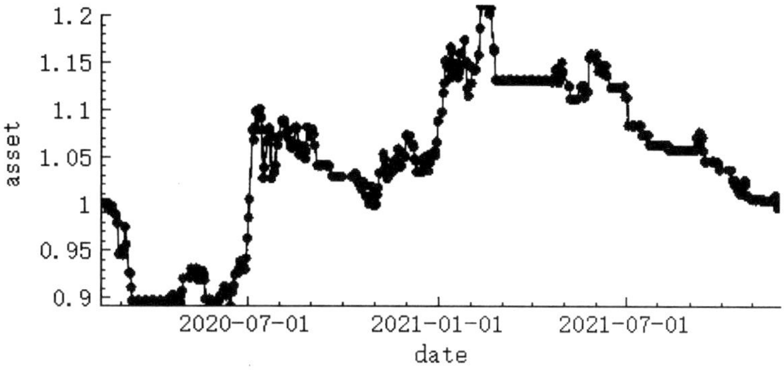

图 5.46　根据三十日均价进行交易的净值曲线

（5）六十日均线

根据六十日均价进行交易的回测结果如表 5.48 所示。

表 5.48　根据六十日均价进行交易的回测结果

交易次数/次	22
复利总收益	0.0772
平均正收益	0.1076
平均负收益	−0.0117
平均收益	0.0046
盈利概率	0.1364
盈亏比	9.2100
最大回撤	0.2069
年化收益	0.0379
年收益回撤比	0.1832
总收益回撤比	0.3733

根据六十日均价进行交易的净值曲线如图 5.47 所示。

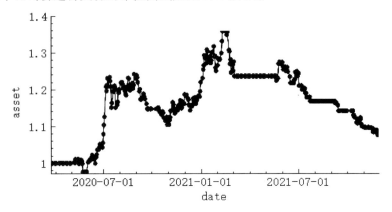

图 5.47 根据六十日均价进行交易的净值曲线

（6）一百日均线

根据一百日均价进行交易的回测结果如表 5.49 所示。

表 5.49 根据一百日均价进行交易的回测结果

交易次数/次	7
复利总收益	0.1648
平均正收益	0.2972
平均负收益	−0.0177
平均收益	0.0273
盈利概率	0.1429
盈亏比	16.7806
最大回撤	0.2145
年化收益	0.0793
年收益回撤比	0.3695
总收益回撤比	0.7682

根据一百日均价进行交易的净值曲线如图 5.48 所示。

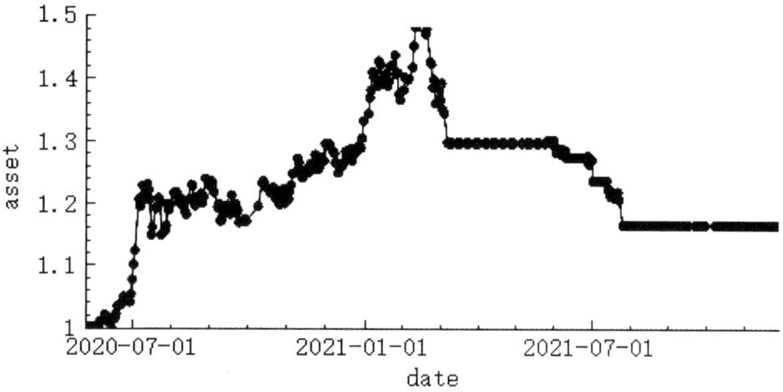

图 5.48　根据一百日均价进行交易的净值曲线

（7）二百日均线

根据二百日均价进行交易的回测结果如表 5.50 所示。

表 5.50　根据二百日均价进行交易的回测结果

交易次数/次	1
复利总收益	0.0425
平均正收益	0.0425
平均负收益	0
平均收益	0.0425
盈利概率	1
盈亏比	0
最大回撤	0.1512
年化收益	0.0210
年收益回撤比	0.1390
总收益回撤比	0.2809

根据二百日均价进行交易的净值曲线如图 5.49 所示。

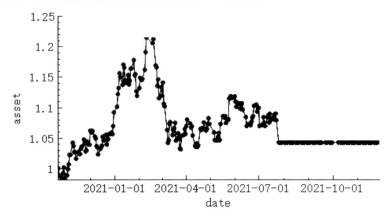

图 5.49　根据二百日均价进行交易的净值曲线

8.沪深 300ETF 2019-12-23 至 2021-11-29 均线加乖离率回测结果

（1）五日均线结合乖离率

If average×1.02>price>average×1，

If average×0.975<price<average×1，

根据五日均价进行交易的回测结果如表 5.51 所示。

表 5.51　根据五日均价进行交易的回测结果

交易次数/次	65
复利总收益	0.2281
平均正收益	0.0268
平均负收益	−0.0091
平均收益	0.0036
盈利概率	0.3538
盈亏比	2.9329
最大回撤	0.1598
年化收益	0.1082
年收益回撤比	0.6773
总收益回撤比	1.4279

根据五日均价进行交易的净值曲线如图 5.50 所示。

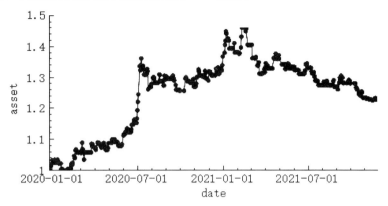

图 5.50　根据五日均价进行交易的净值曲线

（2）十日均线结合乖离率

If average×1.01>price>average×1,

If average×0.98<price<average×0.999,

根据十日均价进行交易的回测结果如表 5.52 所示。

表 5.52　根据十日均价进行交易的回测结果

交易次数/次	40
复利总收益	0.1702
平均正收益	0.0282
平均负收益	−0.0114
平均收益	0.0045
盈利概率	0.4000
盈亏比	2.4857
最大回撤	0.0961
年化收益	0.0818
年收益回撤比	0.8507
总收益回撤比	1.7709

根据十日均价进行交易的净值曲线如图 5.51 所示。

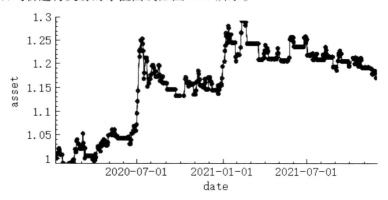

图 5.51　根据十日均价进行交易的净值曲线

（3）二十日均线结合乖离率

If average×1.008>price>average×1,

If average×0.985<price<average×1,

根据二十日均价进行交易的回测结果如表 5.53 所示。

表 5.53　根据二十日均价进行交易的回测结果

交易次数/次	30
复利总收益	0.0845
平均正收益	0.0547
平均负收益	−0.0095
平均收益	0.0033
盈利概率	0.2
盈亏比	5.7403
最大回撤	0.1466
年化收益	0.0414
年收益回撤比	0.2486
总收益回撤比	0.5074

根据二十日均价进行交易的净值曲线如图 5.52 所示。

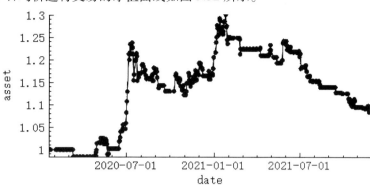

图 5.52 根据二十日均价进行交易的净值曲线

（4）三十日均线结合乖离率

If average×1.008>price>average×1.003,

If average×0.985<price<average×1,

根据三十日均价进行交易的回测结果如表 5.54 所示。

表 5.54 根据三十日均价进行交易的回测结果

交易次数/次	16
复利总收益	0.1952
平均正收益	0.1066
平均负收益	−0.0092
平均收益	0.0125
盈利概率	0.1875
盈亏比	11.5427
最大回撤	0.1266
年化收益	0.0932
年收益回撤比	0.7367
总收益回撤比	1.5421

根据三十日均价进行交易的净值曲线如图 5.53 所示。

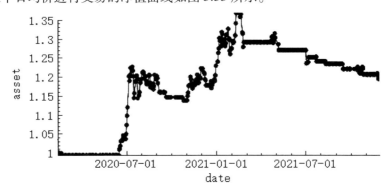

图 5.53　根据三十日均价进行交易的净值曲线

（5）六十日均线结合乖离率

If average×1.03>price>average×1.003，

If average×0.985<price<average×1，

根据六十日均价进行交易的回测结果如表 5.55 所示。

表 5.55　根据六十日均价进行交易的回测结果

交易次数/次	17
复利总收益	0.0829
平均正收益	0.1549
平均负收益	−0.0137
平均收益	0.0062
盈利概率	0.1176
盈亏比	11.3364
最大回撤	0.1895
年化收益	0.0406
年收益回撤比	0.2145
总收益回撤比	0.4377

根据六十日均价进行交易的净值曲线如图 5.54 所示。

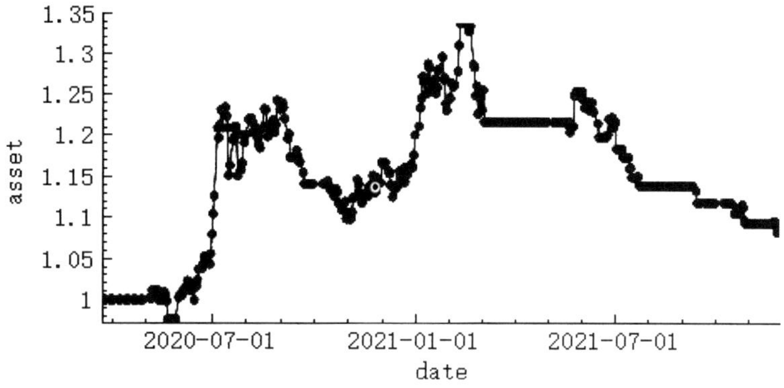

图 5.54 根据六十日均价进行交易的净值曲线

（6）一百日均价结合乖离率

If average×1.02>price>average×1,

If average×0.99<price<average×1,

根据一百日均价进行交易的回测结果如表 5.56 所示。

表 5.56 根据一百日均价进行交易的回测结果

交易次数/次	7
复利总收益	0.2209
平均正收益	0.3098
平均负收益	−0.0116
平均收益	0.0343
盈利概率	0.1429
盈亏比	26.6217
最大回撤	0.2244
年化收益	0.1049
年收益回撤比	0.4675
总收益回撤比	0.9840

根据一百日均价进行交易的净值曲线如图 5.55 所示。

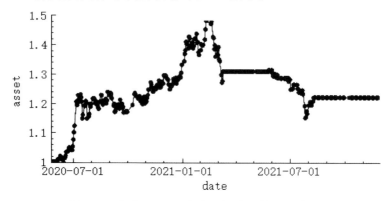

图 5.55　根据一百日均价进行交易的净值曲线

（7）二百日均价结合乖离率

If average×1.02>price>average×1,

If average×0.99<price<average×1,

根据二百日均价进行交易的回测结果如表 5.57 所示。

表 5.57　根据二百日均价进行交易的回测结果

交易次数/次	1
复利总收益	0.0349
平均正收益	0.0349
平均负收益	0
平均收益	0.0349
盈利概率	1
盈亏比	0
最大回撤	0.1006
年化收益	0.0173
年收益回撤比	0.1718
总收益回撤比	0.3465

根据二百日均价进行交易的净值曲线如图 5.56 所示。

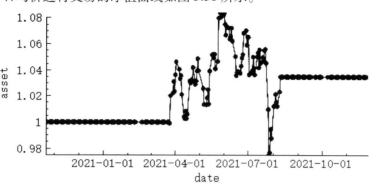

图 5.56　根据二百日均价进行交易的净值曲线

八、均线交易策略分析

截取出上证 50ETF 及对应的最优均线策略交易情况,对时间范围为 2005-02-23 至 2021-11-29 的情况进行分析比较。

从图 5.57 和图 5.58 中可看出,采用均线交易策略,在标的呈上涨趋势时,一般情况下,都能捕获到购入信号,然后保持盈利,同时在标的下跌或者大幅回撤时,采用该策略一般也能够捕获到这个信号,及时卖出标的,让持仓回撤小于标的回撤,持仓价值曲线相对标的资产价格曲线较平滑,目前这个交易策略只能尽量控制在标的上涨的时候保持盈利,在标的下跌的时候及时止损,整体持仓价值曲线跟标的趋势一致。该策略在 2005—2021 年的主要盈利部分分别在 2005—2007 年、2014—2015 年、2019—2021 年三个时间段,分别是中国 A 股的两次大牛市和一个慢牛市,所以该策略在牛市当中,不仅可以降低回撤风险,还能很好地捕捉利润,提高盈利水平,在牛市当中非常适用。图中标出在 2008 年金融危机时,A 股股市暴跌、千股跌停的情况下,该策略虽然也有回撤,但是也及时止损,没有大幅扩大回撤,所以具有一定的抵御外界风险的作用。

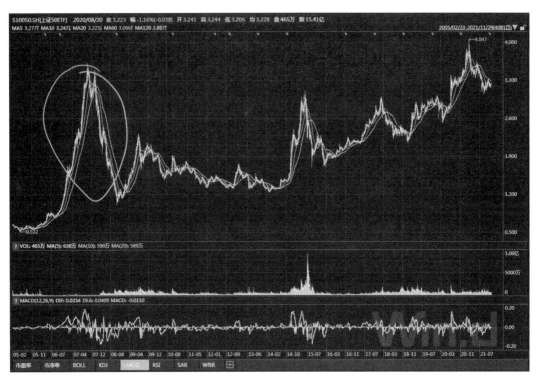

图 5.57　上证 50ETF 走势（2005-02-23 至 2021-11-29）

来源：Wind 数据库，下同。

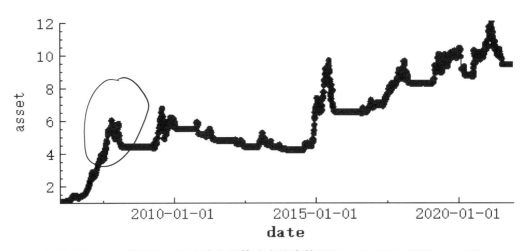

图 5.58　上证 50ETF 五日均线交易策略净值走势（2005-02-23 至 2021-11-29）

　　从宏观经济层面来看，该策略与宏观经济关系相对密切，在宏观经济水平增速较快或者市场流动性较为充足的时候，股市表现都会比较优秀，体现出股市行情上涨，从而能让该策略表现出更优秀的结果。

第二节　备兑开仓策略及卖出跨式策略历史回测

一、备兑开仓策略历史回测

1.备兑开仓策略简介

备兑开仓策略是一种经典的增强收益策略,由现货多头头寸和认购期权空头头寸构成,即投资者在拥有现货的基础上,卖出相应数量的认购期权,获得期权权利金收入。之所以叫"备兑",是由于该策略使用标的证券作为担保,提前锁定足额合约标的作为将来行权交割所应交付的证券,也因此期权的卖方不需要缴纳额外的资金作为保证金。备兑开仓策略的到期收益结构如图 5.59 所示。

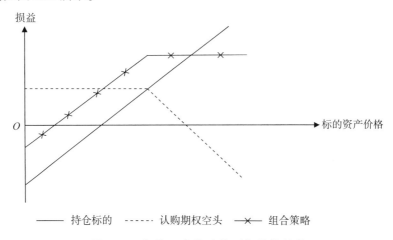

图 5.59　备兑开仓策略的到期收益结构

假设某持有现货的投资者卖出的行权价 K 高于标的资产价格的虚值认购期权,其到期收益可能有以下三种情形。

(1)当标的资产价格大幅下跌(下跌金额大于或等于认购期权的权利金),如图 5.59 所示,虽然认购期权空头能提供一部分权利金作为补偿,但是组合收益仍为负;当标的资产的下跌数额恰好等于认购期权权利金时,组合刚好达到盈亏平衡。此时现货多头与认购期权空头的组合获得了期权的权利金作为补偿,与仅持有现货多头相比有效地降低了亏损。

(2)当标的资产价格在现货价格附近小幅波动(标的资产的到期价格不高于认购期权的行权价,且不低于其初始价格减去认购期权的权利金),组合收益为正;且随着标的资产价格的增加,组合收益也在增加。此时组合比仅持有现货多头获得了更高的收益。

（3）当标的资产价格大幅上涨（标的资产的到期价格高于认购期权的行权价），组合收益已经达到了最大值，且不再随着标的资产价格的增加而发生变化，当标的资产到期价格高于期权的行权价与权利金之和，该组合的收益低于仅持有标的资产，因为标的资产大幅上涨导致卖出的认购期权出现一定的亏损。

备兑开仓是一种相对比较保守的投资策略，该策略与传统资产的相关性较低，出现极端收益的概率低于仅持有标的现货，具有良好的低风险特性。它在减少了投资者损失的同时，也限制了投资者的收益。当标的证券价格向投资者所持有头寸的相反方向运动时，卖出认购期权的权利金在一定程度上弥补了这一损失。而当标的证券价格向持有头寸的相同方向运动时，投资者仍可以获得权利金的收益，但因为股票上的收益会和期权上的损失部分或全部抵消，收益会受到限制。当股票价格上涨超出行权价后，由于股票上的收益被期权上的损失全部抵消，组合策略利润将达到最大，并维持不变。实质上，该策略放弃了大幅上涨的机会以换取在弱市中的收益增强效果。

综上，备兑开仓策略并非适合所有情况，它更适用于预计价格变化较小或者小幅上涨时的情形，而对于行情大幅上涨或者大幅下跌时并不主张采取此策略。行情大幅上涨时，直接持有标的证券所得的收益会更大，为了获得权利金而舍弃了更高的获利机会，显然得不偿失。而行情大幅下跌时，期权卖出所获得的权利金也只是杯水车薪，这时候直接卖出标的证券才是最正确的选择。

2. 备兑开仓策略的实际操作

（1）合约期限选择：卖近月还是卖远月？

预判标的证券的近期股价相对来说更加容易，同时近月合约的时间价值流失速度较快，此外近月合约流动性更好，投资者更容易管理卖出期权的头寸，故备兑开仓一般选择卖出当月期权合约。

（2）行权价选择：卖虚值认购期权，平值认购期权，还是实值认购期权？

备兑开仓策略作为标的证券的增强策略，一般适用于投资者对标的证券价格的预期为小幅上涨或维持不变的情况。因此，使用备兑开仓策略时，不会卖出行权价格低于正股价格的期权，即不会卖出实值期权。因为如果卖出这一期权，意味着到期时如果标的证券的价格相较期初价格不变或者上涨，该期权将会被行权，这将压缩投资者的收益空间。

此外，如果投资人对标的证券的未来走势有较为明确的预期，能够合理预判出月末到期时候的 ETF 价格，则可以根据预期价格设置 ETF 的卖出价格。

3. 备兑开仓策略在海外及我国的发展

（1）美国备兑开仓策略指数

2002 年 4 月，CBOE 基于备兑开仓策略开发出了第一只 BuyWrite 指数：标普 500 BuyWrite 指数。这是一个被动跟踪型的全收益指数，基于如下策略：①买入标普 500 股票指数组合；②卖出一个月后到期、最接近平值的标普 500 指数认购期权。认购期权会一直持有至到期日，即每个月的第三个周五，不会提前平仓。到期时，CBOE 根据标普 500 指数的特殊开盘报价(SOQ)计算期权收益,同时进行换仓,再卖出另一个新的平值附近、下月到期的认购期权。在此过程中产生的成份股分红与期权权利金收入全部投入再投资。

如表 5.58 所示,除了 BXM 之外,BuyWrite 还包括一系列的指数,例如 BXY(卖出虚值程度 2% 的标普 500 认购期权)、BXD(以道琼斯工业平均指数为标的)、BXN(以纳斯达克 100 指数为标的)等。

表 5.58 各类 BuyWrite 指数情况

Ticker	Index	原理
BXM	Choc S&P 500 BuyWrite Index	卖出一个月期限的平值看涨期权,期权与现货 1:1 备兑
BXMC	Choc S&P 500 Conditional BuyWrite Index	与 BMX 类似,但每个月调仓日根据 VIX 水平选择备兑期权数量是 100% 还是 50%
BXMD	Choc S&P 500 30—Delta BuyWrite Index	卖出一个月期限的 Delta 最接近 0.3 的看涨期权
BXMW	Choc S&P 500 Multi—Week BuyWrite Index	每周调仓,使多个平值期权综合到期日始终保持在 4 周
BXY	Choc S&P 500 2% OTM BuyWrite Index	与 BXM 类似,但卖出 2% 虚值度的看涨期权
BXD	Choc DJIA BuyWrite Index	基于 Dow Jones Industrial Average 的 BXM
BXN	Choc Nasdaq—100 BuyWrite Index	基于 NASDAQ-100 Index 的 BXM
BXR	Choc Russell 2000 BuyWrite Index	基于 Russell 2000 Index 的 BXM
BXRC	Choc Russell 2000 Conditional BuyWrite Index	基于 Russell 2000 Index 的 BXMC
BXRD	Choc Russell 2000 30—Delta BuyWrite Index	基于 Russell 2000 Index 的 BXMD

(2)美国备兑开仓策略 ETF 的市场规模

2007 年 12 月 20 日,美国第一只备兑开仓策略 ETF——Invesco S&P 500 BuyWrite ETF 问世,在之后 5 年中,作为全市场唯一的备兑开仓策略 ETF,该产品规模从 254 万美元稳步增长到 2.71 亿美元。

2013 年,美国备兑开仓策略 ETF 市场迎来 4 只新产品,分别是挂钩标普 500 指数、纳斯达克 100 指数、黄金指数和白银指数的备兑开仓策略 ETF,之后每年均有新产品问世。美国备兑开仓策略 ETF 市场的产品数量和规模基本处于逐年增长的态势。截至 2019 年 12 月 31 日,美国备兑开仓策略 ETF 产品共计 10 只,其中挂钩标普 500 指数的有 4 只产品,挂钩罗素 2000 指数的有 2 只产品,挂钩纳斯达克 100、黄金、白银、原油指数的各有 1 只产品。ETF.com

数据显示,美国备兑开仓策略 ETF 总规模为 17.10 亿美元,其中挂钩宽基股票指数的产品规模占主导地位,规模占比超过 93%。

（3）我国的备兑开仓策略基金进展

2020 年二季度,中证指数曾表示,将正式发布上证 50ETF 备兑策略指数,丰富指数体系,为投资者提供全新的分析工具与投资标的。但查询中证指数有限公司官网,该指数似乎已经停发。

根据证监会网站公布的信息显示,2021 年 3 月 15 日,博时、国泰两家基金公司分别上报了名称中带有"备兑增强策略"的交易型开放式指数基金（ETF）,作为国内基金产品名称中首次出现的上报产品,引起了业内广泛关注。这种创新策略基金的推出对于吸引长期资金的入市也有一定的积极作用,但具体何时获批,或许仍需要很长时间。

4. 朴素备兑策略的历史回测

（1）策略设置

对上证 50ETF 和上证 50ETF 期权的备兑开仓策略组合进行历史回测,交易参数如下。

回测区间:2015-02-09 日至 2019-12-31。

现货+期权组合:持有上证 50ETF,并做空近月的虚值认购期权（行权价高于标的资产价格,且认购期权的虚实程度分别为平值、虚值一档、虚值二档、虚值三档的期权）。

交易设定:当离期权合约到期日少于 3 天时近月期权合约平仓,平仓后在次月合约建仓。

期权手续费:为简化,设定手续费为 0。

（2）策略结果

将上证 50 指数（000016.SH）作为基准,并使用上证 50ETF 和不同虚值程度的虚值认购期权构建备兑策略。

上证 50 指数回测期内（见图 5.60）的年化收益率为 6.01%,最大回撤为 66.11%;当使用平值双卖策略的认购期权时,组合的表现最佳,年化收益率达到了 6.83%,收益回撤比为 0.61。

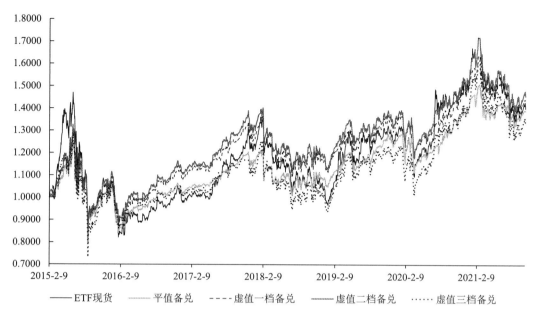

图 5.60　朴素备兑策略回测情况

备兑开仓策略绝对表现(2015-02-09 至 2021-10-18)如表 5.59 所示。

表 5.59　备兑开仓策略绝对表现

	现货	平值	虚值一档	虚值二档	虚值三档
年化收益率/%	6.01	5.84	6.44	6.83	4.95
收益率/%	40.20	39.07	43.08	45.68	33.09
最大回撤/%	66.11	45.66	50.41	52.14	53.80
收益回撤比	0.61	0.86	0.85	0.88	0.62

5. 简单优化备兑策略的历史回测

(1)策略设置

对上证 50ETF 和上证 50ETF 期权的备兑开仓策略组合进行历史回测,交易参数如下。

回测区间:2015-02-09 至 2021-10-18。

现货+期权组合:持有上证 50ETF,并做空近月的虚值认购期权(行权价高于标的资产价格,权利金大于 100 元/手,距离行权日 10 个交易日以上,认购期权的虚实程度分别为平值、虚值一档、虚值二档、虚值三档的期权)。

交易设定:当期权净值绝对值低于 20 元/手或是 50ETF 价格高于行权价 0.1 或是离期权合约到期日少于 3 天时近月期权合约平仓,平仓后如果近月有合约满足开仓条件则在近月建仓,否则在次月合约建仓。

期权手续费：为简化，设定手续费为0。

（2）策略结果

将上证50指数（000016.SH）作为基准，并使用上证50ETF和不同虚值程度的虚值认购期权构建优化后的备兑策略。

当使用虚值一档的认购期权时（见图5.61），组合的表现最佳，年化收益率达到了6.58%，收益回撤比为0.93。

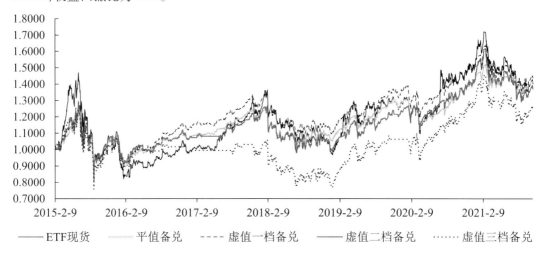

图5.61　简单优化备兑策略回测情况

简单优化备兑开仓策略绝对表现（2025-02-09至2021-10-18）如表5.60所示。

表5.60　简单优化备兑开仓策略绝对表现

	现货	平值	虚值一档	虚值二档	虚值三档
年化收益率/%	6.01	6.20	6.58	5.55	3.64
收益率/%	40.20	41.50	44.02	37.16	24.34
最大回撤/%	66.11	44.01	47.40	47.60	49.07
收益回撤比	0.61	0.94	0.93	0.78	0.50

二、卖出跨式策略历史回测

1. 卖出宽跨式策略简介

卖出宽跨式策略是指卖出一个认沽期权同时卖出一个相同的到期时间和更高行权价的认购期权。到期时，当标的资产价格位于两个盈亏平衡点之间时可以获得收益，反之需要承担亏损。

当标的资产价格位于两个期权的行权价之间时获得的收益最大；当标的资产价格位于

两个盈亏平衡点之外时,随着标的资产价格距离盈亏平衡点的间距越远,亏损越大,最大亏损理论上为负无穷。

例如,以 2021 年 11 月系列的中金所沪深 300 股指期权,如 2021 年 10 月 28 日的盘中行情为例,卖出一手 11 月份行权价为 4700 的认沽期权,同时卖出一手 11 月份行权价为 5000 的认购期权,构成卖出宽跨式策略。该策略收取权利金 8660 元,需要保证金 94000 元(中金所暂无期权组合策略保证金优惠),到期时最大收益 8660 元,最大亏损负无穷,盈亏平衡点为 4713.4 元和 5086.6 元。当到期时标的资产价格上涨超过 5086.6 元时,该策略的收益为负,且亏损随着继续上涨不断扩大;当到期时标的资产价格低于 4713.4 元时,该策略的收益为负,且亏损随着继续下跌不断扩大。

当到期时标的资产价格位于 4713.4 元和 5086.6 元时,该策略的收益为正;当到期时标的资产价格为 4700~5000 元时,该策略获得最大盈利 8660 元。在该例中,卖出 11 月份行权价为 5000 的认购期权的隐含波动率为 17.17%和执行价为 4700 元的认沽期权时的隐含波动率为 17.94%,选择在隐含波动率更高的时候卖出期权可以获得更佳的收益风险结构。

卖出宽跨式期权适用于标的短期内处于震荡行情的情况,通过卖出期权可以收取权利金,以应对在震荡市场中进行现货择时交易的困难。从结构上来说,时间对卖出宽跨式策略是友好的,隐含波动率回落也有利于卖出宽跨式策略。由于卖出宽跨式策略有最大收益,因此在持仓浮盈接近最大收益时,可以选择平仓兑现收益。标的资产价格大涨或大跌会给卖出宽跨式策略带来风险,因此在标的资产价格大涨或者大跌时,可以通过买入对应执行价的价外期权进行风险对冲。

期权隐含波动率上升也会给卖出宽跨式策略带来短线浮亏的风险,不过这并不影响策略的到期收益。

2. 朴素卖出跨式策略的历史回测

(1)策略设置

回测区间:2015-02-09 至 2019-12-31。

现货+期权组合:同时做空近月的虚值认购与认沽期权(行权价高于标的资产价格,且认购期权的虚实程度分别为平值、虚值一档、虚值二档的期权)。

交易设定:当离期权合约到期日少于 3 天时,近月期权合约平仓,平仓后在次月合约建仓。

期权手续费:为简化,设定手续费为 0。

(2)策略结果

将上证 50 指数(000016.SH)作为基准,并使用上证 50ETF 和不同虚值程度的跨式期权构建优化后的卖出跨式策略。

当使用平值的卖出跨式期权策略时(见图 5.62),组合的表现最佳,年化收益率达到了 6.72%,收益回撤比为 0.67。

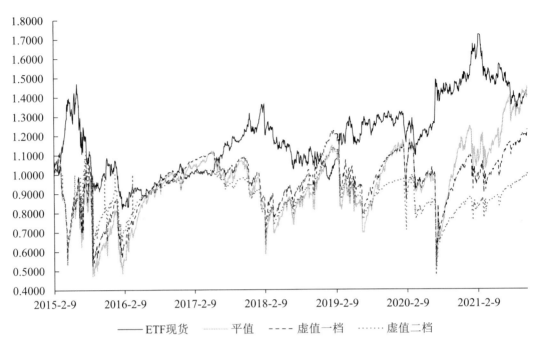

图 5.62　朴素卖出跨式策略回测情况

朴素卖出跨式策略绝对表现（2015-02-09 至 2021-10-18）如表 5.61 所示。

表 5.61　朴素卖出跨式策略绝对表现

	现货	平值	虚值一档	虚值二档
年化收益率/%	6.01	6.72	3.39	0.00
收益率/%	40.20	44.94	22.69	0.03
最大回撤/%	66.11	66.79	69.13	66.61
收益回撤比	0.61	0.67	0.33	0.00

3. 简单优化卖出跨式的历史回测

（1）策略设置

回测区间：2015-02-09 至 2019-12-31。

现货+期权组合：同时做空近月的虚值认购与认沽期权（行权价高于标的资产价格，单个期权权利金大于 100 元/手，距离行权日 10 日以上，且认购期权的虚实程度分别为平值、虚值一档、虚值二档的期权）。

交易设定（每天下午收盘时）：

止损：当组合策略的亏损达到建仓时权利金总收入的一半时；

止盈：当组合策略的净值绝对值低于 40 元/手或是离期权合约到期日少于 3 个交易

日时；

平仓后如果近月有合约满足开仓条件则在近月建仓，否则在次月合约建仓。

期权手续费：为简化设定手续费为0。

（2）策略结果

将上证50指数（000016.SH）作为基准，并使用上证50ETF和不同虚值程度的虚值认购期权构建双卖策略。

当使用平值的卖出跨式期权策略时（见图5.63），该策略组合的表现最佳，年化收益率达到了6.72%，收益回撤比为0.67。

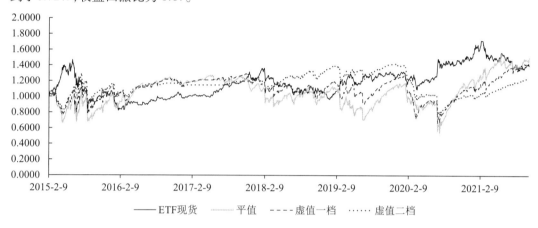

图5.63　简单优化双卖策略回测情况

简单优化备兑开仓策略绝对表现（2015-02-09至2021-10-18）如表5.62所示。

表5.62　简单优化备兑开仓策略绝对表现

	现货	平值	虚值一档	虚值二档
年化收益率/%	6.01	7.56	6.66	3.65
收益率/%	40.20	50.60	44.56	24.45
最大回撤/%	66.11	72.82	62.62	65.62
收益回撤比	0.61	0.69	0.71	0.37

第三节　实盘交易策略的思考

一、ETF 期权的思考

（1）最远月期权的挂出时间：在 8 月初会挂出第二年 3 月份的；11 月初，挂出第二年 6 月份的，此时原来的最远月就变成次远月，以此类推。

（2）卖虚沽后，如果被行权需要接货，接货用的资金是放在期权账户而不是证券账户，行权买入 ETF 后，ETF 就会出现在证券账户。

（3）手动接货的个人经验，被行权，但是资金不足或者想节约资金不想直接接 ETF，怎么办？最简单的办法，在到期日收盘前直接平仓，但是如果不想这样简单地割肉，还是想实现低位接货的目的，或者是希望接货后通过反弹来回本，那就必须在平仓后用变通的方式，手动接货。

变通方式一：在期货账户，用远月股指期货代替 ETF 接货，这样只需要八分之一左右的资金就可以实现接货目的，有时候还可以吃一点贴水。1 手 IH 股指期货等于 30 手上证 50ETF，1 手 IF 股指期货等于 30 手沪深 300ETF；同时可以视情况，在 ETF 期权账户卖出对应的虚值认购，获得额外的权利金收入。这是一种变通的备兑方式。

变通方式二：在 ETF 期权账户，用卖实值认沽期权的方式接货。例如，当前的上证 50ETF 价格是 3.3 元，卖出 1 张行权价 3.5 元的实值认沽期权，等价于买入 1 手上证 50ETF，同时备兑卖出 1 张行权价 3.5 元的虚值认购期权。同时因为卖实值认沽，相对于直接买上证 50ETF，大概有 3 倍杠杆，可以节省大量资金。

二、港股市场的牛熊证和涡轮

港股市场上有两种权证，股本权证由上市公司发行，而窝轮则通常由投行发行，持有窝轮并通过行权获利，这笔钱不是上市公司给你的，而是投行赔给你的，换句话说，买卖窝轮其实是在和投行对赌。"窝轮"其实是投资者对港股市场衍生权证的俗称，由其英文名称"warrant"音译而来，从字面意思上讲就是一种"权利证明"，当你持有时，你有"权利"在规定的日期，以规定的价格买入或卖出某只股票。

牛熊证与窝轮最大的区别在于影响价格的因素，相对窝轮而言，牛熊证的结构比较简单明了，计算价格时候的透明度也比较高。买卖窝轮的投资者大多有以下的"惨痛经历"：因看涨某股票而买入其认购窝轮，其后该股票果然上涨，但该认购窝轮价格竟然不升反跌。这种情况屡见不鲜,究其原因,主要是窝轮价格除了受正股走势影响外,同时受引伸波幅等因素左右,一般来说,引伸波幅下跌会拖累认股证价格,而其走势透明度较低。

对于一个窝轮或牛熊证来说,最基本的性质包括以下几个数据:行使价、行权比例、溢价、有效杠杆、最后交易日／到期日、引伸波幅以及街货量／街货比;以平安瑞信八二购 B 为例,其行使价为 79.18 港元,代表着投资者有了一个在 79.18 港元的价格购入平安股票的虚拟权利。对于认购窝轮而言,其他条件相同,行权价越低,窝轮价值越大,认沽窝轮则相反。

与行使价相关的还有一个"打和点",顾名思义,打和点的意思就是一只窝轮或牛熊证的盈亏平衡点,即窝轮成本(窝轮现价×行权比例)加上行权价得出的价格。以上述窝轮的当前价格来算,1.43×10+79.18＝93.48 港元就是它的打和点。

行权比例又称换股比率,这个概念也很简单,上面这个窝轮 10 倍的行权比例表示每 10 股的窝轮能换 1 股的平安正股,而上述窝轮是 5000 份起卖,即你买了一手(5000 份)就相当于有了在 79.18 港元购入 500 股平安股票的权利。

溢价代表当窝轮或牛熊证到期时,用这个权利以行使价购买正股时,成本比当天收盘的股价高出的部分,以认购窝轮为例,溢价率越高,代表购买的窝轮离现实股价越大,反之则代表窝轮离现实股价差距小,是比较便宜的资产,获利可能性也就越大。用公式总结如下:认购涡轮／牛证的溢价＝(现价×换股比率+行使价－股价)／股价×100%,认沽涡轮／熊证的溢价＝(现价×换股比率－行使价+股价)／股价×100%。

有效杠杆,即理论上正股出现涨跌之后,其窝轮涨跌的倍数。比如平安如果当天上涨了 1%,上图窝轮的有效杠杆为 6.53 倍,那么当天这只窝轮的价格理论上就应该上涨 6.53%。

到期日,即窝轮或牛熊证行权日,最终交易日期则是交易截止日,一般会比到期日早一周左右,所以当正股股价离行权价太远时,千万记得在最后交易日之前卖掉窝轮,及时止损。

当相关资产价格触及收回价时,牛熊证将被强制收回而停止交易。恒指牛熊证强制收回机制以恒指现货作为参考指标,而价格则跟随期货价格跳动。不过,投资方向正确的话,牛熊证不会被收回并可持有至到期日:若买入牛证(看好)后,相关资产价格一直上升,该牛证是不会被收回的;相反,若相关资产价格一直下跌至收回价,该牛证便会被强制收回。

市场上牛熊证一般为 R 类(收回价 1 行使价),即有可能于强制收回后有剩余价值;而 N 类(收回价＝行使价)牛熊证于收回后是没有剩余价值的。

例如,你向摩根大通购买了一份到期日为 2020 年 7 月的权利,通过这份权利,你可以在到期日要求买入 100 股(每手涡轮 10000 份／换股比率 100)腾讯控股的股票。买入股票的约定价格为 457.07 港元／股。

三、在富途做期权需要注意的问题

（1）手续费：手续费高，不适合频繁操作，比较适合卖虚沽持有到期，自动落袋或者被行权接货。

（2）保证金：统一购买力，只对美股账户成立，对于在港股账户卖港股期权不适用，因此最好将全部资金放在港股账户，在美股账户使用港股账户的统一购买力卖期权即可。例如，想做美股期权，没想清楚就把港币兑换成美元，五十万港币由于买入价和卖出价存在点差，会造成大约相当于八百元价值的损失，接下来又发现港股账户在没有本金的情况下，不能用统一购买力卖期权，只得重新换回港币，又亏损八百元。

（3）关于行权：富途不能现金行权，卖认购如果被行权，账户必须持有正股，否则会被强行平仓。

（4）注意富途只有期权到期实值度超过 1.5% 才会自动行权，因此买方到期时，如果实值度在 1.5% 以内，希望行权，必须打电话告知富途，才会给行权。

（5）富途没有组合保证金制度，价差组合保证金也不能减少；不过保证金还是比行权价格本身要低很多，具有几倍的杠杆。

（6）实值期权在盘中，有时候报价没有显示，需要自己手动点"询价"，才会出来报价，出现 20 秒后又会消失。

四、商品期权概况

1.软件上的到期日

软件上显示还有几天到期，是从第二天算起，不包括当天在内。

2.有期权的商品的不同乘数

大连：铁矿（100 吨）、乙烯/塑料l（5 吨）、丙烯 PP（5 吨）、PVC（5 吨）、液化气（20 吨）、豆粕（10 吨）、棕榈油（10 吨）、玉米（10 吨）。

郑州：棉花（5 吨）、白糖（10 吨）、动力煤（100 吨）、甲醇（10 吨）、菜粕（10 吨）。

上海：锌（5 吨）、铝（5 吨）、铜（5 吨）、黄金（1000 克）、橡胶（10 吨）、PTA（5 吨）。

3.关于组合保证金优惠

构建期权组合的话，交易所有保证金优惠。如表 5.63 和表 5.64 所示，大连商品交易所、郑州商品交易所有期权套利保证金优惠，优惠方式与期货套利有所区别。

期权的组合优惠实际是针对结算系统的，大商所期权盘中不主动申报，结算时期货公司结算系统也会按照组合规则进行结算。而郑商所结算规则不同，期权套利指令须附加 FAK、FOK 指令属性，软件不支持这种套利指令，但部分期货公司支持，套利指令盘中就可释放。

表 5.63 郑商所期权保证金优惠

期权组合类型	组合规则	保证金收取规则	优惠方式
期权期货组合	卖出看涨期权+买入对应期货合约	期货保证金+期权权利金	盘中构建开仓，结算时按交易所自动优惠
	卖出看跌期权+卖出对应期货合约		
期权跨式	卖出相同期权合约相同执行价格的看涨期权和看跌期权	MAX（看涨期权保证金，看跌期权保证金）+另一腿权利金	1.盘中组合指令建仓时享受优惠 2.单腿建仓，每个交易日14：30之前向风控部申请组合，结算后享受优惠
期权宽跨式	卖出低执行价格的看跌期权和高执行价格的看涨期权		

表 5.64 大商所期权保证金优惠

组合类型	组合规则	保证金收取规则	优惠方式
卖出期权期货组合	卖出看涨期权+买入对应期货合约	期货保证金+期权权利金	1.按照交易所规定的组合策略发送组合申请，待单腿持仓进行组合，实时享受保证金优惠； 2.交易所结算时按照一定优先级将客户持仓重新组合给予保证金优惠
	卖出看跌期权+卖出对应期权合约		
期权跨式	卖出相同期权合约的相同执行价格的看涨期权和看跌期权	MAX（看涨期权保证金，看跌期权保证金）+另一腿权利金	
期权宽跨式	卖出低执行价格的看跌期权和高执行价格的看涨期权		
期权对锁	在同一期货品种同一月份合约上建立数量相等，方向相反的头寸		
买入垂直价差	买进低执行价格的看涨期权，同时卖出相同期货合约的高执行价格的看涨期权		
	买进高执行价格的看涨期权，同时卖出相同期货合约的低执行价格的看跌期权		
卖出垂直价差	卖出低执行价格的看涨期权，同时买进相同期货合约的高执行价格的看涨期权		
	卖出高执行价格的看跌期权，同时买进相同期货合约的低执行价格的看跌期权		
买入期权期货组合	买入看涨期权，同时卖出对应期货合约		
	买入看跌期权，同时买入对应期货合约		

五、实盘交易策略总结

1.策略概况

(1)牛市认购价差策略：买入低执行价认购，卖出高执行价认购。

行情上涨后获利有限：当标的资产价格≥看涨期权空头行权价时，可获得最大收益。最大获利额等于两个看涨期权行权价的差减去买入组合时的初始金额，计算公式如下。

最大获利额＝看涨期权空头行权价－看涨期权多头行权价－净权利金－手续费；

行情下跌后损失有限：当标的资产价格≤看涨期权多头行权价时，策略会产生一些损失。

最大损失额不会超过建立价差组合的初始金额，计算公式如下：

最大损失额＝净权利金＋手续费。

构建该策略时可以错时开仓，比如先买入较低行权价 K_1 的认购期权，等上涨后再卖出较高行权价 K_2 的认购期权，这样可以先锁住部分利润。

牛市价差策略可构建三种不同的组合：保守型、稳健型、进取型。

假设上证 50ETF 目前价格是 2.90 元，

保守型组合是买入开仓购 12 月 2850，卖出开仓购 12 月 2900；

稳健型组合是买入开仓购 12 月 2850，卖出开仓购 12 月 2950；

进取型组合则是买入开仓购 12 月 2950，卖出开仓购 12 月 3000。

其中，保守型组合获胜的概率高，但赔率低；进取型组合获胜的概率低，但赔率高；稳健型组合盈亏比较合适。

期权临近到期日时：当标的 50ETF 价格跌到较低行权价 K_1 以下时，持有两张合约至到期，或平仓后重新构建牛市价差策略；当标的 50ETF 价格在行权价 K_1 和 K_2 之间时，买入平仓较低行权价 K_1 的认购期权，收回部分权利金，持有较高行权价 K_2 的认购期权至到期；当标的 50ETF 价格涨到较高行权价 K_2 以上时，平仓两张合约后，重新构建牛市价差策略。

牛市价差策略一般选择"买实一档的期权合约＋卖虚一档的期权合约"组合，可以升级为大号牛市价差"买深实值的期权合约＋卖虚一档的期权合约"组合，用深实值的期权合约代替实一档的期权合约，选择深实值的期权合约的时间价值越少越好，或者 Delta>0.9 以上。该升级用法与备兑开仓策略类似。该策略升级的优势是减少了一些时间价值的损失，可以多赚些时间价值，以增强收益，但如果行情下跌，亏损会相对多一些。

(2)牛市认沽价差策略：买入低执行价认沽，卖出高执行价认沽，拿到的权利金高于付出的，初始是盈利状态，行情下跌会亏损，最大亏损＝标的高买低卖的差价－权利金差价；行情上涨会盈利，最大盈利＝权利金差价。

(3)熊市认购价差策略：买入高行权价的认购期权，卖出等量、相同到期时间的低行权价认购期权，行情上涨会亏损，最大亏损＝标的高买低卖的差价－权利金差价；行情下跌会盈利，最大盈利＝权利金差价。

（4）熊市认沽价差策略：买入高行权价的认沽期权，卖出等量，相同到期时间的低行权价认沽期权。

（5）比例价差策略。

牛市比率价差（bull ratio spread）是一种非常灵活的投资策略。

认购比例价差策略：通过买入 1 份行权价较低的 Call 并卖出 N 份行权价较高的 Call 组成，买入低行权价的认购期权时，卖出多份相同到期时间的高行权价的认购期权。

认沽比例价差策略：买入高行权价的认沽期权时卖出多份相同到期时间的低行权价的认沽期权（买贵卖便宜）。

（6）做盘整——蝶式。

期待到期市场价落在中间价格附近，获得最大盈利。

实例：假设上证 50ETF 市场价 3.232 元，离 8 月期权到期还有 18 天。

在中间卖两份购，3200 购权利金 645 元，上下各买一份购：3100 购权利金 1388 元，3300 购权利金 224 元。中间卖购+上方买购，构成卖购熊市价差。下方买购+中间卖购，构成买购牛市价差。如果大涨过了 3300，买购牛市价差盈利 $1000-(1388-645)=257$ 元，卖购熊市价差亏损 $1000-(645-224)=579$ 元，整体亏损 300 元左右。如果大跌过了 3100，买购牛市价差亏损 $1388-645=743$ 元，卖购熊市价差盈利 $645-224=421$ 元，整体亏损还是 300 元左右。在 3200～3300，买购牛市价差盈利固定在 257 元，卖购熊市价差被行权，亏损 $=X-(645-224)=X-421$，盈亏平衡点是 3267 左右。扣除手续费和滑点，大概在 3200～3250 整体盈利。在 3100～3200，买购牛市价差盈利 $X-(1388-645)=X-743$，卖购熊市价差盈利 $645-224=421$ 元，盈亏平衡点是 3132 左右，扣除手续费和滑点，大概在 3150～3200 整体盈利。在 3200 左右，买购牛市价差达到最大盈利 257 元，卖购没有被行权，或者被行权但是没有差价损失，获得权利金最大收益 421 元，整体最大收益 670 元左右。

（7）做盘整——正向水平价差（买入日历价差）。

买平值远月，卖平值近月。在海外期权市场以及在国内的期权仿真交易市场，由于期权投资者通常选择近月的期权表达方向性的市场观点或者作为对冲工具，而忽略了期权隐含波动率的理论价值，导致近月期权的隐含波动率高于历史波动率，而且经常高于远月的期权波动率，由此产生了结构性的期权套利机会，套利投资者卖出高隐含波动率的近月期权，同时买入低隐含波动率的远月期权合约，构建日历价差策略获得波动率的差价套利收入。

构建期权日历价差买方头寸的最主要的要求之一是远期波动率可能在历史的低点。同时远期期权的隐含波动率一定要低于近期期权的隐含波动率。（时间上买远卖近，波动率上买低卖高）。

隐含波动率对日历价差盈亏的影响其实很好理解。简单来说，如果你买入日历价差，即卖出近月的看涨期权，买入远月的看涨期权，你是既做空波动率又做多波动率。由于远月的正 Vega 敞口比近月的负 Vega 敞口要大，买入日历价差是有正的 Vega 敞口。因此买入日历价差等于是做多隐含波动率，卖出则相反。

日历套利也叫作时间套利(time spread)，它涉及出售一手期权，同时买进一手更远期的期权，而且两手期权的定约价相同。这种交易策略的思路是时间对近期期权价值的侵蚀比对远期期权的速度要快。

例如，2021 年 4 月 26 日阿里巴巴的股价是 \$230，其对应的 7 月 16 日到期定约价 \$230 的期权价格是 \$15；同时 10 月 15 日到期定约价 \$230 的期权价格是 \$23；同时 1 月 21 日到期定约价 \$230 的期权价格是 \$30；此时如果出售 7 月 16 日的同时买进 10 月份的就要付出债务 23-15＝\$8，再加上手续费。如果三个月后，BABA 的价格依然是 \$230，假设所有其他的因素都相同，那么上述相同定约价的期权价格分别是 0，\$15，\$23；于是就获得了 15-8＝\$7 的盈利。此时，可以卖出这手 10 月份到期的期权获利平仓，也可以继续留着它，此时就好像花了 800 美元拥有一张 1500 美元的 Call，如果在今后的三个月里，阿里巴巴股价大幅上升，那么就会获利颇丰。

(8)做突破——蝶式。

希望到期标的大涨或大跌。

静态实例：当前 50ETF 市场价 3232，离 8 月期权到期还有 18 天。

A.在中间买两份购：3200 购权利金 645 元；

上下各卖一份购：3100 购权利金 1388 元，3300 购权利金 224 元。

中间买购+上方卖购，构成买购牛市价差；

下方卖购+中间买购，构成卖购熊市价差。

B.如果到期标的涨过上方价：

买购牛市价差组合的权利金净支出-421，行权赚差价+1000，卖购熊市价差的权利金净收益+743，被行权亏差价-1000，扣除手续费和滑点等，总收益 300 元左右。

C.如果到期标的跌过下方价：

买购牛市价差组合的权利金净支出-421，卖购熊市价差的权利金净收益+743，没有行权或被行权，扣除手续费和滑点等，总收益仍然是 300 元左右。

动态实例如表 5.65 所示。

表 5.65 做突破——蝶式的动态实例

单位：元

	50ETF	买 2 张 9 月 3400 购	卖 1 张 9 月 3300 购	卖 1 张 9 月 3500 购	结论
2021-05-14 收盘前，开仓	34000	1580	2100	1180	到期如果突破总盈利为 120
2021-05-18 收盘前	35210	2310，盈 730	2965，亏 865	1770，亏 590	基本没有盈利

续表

	50ETF	买 2 张 9 月 3400 购	卖 1 张 9 月 3300 购	卖 1 张 9 月 3500 购	结论
2021-05-28 收盘前	36400	3243,盈 1663	3960,亏 1860	2550,亏 1370	盈利 90 多
2021-07-26 收盘前	32580	525,亏 1055	875,盈 1225	300,盈 880	基本没有盈利

a. 为了提高胜率,需要把上下价格压得近一些,腾讯期权、美股期权、商品期权档间距比较小能做到,但是间距小在增大胜率的同时,盈利数额也变小,最后可能无法抵消手续费和滑点。反之,ETF 期权分档间隔太大,则降低了胜率,但是所获得的最大盈利是比较显著的。

b. 用远月构建显然比近月构建的组合胜率要高,但到期日越远,最大盈利逐渐减少,离到期日还有 229 天的同行权价期权构建的最大盈利只有 70 元左右。

(9)做突破——比例价差。

比例价差,适合分档差距比较小,档位比较多,波动比较大的品种——商品期权,港股期权。商品期权远月期权不活跃,没必要做。美股期权远月还可以,但是滑点大,手续费高。境外账户,腾讯远月期权成交活跃度还可以。

A 股 ETF 期权档位间距大,可能造成最大亏损较大,但是成交活跃,开远月期权比较方便,遇到大幅波动仍然可以有明显收益,可以作为中长线的策略。

在震荡期方向不明时双向布局,不需要判断方向,进入单边大行情后用 15 分钟 20~80 波断落袋,顺向大幅盈利,反向也不亏钱。也适合追涨,在大趋势里连续开仓,顶部追了掉下来也不亏钱,15 分钟 640 分界线和 20~80 波段布局和落袋比例价差,赚大幅波动,15 分钟 10~20 波断布局和落袋领口,赚中等波动,都开远月,分开在两个账户做。

用上述布局法可容纳更多资金,适合给私募操盘比例价差,在到期一个月前,要耐心等待上策落袋,即顺方向大幅运行的发生,在到期一个月内,再把握中策落袋,即反方向运行,实在不行,再拿到到期日手动平仓,记录亏损,移仓到下一个远月。

(10)做突破——反向水平价差(卖出日历价差)。

卖平值远月,买平值近月。

动态实例:比较水平价差在大幅波动下的效果以及对于卖虚沽的对冲效果,结果如表5.66所示。

表 5.66 做突破——反向水平价差的动态实例

单位：元

	50ETF	买 1 张近月平值，8 月沽 3400	卖 1 张远月平值，12 月沽 3400	水平价差整体盈亏	卖 1 张近月虚值沽，8 月 3200
2021-07-06，14：15	34000	开仓，819	开仓，1632		开仓，214
2021-07-23，收盘	33880	683，亏损 136	1585，盈利 47	亏损 90 左右	118，盈利 96
2021-07-26，收盘	32590	1558，盈利 739	2329，亏损 697	盈利 42	468，亏损 254
2021-08-02，10：00	31290	2713，盈利 1894	3201，亏损 1569	盈利 325	1007，亏损 786

2. 策略总结分析

（1）商品期权相对 ETF 期权的优势。

商品期权成交量不如 ETF 期权，但是其优势在于：

A. 商品期权的权利金相对 ETF 期权比较高。

B. 商品期权的品种较多，不同的商品之间关联度参差不齐，因此很少出现所有的商品同涨同跌的情况，可以在很大程度上分散风险。

C. 商品期权的价格分档较多，档间距比较小，可以分多档开仓卖虚值认沽，从而也在某种程度上分散空间上的风险。

（2）卖商品期权虚值认沽在控制好风险的前提下，是可行的策略。

许多人不敢裸卖虚值认沽，认为遇到极端行情会亏损巨大，但是如前所述，卖商品期权可以通过在品种和价格空间上进行分散进而降低风险。

卖虚值期权最大的优势是"做时间的朋友"，每天都站在时间这一边，吃时间价值。

（3）卖虚值认沽吃时间价值的要点。

A. 根据个人经验，最好是卖最近月的认沽，这样有助于控制风险。

B. 要先大概判断标的当前的价位在什么位置。

如果是处在历史低位的品种，你愿意持有期货资产，那么可以卖一些比较接近平值的认沽。如果是处在中等位的品种，你为了控制风险，并不希望持有资产，只希望吃时间价值，那么就卖比较深度虚值的认沽。如果是处在高水位品种，那么最好不要卖认沽，或者只卖少量非常深度虚值的认沽。

C. 可以自己设计一些技术形态的判断标准，来区分标的是否处在有利于卖沽的形态，即偏多头的形态,或者不利于卖沽的形态,即空头形态。

D. 品种选择上,尽量卖一些远月贴水的品种,这样万一被行权接货了,后续移仓换月还不会吃亏。反之,如果是远月升水的品种,每次移仓换月都会承受额外的损失。

E. 选择的虚值认沽期权也不要太虚,到期权利金除以保证金,最好超过 3%,这样扣除少数情况下标的大幅快速回撤导致行权接货的损失,年化还可以到 20%~30%。

F. 最好在不同时间分批卖,不要一次挂太多单子出去,否则后面成交了,仓位快速提高,风险增大;在大跌的时候可以顺势加仓卖,吃到市场情绪的钱。

注意:决定到期是否被行权,是根据标的到期日结算价是否低于行权价而定的,不是根据标的的收盘市场价。

(4)卖虚值认沽后的要点。

A. 卖虚值认沽后,标的出现快速大幅下跌,导致期权账面浮亏,是经常出现的,此时不要惊慌,大多数情况下都是虚惊一场,到期还是不会接货,即使接货了也不一定是坏事。

B. 权利金已经到手 90% 以上,但是还剩一些时间,最好及时平仓,腾出资金重新开仓。

C. 如果卖虚值认沽被行权接货了期货多头,可以备兑卖虚值认购,换一种方式继续吃时间价值。

(5)商品期权卖价差组合,如果进攻腿被行权会如何接货?

A. 进攻腿被行权后,如果价格落在两腿中间,会自动接货快到期的期货,对应的期权在当天白天收盘后到期,晚上开盘就会在账户出现接入的当月期货,因为该期货很快也会到期,所以如果想继续持有,必须进行移仓操作。

B. 如果保护腿行权价也跌破了,那么到期日晚上开盘后,账户会出现对应着进攻腿和保护腿的两批期货。

例如,开出 1 对橡胶期权认沽牛市价差组合,进攻腿是卖 1 张行权价 16500 元,到期日 2021 年 12 月 27 日的认沽期权 RU2201P16500,保护腿是买 1 张行权价 15500 元,同一到期日的认沽期权 RU2201P15500,在到期日对应的橡胶期货标的 RU2201 结算价 14500 元,于是进攻腿会被行权,保护腿会自动行权,到期日晚上账户会出现 1 手成本 16500 元的 RU2201 多头和 1 手成本 15500 元的 RU2201 空头,该组合到期亏损 1000×10 = 10000 元,是该价差组合的最大亏损,并在行权后被期货多头和空头锁定。

3. 历史数据复盘分析

复盘结果如表 5.67~表 5.75 所示。

(1)同开度实值进攻腿,同步开虚值保护腿构成领口(见表 5.67)。

表 5.67　历史数据复盘 1

单位：元

标的期货 铜 2112	卖实值沽多头	买认沽保护	
2021-10-11 上午 69100	第一次开仓： 卖沽 72000,3900	买沽 66000, 1050 左右	
2021-10-14 上午 72100 标的盈利：3000	卖沽 72000,2550	买沽 66000,445	领口盈利： 3900 — 2550 — (1050 — 445) = 745
2021-10-14 上午 11：00,72400 过顶 72000,向上移仓到 74000	第二次开仓： 卖沽 74000,3300	买沽 70000,1250	
2021-10-18 上午 9：30,75600 标的盈利：3200	卖沽 74000,1770	买沽 70000,660	领口盈利： 3300 — 1770 — (1250 — 660) = 940
2021-10-18 上午 9：30 75600,过顶 74000,向上移仓 到 77000	卖沽 77000,3311	买沽 74000,1822 (预计最大亏损 1600 左右)	
2021-10-25 收盘 71270 标的亏损：4330 过山车跌回来	卖沽 77000,6500	买沽 74000,3914	领口亏损： 6500 — 3311 — (3914 — 1822) = 1097

（2）卖极度实值进攻腿，同步开仓买虚一档保护腿（见表 5.68）。

表 5.68　历史数据复盘 2

单位：元

	卖实值沽多头	买认沽保护	收盘多头持仓和 总结	卖实值购空头	买认购保护
2021-04-21				0528 购 520, 90×3	0528 购 630, 14.72×3
2021-04-22	卖 0528 沽 710, 93.6×2	买 0528 沽 600, 13.35×2	持仓如前所述 开仓正确	平仓 0528 购 520,102.07×3； (组合割肉亏 2600) 卖 0528 购 520, 100.46×2 100.3（重新开仓）	平仓 0528 购 630, 18.5×3 买 0528 购 640, 14.4×2 14.3

续表

	卖实值沽多头	买认沽保护	收盘多头持仓和总结	卖实值购空头	买认购保护
2021-04-23	卖 0528 沽 720,97.7,96.1	买 0528 沽 610,14.15,13.25	卖 0528 沽 710,93.6×2 卖 0528 沽 720,97.7,96.1 买 0528 沽 610,14.15,13.25 买 0528 沽 600,13.35×2 新开仓点加仓正确		
2021-04-26	平仓 0528 沽 720 10:28－88.2,10:33－88 平仓 0528 沽 710 13:30－80.6,14:09－84.2 （组合落袋盈利 2100）	平仓 0528 沽 610 9.68,10.0 平仓 0528 沽 600 8.50,7.26			
2021-04-27				有空头开仓信号,但是已经被套 3 张组合,就不加仓了	
2021-04-28	卖 0528 沽 730 105 × 2, 106.2,104.8	买 0528 沽 600 8.35,8.06,8.18,8.15			
2021-04-29	平仓 97.49,99.1,98 98.85	平仓 6.3,5.91,6.12 6.08	全部落袋		
2021-04-30				卖 0528 购 520,102.7	买 0528 购 640,10.5

	卖实值沽多头	买认沽保护	收盘多头持仓和总结	卖实值购空头	买认购保护
2021-05-05				平仓买 0528 购 520 94.5 94.2 93.35 91.40	平仓卖 0528 购 640 6.99 6.33×3 6.15 （中间操作失误，卖变成买，本来要卖，然后 6.99 多买入一张，6.33 卖出 3 张，多亏 0.7 左右）

如上实战可见，极度实值+虚一档保护的模式，类似标的+虚一档保护，因为保护腿时间价值会逐渐流失，时间上很不友好，被套时间比较长之后，标的要走过成本价比较远一段，才能让组合整体解套。

（3）标的多空进攻腿，同步开买方保护腿（见表 5.69）。

表 5.69 历史数据复盘 3

单位：元

	标的 50ETF	买沽保护多头	买购保护空头
2020-05-28 10：30	27590	买沽 6 月 2700，209	
2020-06-03 15：00	28330，多头盈利 740	买沽 6 月 2700，61，亏损 150 左右，整体盈利 590	
2020-06-05 14：45	28375	买沽 6 月 2800，150	
2020-06-10 10：45	28580，多头盈利 200 左右	买沽 6 月 2800，60，亏损 90 左右，整体盈利 110	
2020-07-17 10：00	31910，进入空头操作区，开买购保护的空头，接着被套		买购 8 月 3300，1045

续表

	标的 50ETF	买沽保护多头	买购保护空头
2020-07-24 10:45	32270,再次开买购保护的空头		买购 8 月 3300,964 买购 9 月 3300, 1323
2020-07-27　收盘前	31760,17 日开的空头盈利 150,24 日开的空头盈利 510		买购 8 月 3300,646,17 日的亏 400,整体亏 250,24 日的亏 318,整体盈利 180,如果是买购 9 月 3300, 989, 24 日的亏 334
2021-12-16 10:00	34640	买沽 1 月 3300,223	
2021-12-18 11:30	35170,多头盈利 530	买沽 1 月 3300,130,亏损 93,标的+买沽保护的组合,盈利 430 左右	
2021-01-26 13:45	38120		买购 2 月 3900,599
2021-02-02, 14:15	37530,21-01-26 开的空头,盈利 590	卖购 3 月 3800,1030 买沽 3 月 3700,1002	买购 2 月 3900, 242,亏损 360,整体盈利 230
2021-02-22, 11:30	39340,多头盈利 1810	卖购 3 月 3800, 1713, 亏损 683,买沽 3 月 3700,222,亏损 780,做领口,整体只能盈利 300 多,标的+买沽保护的组合,盈利 1000 左右	
2021-04-12 13:45	34660		买购 4 月 3500,374
2021-04-16 10:15	34050,做空盈利 610		买购 4 月 3500,192,亏损 180 左右,整体盈利 430

（4）同步开领口组合后的运行情况（见表5.70）。

表5.70　历史数据复盘4

单位：元

	ETF空头	卖认沽	买认购
2021-03-09，10∶30开仓	28230	开50ETF沽3月2700,165	开50ETF购3月2900,460
2021-03-13，11∶15	26900,盈利1330	50ETF沽3月2700,600,平仓损失435	50ETF购3月2900,232 平仓损失228
2021-03-13，11∶15移仓		开50ETF沽3月2600,288	开50ETF购3月2800,477
移仓后到2021-03-17,10∶30	26000,盈利900	50ETF沽3月2600,503,平仓损失215	50ETF购3月2800,304 平仓损失173
若不移仓，到2021-03-17,10∶30		50ETF沽3月2700,995,平仓损失395	50ETF购3月2900,170 平仓损失50

（5）50ETF 2020年7月开始的一段复杂震荡,同步开领口,多空来回操作（见表5.71）。

表5.71　历史数据复盘5

单位：元

时间节点	ETF	领口多头	领口空头
2020-07-20 14∶45	32830	开仓：卖沽8月3400,1419 买沽8月3200,501	
2020-07-22 14∶30	33000,盈利170	减仓：卖沽8月3400,1267,盈利152 买沽8月3200,402,亏损99 整体盈利50左右,部分减仓	
2020-07-24 10∶45	32270	卖沽8月3400,1829,买沽8月3200,910,整体基本持平,平仓或者继续持有皆可	开仓：卖购8月3100,2185,买购8月3300,964
2020-07-28 10∶15	31760,空头盈利510		卖购8月3100,1794,盈利391,买购8月3300,704,亏损260,整体盈利131

续表

时间节点	ETF	领口多头	领口空头
2020-07-29 13:15	32130,空头 盈利140	开仓:卖沽8月3300,1151,买沽8月3100,355	卖购8月3100,2024,盈利161,买购8月3300,824,亏损140,整体盈利20
2020-08-05 13:15	32890,盈利60	卖沽8月3300,743,盈利408,买沽8月3100,193,亏损162,整体盈利246,卖沽8月3400,1276,盈利163,买沽8月3200,397,亏104,整体盈利60左右	
2020-08-06 13:15			
2020-08-18 11:00	33610		
2020-08-25 10:30			
2020-08-26 14:00			
2020-08-28 10:45	33080		卖购9月3400,692;卖沽9月3400,1110;买沽9月3200,303
2020-08-31 14:45	33590,盈利510		卖购9月3400,916;卖沽9月3400,849;买沽9月3200,202;用三元组领口,盈利185;用两元组领口,盈利160;用标的+买沽,盈利409
2020-09-03 14:15			
2020-10-23 10:00	33730		
2020-11-05 11:15	33480		

（6）2020年7月开始的一段复杂震荡，用先开卖方，然后异步开保护的模式（见表5.72）。

表5.72 历史数据复盘6

单位：元

时间节点	卖沽进攻	买沽保护	卖购进攻	买购保护
2020-07-20 14:45	开卖沽8月3200，501			
2020-07-22 14:30	裸卖的沽8月3200，397，盈利100，部分减仓			
2020-07-24 10:45 32270		沽8月3200，707，亏200；剩余部分，买沽9月3100保护，678	开卖购8月3300，969	
2020-07-28 收盘前 31760			购8月3300，665，盈利300，部分减仓	
2020-07-29 13:15	被保护的沽8月3200，661，亏160，开卖沽8月3100，351	沽9月3100保护，660亏18	购8月3300，827，盈利140，剩余部分落袋	
2020-08-05 13:15	被保护的沽8月3200，397，盈利104，裸卖的沽8月3100，193，盈利158，部分减仓	沽9月3100保护，498，亏180，整体还没回本		
2020-08-06 13:15	被保护的沽8月3200，444，盈利57，裸卖的沽8月3100，212，盈利139，落袋	沽9月3100保护，546，亏161，整体还没回本		
2020-08-18 13:15	被保护的沽8月3200，58，盈利443	沽9月3100保护，229，亏449，整体基本回本，清仓		
2020-08-25 10:30	开卖沽9月3200，307			
2020-08-26 14:00	卖沽9月3200，450，亏损143	开买沽9月3100保护，230		

续表

时间节点	卖沽进攻	买沽保护	卖购进攻	买购保护
2020-08-28 10:45	开卖沽 9 月 3200,303			
2020-08-31 13:45	卖沽 9 月 3200,170,被保护部分盈利 137,裸卖部分盈利 133,部分减仓	买沽 9 月 3100 保护,76,亏损 154,整体还没回本		
2020-09-03 14:15	卖沽 9 月 3200,216,被保护部分盈利 91,裸卖部分盈利 87,剩下的落袋	买沽 9 月 3100 保护,76,亏损 154,整体还没回本		

（7）开虚一档卖沽做多,然后异步开买虚二档沽构成牛市价差。

例 1:2021-01-13,13:15, ETF ¥3.890,开卖沽 3 月 3800,¥0.1094;2021-01-14,11:30, ETF ¥3.823,进攻腿 ¥0.1351,开买沽保护腿 3 月 3700,¥0.0903;2021-01-25 14:14, ETF ¥3.890,卖沽 ¥0.0960,盈利 ¥130 左右;买沽 ¥0.0640,亏损 ¥265 左右,回到起点的时候,整体组合还亏损 ¥130 多。

例 2:2021-01-18,13:30 卖沽 3 月 3900,¥0.1702,ETF ¥3.85,2021-01-19,14:45,ETF ¥3.785,出了操作区,此时卖沽到了 ¥0.1970 左右,亏损 ¥270,开买沽 3 月 3700 保护, ¥0.0902,2021-01-21,13:30,ETF 回到 ¥3.855 左右,卖沽 3 月 3900,跌到 ¥0.1660 左右,盈利 ¥40 多,买沽 3 月 3700 跌到 ¥0.0739,亏损 ¥160 多,回到起点的时候,整体组合还亏损 ¥120 多。

2021-02-09,13:30,ETF 到 ¥3.912,卖沽 3 月 3900,跌到 ¥1200 左右,盈利 ¥500,买沽 3 月 3700,跌到 ¥470 左右,亏损 ¥430,2021-02-10,10:00 左右, ETF 到 ¥3.993,卖沽 3 月 3900,跌到 ¥890 左右,盈利 ¥900 左右,买沽 3 月 3700,跌到 ¥330 左右,亏损 ¥570。

（8）开卖购做空,然后异步开买购保护。

例 3:2021-02-01,10:35,ETF ¥3.698,卖购 3 月 3600,¥0.1988,2021-02-02,9:55,ETF ¥3.73,买购 3 月 3800,¥0.1016 保护,2021-03-02,11:30, ETF ¥3.714,卖购 3 月 3600, ¥0.1504,盈利 ¥480,买购 3 月 3800,¥0.0556,亏损 ¥460,2021-03-05, 10:00, ETF ¥3.620,卖购 3 月 3600,¥0.1100,盈利 ¥888,买购 3 月 3800,¥0.0334,亏损 ¥682。

（9）开卖购做空,然后异步开买购保护,同时开裸卖购(见表 5.73)。

表 5.73 历史数据复盘 7

单位：元

	进攻认购卖开 2021-03-31，13：07 开仓，ETF ￥3.515 左右	进攻认购买平		保护认购买开，2021-04-01，11：19 买入，ETF 3.544 左右	保护认购卖平		
		价格	价差		价格	价差	
5 月购 3600，5 张	0.0617	0.0455	162	0.0402	0.0234	168	
		0.0454	163		0.0234	168	
		0.0452	165		0.0234	168	
		0.0452	165		0.0234	166	
		0.0452	165		0.0235	165	5 月购 3700，13 张
4 月购 3600，8 张	0.0331	0.0205	126	0.0400	0.0217	183	
		0.0202	129		0.0220	180	
		0.0200	131		0.0220	180	
		0.0180	151		0.0204	196	
		0.0133	198		0.0171	229	
		0.0075	256		0.0147	253	
		0.0075	256		0.0147	253	
		0.0075	256		0.0147	253	
6 月购 3600，8 张	0.0780	0.0705	75				
	0.0780	0.0705	75				
	0.0780	0.0721	59				
	0.0780	0.0714	86				
	0.0780	0.0700	80				
	0.0780	0.0685	95				
	0.0854	0.0672	182				
	0.0856	0.0556	300				

可知先开卖方进攻腿然后异步开保护腿的做法，即使标的超过进攻腿成本一段距离了，整体组合实际上还是差了一截无法回本，需要另外的单腿卖方的盈利来补充，主要的原因并不是卖方进攻腿力度弱，而是异步开保护腿用的信号周期太长，用 15 分钟 80 操作区，出了操作区才开保护腿。

（10）2020 年 7 月开始的一段复杂震荡，用先开标的，然后异步开领口保护的模式（见表 5.74）。

表 5.74　历史数据复盘 8

单位:元

时间节点	标的多头进攻	卖购+买沽保护	标的空头进攻	卖沽+买购保护
2020-07-20　14:45	32830			
2020-07-22　14:30	33000,盈利 170,部分减仓			
2020-07-24　10:45	32270,剩下部分亏损 560	剩下部分开保护,卖购 9 月 3300,1323,买沽 9 月 3200,1030		
2020-07-28 收盘前				
2020-07-29　13:15		卖购 9 月 3300,1225,盈利 98,买沽 9 月 3200,1037,亏 7		
2020-08-05　13:15	32890,盈利 60	卖购 9 月 3300,买沽 9 月 3200		

（11）2021 年 50ETF 进攻+保护,异步开仓单腿买方保护(见表 5.75)。

表 5.75　历史数据复盘 9

单位:元

	卖沽多头	买沽保护	收盘多头持仓	卖购空头	买购保护	收盘空头持仓
2021-04-22				卖 5 月购 3000,6 张,9:59,−4732×3,10:01 − 4753,13:11 −4655,13:16 −4661	买 5 月购 3600,6 张	总共持仓 5 月购 3000,6 张 总共持仓 5 月购 3600,6 张
2021-04-23	开仓卖:下午 2:30 左右卖 5 月 4000 沽,5 张,4988×4+4911	开仓买:5 月 3400 沽,5 张 354×4+376	卖 5 月沽 4000,5 张,买 5 月沽 3400,5 张			

	卖沽多头	买沽保护	收盘多头持仓	卖购空头	买购保护	收盘空头持仓
2021-04-26	平仓买：5月4000沽，10：28，-4740，10：36，-4750，在高位停留时间比较短，只平仓两张也是正常的	平仓卖：5月3400沽，303，294	卖5月沽4000，3张，买5月沽3400，3张	平仓：4630,4655	平仓：284,264	总共持仓5月购3000，4张 总共持仓5月购3600，4张
2021-04-27				平仓：4530 开仓：4509×6	平仓：246 开仓：240 开6	卖5月购3000，9张 买5月购3600，9张
2021-04-28				平仓：4393，4397，4404,4460	平仓：214，206，207,201	卖5月购3000，5张 买5月购3600，5张
2021-04-29	开仓卖：5月4000沽，13：25，-5056，13：26，-5062，13：29，-5067，13：34，-5039,平仓买：5月4000沽，14：42，-4901,4888	开仓买：5月3400沽311，325，324，324，平仓卖：5月3400沽264×2	卖5月沽4000，5张，买5月沽3400，5张			
2021-05-06			同前	开仓卖虚值6月购3600，9张 402×3，389×2，377×4	平仓6月购3600，365，370×2,373×2，360，365，372,375	全部落袋
2021-05-17	平仓买：5月4000沽,4625	平仓卖：5月3400沽,65	全部落袋			

参考文献

陈蓉,吕恺,2010.隐含波动率曲面:建模与实证[J].金融研究(8):136-154.

邓力,2017.上证50ETF期权隐含波动率曲面:建模及实证研究[J].投资研究,36(2):124-146.

刁琳,2020.波动率预测与期权波动率交易策略实证研究[D].上海:上海交通大学.

丁文,2020.参与期权末日轮行情需要注意的要点和风险[N].期货日报,2020-08-19(4).

董甜,2019.两种期权定价模型的实证结果比较[D].苏州:苏州大学.

段一超,2021.B-S-M期权定价模型和二叉树模型运用对比分析[J].中阿科技论坛(中英文)(9):90-93.

郭婧,倪中新,肖洁,2021.上证50ETF期权隐含波动风险对资本市场风险的预警能力分析[J].统计与信息论坛,36(4):60-71.

豪格,2020.期权定价公式完全指南:第二版[M].上海证券交易所产品创新中心,译.上海:格致出版社.

胡昌生,程志富,2019.投资者情绪对上证50ETF隐含分布偏度影响的实证研究[J].数理统计与管理,38(3):549-560.

胡志浩,李淼,2016.隐含波动率文献综述[J].金融评论,8(2):114-126.

黄瑞萍,2020.做市商交易制度对上证50ETF期权隐含波动率的影响研究[D].兰州:兰州财经大学.

黄旭东,刘建平,2019.期权实战入门与技巧[M].广州:广东人民出版社.

黄蕙舟,2011.隐含波动率的信息含量及其在我国的应用[J].商业经济与管理(7):70-76.

蒋瑞,2021.高胜率期权交易心法[M].北京:电子工业出版社.

鞠全永,2016.上证50ETF期权定价与交易策略的实证分析[D].济南:山东大学.

科恩,2020.期权策略:第二版[M].王玮,李进,译.北京:机械工业出版社.

李国钊,2019.期权投资策略设计[D].广东:广东外语外贸大学.

李慧,2011.隐含波动率在预测波动率中的应用[D].成都:西南财经大学.

李璐,2018.期权波动率策略在我国市场上的实证研究[D].济南:山东大学.

李雪飞,赵冰,严高剑,2019.波动率期限结构分析及在期权定价交易中的应用[J].证券市场导报(2):19-25.

梁朝晖,郭翔,2020.基于期权隐含波动率的股市风险预警研究[J].上海金融(7):39-44.

林先锋,2016.上证50ETF期权波动率实证研究[D].济南:山东大学.

刘博,2019.期权实战:一本书说透期权[M].北京:电子工业出版社.

刘春洋,2020.若干波动率模型下的特种期权定价[D].长春:吉林大学.

刘广宇,2020.B-S-M模型,SVI模型,SABR模型的近似公式及误差检验[D].济南:山东大学.

刘自露,2020.几种期权定价波动率计算方法的比较研究[D].长沙:长沙理工大学.

麦克福特,2016.期权核心机密解读[M].李玉霞,陈梦柳,译.广东:广东经济出版社.

倪中新,郭婧,王琳玉,2020.上证50ETF期权隐含波动率微笑形态的风险信息容量研究[J].财经研究,

46(4):155-169.

上海证券交易所产品创新中心,2017. 2周攻克期权策略[M]. 上海:格致出版社.

上海证券交易所产品创新中心,2020. 3小时快学期权[M]. 2版. 上海:格致出版社.

施智敏,2018. 上证50ETF波动率指数及期权交易策略的实证研究[D]. 上海:上海师范大学.

宿丽姣,2021. 基于已实现波动率模型的中国股市波动预测与期权定价研究[D]. 济南:山东财经大学.

汪饶思行,2018. 50ETF期权波动率曲面的信息内涵[D]. 厦门:厦门大学.

汪贤洪,2021. 期权定价的若干模型研究[D]. 安庆:安庆师范大学.

魏宇,余怒涛,2007. 中国股票市场的波动率预测模型及其SPA检验[J]. 金融研究(7):138-150.

吴良顺,2017. 期权波动率套利及其对冲策略研究[D]. 武汉:武汉大学.

吴鑫育,汪寿阳,2019. 期权定价模型与研究方法:基于中国权证与期权市场的实证[M]. 北京:科学出版社.

杨丽萍,2018. 基于上证50ETF期权的隐含波动率及期权定价的研究[D]. 北京:首都经济 贸易大学.

杨永彬,刘圣根,吴尚炫,2019. 期权交易:策略与风险管理[M]. 北京:电子工业出版社.

于淼,2021. 基于隐含波动率对沪深300ETF的实证研究[D]. 济南:山东大学.

云可心,2021. 期权定价模型及其在风险管理中的应用[D]. 北京:中央民族大学.

张天月,2018. 上证50ETF期权隐含信息与股票市场的波动率预测[D]. 武汉:中南财经政法大学.

祝建民,2005. 期权定价中的波动率估计[J]. 统计与决策(18):127-129.

COX J C, ROSS S A, RUBINSTEIN M, 1979. Option pricing：a simplified approach[J].Journal of financial economics，7(3):229-263.

JEGADEESH N, TITMAN S,1993. Returns to buying winners and selling losers：implications for stock market efficiency[J]. Journal of Finance，48:65-91.

WHALEY R E,1993. Derivatives on market volatility：hedging tools long overdue[J]. Journal of derivatives，1:71-84.